A Teologia Do Engano

As Origens Filosóficas Do Cristianismo E
Como Ele Foi Infiltrado
Pela Teologia Mítica Judaica.

Do Original em Inglês

"Heathen Gods Among Us"

Edição Revisada

ORLANDO NOGUEIRA DESOUZA

Copyright © 2020 Orlando Nogueira DeSouza

ISBN: 9798657020113

DEDICAÇÃO

Este livro é o direto resultado de 30 anos de pesquisa que não seria possível sem o apoio de minha família e amigos da faculdade de filosofia. Entre os familiares, eu gostaria de agradecer à Vera Lúcia, minha tia, Marita, minha mãe, e Rosana Scher minha esposa. Todos os quais me deram o apoio e encorajamentos necessários para esta realização. Assim, muito obrigado a todos!

Tabela de Conteúdos

TABELA DE CONTEÚDOS

TABELA DE CONTEÚDOS

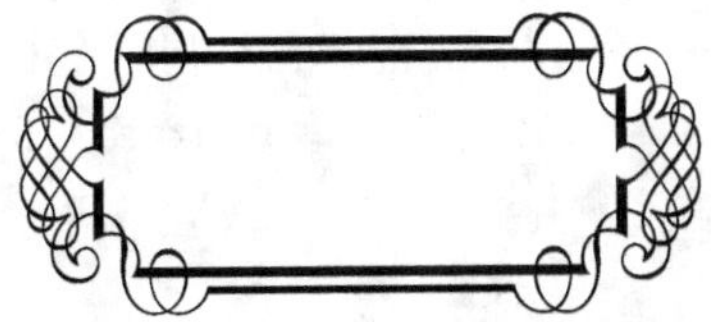

RECONHECIMENTOS

A Deus, quem primeiro me capacitou para enfrentar todas as minhas batalhas neste mundo sem recorrer jamais, a meios escusos. Eu gostaria também de mostrar apreciação aos meus colegas na faculdade de filosofia da UERJ, Diogo Santana e Miqueias Nechaeff, os quais mesmo possuindo uma posição particular e distinta da minha, me ajudaram com discussões relevantes, as quais me estimularam a criar uma data bibliográfica, a qual posteriormente também, se tornou indispensável para a finalização desta obra.

" Não são as partes da Bíblia que eu não entendo que me preocupam, mas sim as partes que eu consigo entender."

— Mark Twain (Autor norte americano)

Introdução

A leitura confessional da antiga literatura clássica possui seus próprios méritos e é um fenômeno comum. Contudo, essa mesma modalidade de leitura se mostra limitada, especialmente, quando se pensa numa abordagem mais profunda e analítica de tal gênero literário. A leitura analítica, sem dúvida, oferece uma abordagem mais precisa visto que ela exige estudo comparativo e considera, além disso, outras literaturas similares e conteúdos; equacionando-as, através dos seus contextos – seja histórico, linguístico ou cultural. Assim, devemos primeiro definir nossa abordagem ao tema 'mitologia', em especial, naquilo em que ela difere, fundamentalmente, das obras científicas e filosóficas.

A mais óbvia diferença está relacionada aos diferentes propósitos dos dois tipos de escrita. Livros *expositórios* tentam comunicar conhecimento – conhecimento sobre experiências que o leitor teve ou poderia obter. Já as obras *imaginativas* tentam comunicar uma experiência *em si* – uma que o leitor possa ter ou partilhar, apenas por lê-las – E se bem sucedidas, ambas podem conferir ao leitor algo que possa entesourar. Devido às suas intenções diversas, os dois estilos podem apelar diferentemente para o intelecto e a imaginação. Estas diferenças explicarão, naturalmente, por que não podemos esperar ler uma novela como se fosse um argumento filosófico, ou uma peça lírica, como se fosse uma demonstração matemática. Assim, não devemos buscar por termos, proposições e argumentos, ao lermos literatura de natureza imaginativa. Pois as primeiras possuem uma natureza lógica, e não poética. Livros expositórios não nos proveem com experiências novelísticas. Mas eles podem comentar sobre tais experiências, assim como já mencionado.

É por isso que podemos dizer que, os livros expositórios ensinam primariamente, enquanto os imaginativos, como os que vertem sobre mitologia, ensinam apenas derivativamente, ao criarem experiências pelas quais possamos aprender. De forma que, a fim de aprendermos algo da mitologia, buscaremos confrontá-la segundo nosso próprio pensamento sobre a experiência em foco; por outro lado, a fim de aprendermos algo sobre ciência e filosofia, devemos seguir seus próprios critérios e inferências. Quando lemos uma obra filosófica, nós a contrastamos contra a práxis (prática), ou experiência comum, para vermos como esta se relaciona à nossa realidade. Portanto, o procedimento que seguiremos nesta obra, exigirá que usemos o nosso próprio critério de pensamento, se quisermos de fato, compreender a magnitude do tema que será tratado.

Os hebreus, como qualquer outra cultura, tiveram uma evolução histórica; eles possuíam suas próprias limitações e herdaram tradições e contos que remontam a um passado distante e obscuro, o qual, inevitavelmente, coloriu e reagiu sobre suas crenças religiosas. Este é certamente o caso, não apenas para os hebreus, mas também para os cananeus em sua vasta maioria.

Nossa civilização ocidental foi, sobrepujantemente, formada por uma leitura simplista dos ideais e valores judaicos/cristãos e, foi assistida, neste processo, por uma noção artificialmente monoteística sobre Deus[1], uma que parecia responder bem ao nosso senso de segurança, dando-nos a falsa percepção de que não nos faltava nada. Esta ilusão foi, em sua maior parte, moldurada com o direto auxílio do aparato religioso, comercial, político e filosófico. Pouco sabíamos que o nosso mais precioso mundo, embora irreal, encontrava na mitologia sua mais útil explicação. E, em direta consequência dessa pobre percepção, nossa civilização se perdeu em meio a sonhos, meros reminiscentes sobre as ideias de moral e justiça clássica, com base nas quais, se cria, todos deveriam viver. Porém, estas ideias perderam com o tempo seu devido contexto histórico, impossibilitando sua realização. Nós, ao que parece, nos esquecemos que esta idealização psicológica cristã, edificada sobre falsas atribuições, serviu de fato para criar um mecanismo

---

1 Na filosofia, existem dois conceitos principais sobre a noção teológica de 'Deus'. O termo 'deísmo' se refere ao deus transcendental, conhecido pelo dogma, ao passo que o termo 'teísta' se refere ao deus da natureza.

político esterilizante, o qual enfraqueceria e terminaria por destruir aquelas que foram consideradas, uma vez, civilizações naturalmente fortes e livres. Este efeito, não teve origem no cristianismo, em si, mas foi oriundo dessa mesma percepção superficial. E os exemplos são; o Império Romano, os góticos germânicos, os vikings, e a Europa pós-moderna. Os quais foram reduzidos a uma corrupta e simplista versão do cristianismo, e dos ideais e conceitos gregos; apenas para sucumbirem frente a um decadente destino, de natureza – moral, espiritual, intelectual, e atualmente também, econômico. Crises são causadas, como sabemos, por fatores bem mais complexos do que se julga comumente.

A democracia foi imposta como se fosse um sistema que poderíamos contar incondicionalmente. Nenhum dos argumentos apresentados por Sócrates[2], ao contrário, jamais ouvidos. Este universalismo, contudo, não seria totalmente utópico, tivéssemos nós a chance de criar uma base real sobre a qual estabelecê-lo. O problema jaz na artificialidade conceitual, que surgiu de uma pobre leitura da *semiologia* necessária para decifrar a nossa realidade na sua mais elucidante natureza. Foi a

---

2 Sócrates basicamente declarou que, "O fato de que a maioria decidiu por uma coisa, não a faz a mais correta, especialmente se essa maioria está tomando uma decisão irracional." O ponto de Sócrates é que votar em uma eleição é uma habilidade, não uma intuição aleatória. E como qualquer habilidade, precisa ser ensinada sistematicamente ao povo. Permitir aos cidadãos votarem sem educação é tão irresponsável quanto pô-los a cargo de um trirreme (navio de guerra) que navega para Samos em meio a uma tempestade.

partir desse ponto, onde começaram os nossos reais problemas. Porque o inteiro sistema, que ajudamos, inconscientemente, a moldar, estava principalmente baseado sobre falsas premissas, tanto do nosso passado, quanto das nossas reais possibilidades. Consequentemente, nós terminamos por edificar sobre a areia e não sobre a rocha. E isso não foi mero acidente, como veremos.

Uma vez enraizados nesta mentalidade irreal, demos ascensão a vários intermediários; religionários, políticos, industrialistas, - representantes de si mesmos e completamente oblívios às nossas mais reais necessidades, mas consumidos ao invés, por sua irrestrita busca por dinheiro e poder despótico.

Esta obra é o resultado de 19 anos de pesquisa sobre as mais profundas e ocultas verdades que foram, paulatinamente, tiradas de nós desde a origem da mais brutal ditadura já implantada em nossas mentes, 17 séculos atrás. Os concílios religiosos e editos, tomaram de nós, vagarosa e seguramente, tudo que poderia nos possibilitar construir um claro entendimento não apenas dos antigos poetas e seus aforismos, como também dos filósofos, historiadores e cientistas, mas igualmente, o melhor sobre nós mesmos. Entorpecendo-nos, ao invés de nos iluminar, a respeito do conhecimento clássico. Um conhecimento que poderia, de fato, nos fornecer uma real base para florescer como seres humanos. As universidades, neste sentido, se tornaram perfeitas plataformas para a promoção de valores materialistas e consumistas, através de cuidadosa seleção e uso, de toda filosofia materialista e inútil.

O objeto desse ensaio é despertar verdadeiros cristãos e pessoas pensantes para o fato de que uma mitologia pagã, especialmente, a dos povos semitas; ugaríticos, canaanitas, egípcios, babilônios, fenícios e hebreus, se tornou o nosso credo de escolha. E da qual precisamos, desesperadamente, libertar nossas mentes dos seus *eufemismos* e *calques*, os quais já por muito tempo, se encontram encubados na verdadeira e *natural* teologia cristã. E, esses calques (mudanças radicais) são totalmente inapropriados para qualquer aprendizado prático, associativo e etimológico. Porque o principal propósito dos que retêm o poder, por tanto tempo, é diluir o cristianismo e a filosofia clássica às suas mais simplísticas formas, com o fim de precipitarem sua mais completa aniquilação. Mas, ao mesmo tempo, preservarem uma versão corrupta dos mesmos sistemas por razões puramente políticas. Algo que podemos ver claramente nas agendas políticas implementadas hoje – eliminação do ensino da gramática, da metafísica, da lógica clássica e filosofia.

Os pagãos, com suas lendas e folclores, têm muito a nos dizer e nós seremos sábios ao ouvi-los. Os valores platônicos/cristãos ajudaram na fundação de sociedades mais fortes (intelectualmente) durante os últimos 2000 anos, em todos os sentidos: culturalmente, intelectualmente, arquiteturalmente, filosoficamente, etc. E quanto mais o cristianismo foi perseguido, mais resiliente e forte se tornava. Porém, hoje o cristianismo tem mostrado sinais de decadência (especialmente no sentido intelectual) e, em consequência disso, perdeu muito de seu apelo filosófico e tem se tornado motivo de chacota pelos assim chamados cépticos, visto que tem sido *estripado* de suas próprias raízes conceituais. Já passa da hora de termos uma lúcida abordagem quanto à sua real natureza e realizarmos uma completa reforma filosófica/teológica, uma que seja capaz de reafirmar a natureza pura da mensagem do filósofo galileu ao seu devido lugar, através da realização e do conhecimento do *logos grego* e sua ética racional, que o influenciaram. Uma que também se mostre sólida o suficiente para lançar fora o velho paganismo judaico com sua teologia mítica.

Os gregos rejeitaram seus deuses pagãos mitológicos (Homero e Hesíodo) e ajudaram a pavimentar o caminho para o cristianismo do primeiro século. O qual possuía, acima de tudo, um carácter originalmente *filosófico*, antes do que meramente *religioso*, como é percebido hoje.

Esta obra traz também o *estudo mitológico* para um contexto mais comum, o educacional, como auxiliar para uma educação cristã clássica. Tornando-o objeto da pistis[3], ou, *o livre e irrestrito debate de ideias*. Hoje, fomos conduzidos, erroneamente, a ver a mitologia como algo que nunca ocorreu, falsa, inveraz, etc. Mas os antigos, como os gregos, a consideravam um gênero literário

---

3 A palavra grega 'πίστις' (pistis) é frequentemente traduzida como 'fé', mas ela realmente significa, uma persuasão, uma evidência, um argumento convincente, prova de algo. Ela é a própria raiz da palavra 'ἐπιστήμη' (episteme), que delineia, por sua vez, não só os critérios do que é conhecimento, como também os critérios para sua obtenção. É um termo filosófico clássico que perdeu muito da sua força conceitual.

altamente educacional, especialmente, devido ao fato de ser a história[4], como ciência, de índole altamente elusiva quanto aos seus dados, os quais dificilmente podem ser verificados, porque se baseiam quase que inteiramente em quem está contando a história, e até que ponto podemos confiar neles. Assim, a mitologia não está preocupada com datas, ou com a busca de registro histórico acurado, mas antes, com as lições (alegorizadas) aprendidas e quão bem elas nos iluminam, presenteando-nos tanto com possibilidades subjetivas quanto criativas.

Mas, as elegantes e aparentemente concordantes *narrativas* da mitologia cananeia, possuem uma especial significância para todos nós. Visto que elas não só revelam conhecimentos ocultos, como são admiravelmente eficazes quanto ao propósito de demonstrar, abertamente, agendas ocultas com as quais se pode governar o mundo e destituir inteiras nações, pelo uso de avançada psicologia subliminar, magia negra, e sistemas democráticos estéreis. Usando, sob pretensão, uma democracia privatizada, acompanhada por uma política superficial de direitos humanos; as quais são apenas *ideais* tiradas do seu contexto histórico, nada mais. Infundindo ideais políticos que nunca parecem capazes de atingir problemas reais, e através do uso de toda forma de escusas: religiosa, filosófica, acadêmica, e

---

4 Não pode existir verdadeira ciência histórica sem a pesquisa arqueológica, antropológica e social. E sem essa relação, produziremos não só uma má formação histórica, como também má teologia, má filosofia...

comercial, terminaram implantando em nossas mentes valores de vida altamente materialistas e, inevitavelmente, uma séria falta de perspectiva para com o futuro. Uma, que ativamente destrói os mesmos valores sob quais deveríamos nos alicerçar; valores estes que nos fariam mais fortes. Estes valores *transientes*, representam uma poderosa ferramenta para conquistar, alienar e, consequentemente, destruir civilizações (só dê uma olhada para o que está ocorrendo agora mesmo na Europa) através do uso de massiva e irresponsável migração, criada pelos mesmos agentes que dela se beneficiam, (a guerra no Oriente Médio, sob falsas pretensas) pelo uso e abuso de linguagem sofisticada, especialmente direcionada contra os jovens, e contando com a conivência da classe liberal. Estes esquemas são extraordinariamente efetivos, porque eles empregam falsas analogias, pragmática, semiologia, paradoxos, alusões, e expressões idiomáticas desprovidas de contexto imediato—para esconder ou revelar nuanças profundas, responsáveis por vender ideias agressivas, as quais nunca seriam aceitáveis em linguagem explícita.

Veremos como a antiga iconografia foi, e ainda é, usada para esconder de nós conhecimento vital do passado. Sim, porque no passado, foram lançadas as fundações científicas do mundo que temos diante de nós hoje, especialmente, as que versam sobre como subjugar inteiros continentes e o mundo como um todo. Agendas políticas que buscam, por meio da implementação de um sistema de "educação" efêmero, focar exclusivamente na educação "técnica", em detrimento da epistemológica.

Nós, só precisamos nos perguntar francamente; quão profundamente nos distanciamos do pensamento clássico? Pois, ao lermos sobre suas lendas, fazemos isso com um certo senso de absurdo sobre aquilo que, em primeiro lugar, não deveria surpreender, e buscamos explicá-las com argumentos vulgares, considerando-as tão literal quanto possível. Se pensarmos mais cuidadosamente, veremos que nem mesmo o conceito clássico de 'deus' (grego θεός) foi poupado dessa vulgarização irrestrita. Mas foi moldado para os povos considerados inferiores (latinos[5]), sem qualquer concepção verdadeiramente imaginativa; conveniente apenas para uma pobre realização da vida, conduzindo-nos para bem longe da forma de pensar, altamente criativa, do período clássico. Tornando-nos incapazes de alcançar o status de verdadeiros *criadores* da nossa realidade.

Nos atrevemos a admirar a literatura e a arquitetura clássica, porém, simplesmente nos faltam, não só a coragem de seguir o espírito elevado por trás dessas obras magníficas, como também de seguirmos sua ética. Não nos deve admirar que os poderes vigentes praticamente eliminaram os estudos clássicos das universidades, substituindo-os por abordagens puramente técnicas e não epistemológicas. Enquanto diluem a filosofia clássica à sua mais *simplística* forma. No Brasil, particularmente, se ensina a história da filosofia, nunca a filosofar – por isso a

---

5   As línguas românticas, especialmente, no nosso caso, o português, foram desenvolvidas com base exclusiva no latim vulgar. Daí o lançamento providencial da Bíblia 'Vulgata Latina' (produzida por Jerônimo a pedido do Vaticano), a qual descontextualizou muitos dos termos clássicos.

nossa carência de bons filósofos e, consequentemente, bons teólogos.

E a que propósito serve todo esse esforço? Obviamente para criar uma lacuna entre nós e o passado, como se esse fosse sinônimo de algo a ser evitado. Também de nos fazer esquecer nossa história, cultura, e fé, desde sua base mais fundamental. Pondo todo o foco em 'traduções', e não no real conteúdo, o qual foi propositalmente retirado de nós, sob a escusa de "progresso". O fato é que não existe alternativa que nos fará capazes de estudar a filosofia clássica, ou o Novo Testamento, sem conhecimento das línguas em que foram escritas, o grego e o latim. O máximo que teremos será uma cognição *absurdamente* simplificada – um conhecimento extremamente volátil, altamente susceptível às *constantes* mudanças; as quais buscam sempre modificar, não só o modelo de ensino, mas também o ensino da gramática, da ortografia, da língua[6] e, portanto, da *literatura*, que a todos deveria servir de referência. Segundo os padrões atuais, Rui Barbosa era um iletrado, pois ao fazermos, ilegitimamente, uma correção ortográfica de sua obra, concordamos que ele não era tão educado para ensinar os ingleses a falar inglês.

Estamos encarando agora uma agenda agressivamente esterilizante; cultural, política e filosoficamente, *sem precedentes*. Promovida por um pequeno grupo de pessoas e instituições,

---

6 Não existe dicotomia entre 'língua' e 'ortografia', mas ambas se complementam, segundo a perspectiva estruturalista defendida por Ferdinand de Saussure. Ao se mexer em uma se altera a outra.

cuja parada final será a completa erradicação de nossos melhores potenciais E, se nós tivermos a mínima intenção de lutar contra ela, teremos de ser capazes de confrontá-la em seus próprios termos, *intelectualmente*. Visto que esta é a última e mais eficiente arma de escolha.

Por mais que estudava este tema, mais me dei conta de quão profundamente decaímos do nosso melhor status. Por exemplo, durante o processo de transmissão/tradução, muitos esquemas literários foram aplicados aos textos clássicos filosóficos, incluindo o Novo Testamento. Com o único proposito de desviar as massas do seu real conteúdo, o qual foi considerado proibido, ou "apócrifo", para usar a terminologia pouco elucidante. Tente ler uma versão interlinear do Meno de Platão, e logo perceberá como conceitos-chave, ao seu entendimento, foram deslocados do seus significados históricos e filosóficos. Tentarei enumerá-los e elaborar sobre eles por reinseri-los em seus devidos contextos, histórico, antropológico, linguístico e literário.

A antiga mitologia semítica é também muito útil em revelar respostas a muitas questões importantes, especialmente, as que concernem a necessidade de expandirmos a nossa consciência para sermos capazes de entender realidades que foram ocultadas de nós. O que eu aprendi dessa pesquisa pessoal foi que nós podemos criar nossa própria espiritualidade responsiva, e não seguirmos a multidão, como "mais um".

Temos, comprovadamente, um latente poder mental, o qual o

nosso sistema de lavagem cerebral, chamado carinhosamente de "sistema educacional", tentou nos entreter, se não removê-lo totalmente de nós. A matriz para esse sistema foi lavrada bem antes do que pensamos, com o propósito obscuro de nos manter ignorantes, apáticos, dissociativos, dormentes, desapercebidos, divisivos, dados ao materialismo e ao falso empirismo, e consequentemente, caindo vítimas de uma massiva amnésia sobre a nossa verdadeira natureza e potencial, como humanos. E este plano foi bem direto nos seus objetivos; mais foco no mundo externo, percebido pelos nossos sentidos sensoriais e menos no nosso próprio "reservoir" de profunda espiritualidade. Ele segue um modelo, e muitos ficarão chocados ao saberem como a Bíblia e sua narrativa, desenvolvem um papel central no seu avanço.

Os gregos tiveram sua grande reforma filosófica, quando decidiram pôr de lado seu sistema de crenças e se voltaram, ao invés, para uma perspectiva mais humanística, epistemológica e filosófica. Este processo foi, brilhantemente, sumariado por [Jean Pierre Vernant][7] em sua reveladora obra, The Origins Of Greek Thought, (As Origens Do Pensamento Grego) a qual declara:

"O advento da pólis, o nascimento da filosofia – as duas sequências de fenômenos são tão intimamente relacionadas que a origem do pensamento racional deve ser visto como estando atado com as

---

7 Todas estas entradas se referem ao Índice Bibliográfico, no final desta obra.

estruturas social e mental, peculiares à cidade grega."

Agora, nos cabe fazermos o nosso trabalho de casa e escolher a razão, ao invés do credo cego. <u>Os fatos reveladores que serão expostos neste ensaio não visam agravar a ninguém</u>, mas convidar pessoas pensantes a uma análise irrestrita de um dos mais importantes textos já escritos, e a conspiração que tentou esconder o seu real enigma. Porque, ao final, nós somos em essência, em tecnologia, em ciência, filosofia e religião; gregos com *amnésia*, e a menos que recuperemos nossa posição na história, nunca sairemos da nave mãe de poder.

-O Autor

"Ninguém põe vinho novo em odres velhos; aliás rompem-se os odres, o vinho se derrama, e se perdem os odres; mas o vinho novo se põe em odres novos, porque assim, juntos, ambos se conservam."
São Mateus 9: 16-17- Versão Textual Expositora

CAPÍTULO I

EXISTEM MUITOS DEUSES ENTRE VÓS!

Se nós lermos o Velho Testamento através da perspectiva confessional, seguramente chegaremos à conclusão de que os antigos israelitas eram profundamente monoteístas. Também, corroboraremos com o consenso geral do estabelecimento religioso, ao fazê-lo. Mas, se mergulharmos na real identidade cultural e histórica de Canaã e seus povos vizinhos, veremos o *confessionismo* não apenas como infantil, mas também como sendo uma abordagem irracional para tratarmos do problema. O primeiro dos Dez Mandamentos diz, "Não terás *outros deuses* diante de mim." (Ex. 20:3). Já parou para considerar o palavreado deste mandamento? Por que ele não diz que Yahweh é o único deus? Isso se dá porque esta seção da Bíblia foi escrita durante os primórdios da religião israelita (por volta do 10º século A.E.C), quando ela ainda era uma forma de adoração politeísta ou henoteísta. O próximo mandamento destaca o seguinte, *"Eu, Yahweh, vosso Deus, sou um Deus ciumento"* — ciumento porque havia deveras outras opções viáveis, mas Yahweh insistiu que houvesse exclusividade a seu respeito. Nós podemos chamar este fenômeno de 'henoteísmo'. Ele é similar ao politeísmo, o qual reconhece e adora muitos deuses; henoteístas, por outro lado, reconhecem muitos deuses, mas adoram apenas a um deles.

Esta é a percepção teológica pregada pelo Apóstolo Paulo na Primeira Carta aos Coríntios 8:5,6: *"Porque, ainda que haja também alguns que se chamem deuses, quer no Céu quer na Terra (como há muitos deuses e muitos senhores), Todavia para nós há um só Deus, o pai, e para quem nós vivemos; um só Senhor, Jesus Cristo, pelo qual são todas as coisas, e nós por Ele"*. E nós veremos forte evidência de que esta é uma noção imanente de Deus, visto que o próprio Paulo diz que, *nós somos, o seu templo vivo* em I aos Coríntios 3:16,17. Segundo a visão politeística, deuses diferentes governaram extensos territórios assim como os reis o fizeram, e diversas tribos deviam aliança a qualquer 'deus' que os protegesse. Dividindo a humanidade entre seus filhos, dando a cada um deles sua respectiva herança.

A ideia de um panteão divino, com uma deidade principal, sua consorte (esposa) e seus filhos (o conselho dos deuses), era bem difundida através de todo Antigo Oriente Próximo. *Elyon* (abreviação para El Elyon) é o deus principal, não apenas nas escrituras judaicas mas também na Cananeia. A estória conclui com Yahweh obtendo Israel como sua herança perpétua. Aprendemos mais sobre termos como "os filhos dos deuses[8]", por ampliarmos o nosso foco e considerarmos, comparativamente, os textos ugaríticos (cananeus) e sua forte influência na narrativa Bíblica. Ugarit foi uma cidade cananeia destruída junto com muito do antigo Oriente Próximo[9] durante o colapso da Idade do Bronze, por volta de 1200 A.E.C, um período de extenso caos do qual a civilização israelita parece ter se originado. Os textos ugaríticos declaram que *El* e sua consorte *Asherah* tiveram 70 filhos, os quais podem ter originado as 70 nações (ou 72) que surgiram dos descendentes de Noé e que são alistados em Gênesis 10. Asherah, como esposa de El, é reverenciada em toda parte das Escrituras Hebraicas, especialmente, para surpresa de muitos, nos Salmos do próprio Davi[10]. O Velho Testamento encontra-se cheio de indícios quanto a existência de múltiplos deuses, incluindo a própria

---

8 É essa a tradução literal de Jó 1:6. A tradução "filhos de Deus" desconsidera que *elohim*, em hebraico, é um nominativo *plural* e não singular, como é geralmente indicado.

9 Oriente Próximo e Oriente Médio são usados nesta obra de forma intercambiável.

10 Asherah na antiga adoração semítica, é a deusa mãe que está presente em um número de antigas fontes. Ela é chamada, variadamente, de Asratu (acadiano), Aserdu (em Hitita. Asherah é considerada idêntica à deusa ugarítica 'Atirat. Ela é louvada por Davi no Salmo 27: 6. Mas seu nome não é traduzido ou transliterado, assim pessoas leigas não percebem seu real significado. Um bom livro sobre o tema é[Asherah] "Did God Have a Wife?"(Teve Deus uma Esposa), by William Dever.

esposa de deus. O livro de Gênesis é um excelente lugar para começarmos:

"Então [Elohim] Deus disse, "Façamos o homem à nossa imagem, conforme nossa semelhança" (Gênesis 1:26).

Nossa imagem? Podemos ver também a ideia de pluralidade de deuses quando Yahweh os avisa de que o homem não deveria comer da árvore da vida (Gênesis. 3:22), e que eles (os deuses), deveriam confundir as línguas humanas, para que o seu projeto, a Torre de Babel, não fosse adiante (Gênesis. 11:7).

Assim, podemos estar certos de que o monoteísmo bíblico é fruto de idealismo teológico, produto da elite governante e partidos nacionalistas, que escreveram e reeditaram a Bíblia Hebraica desde os tempos do exílio em Babilônia, e o fizeram, principalmente, como resposta ao trauma da conquista. E subsequentemente, a implementaram em sua pátria durante o reino de Ciro, o Grande, da Pérsia. Por fim, a Bíblia Hebraica foi mais uma vez edita durante o 4º século da E.C. , para que dessa vez pudesse obliterar qualquer evidente referencia ao Cristo[11].

Os religionários desejam nos convencer de que *Elohim*, o termo hebraico traduzido como 'deus' na Bíblia, é singular; mas isso simplesmente é inverídico. Nas 2.570 vezes em que esse termo ocorre na Bíblia, a maioria absoluta está na forma plural. E além disso, Berosos, um cronista babilônico, como também Sanchuniathon, um historiador fenício, ambos testificam quanto

---

11 Veremos evidência textual desse fato no Capítulo V.

à pluralidade de deuses no período clássico[12]. Em Josué 24:15, a mesma palavra é usada para descrever os antigos *deuses* adorados pelos patriarcas. Eles só não conseguem explicar, de forma convincente, como um substantivo pode ser singular em um trecho e plural em outro?! De fato, apenas no primeiro capítulo de Gênesis, encontramos outros deuses principais que figuram como parte da narrativa da criação. Nomes que não foram traduzidos mas simplesmente substituídos pelo substantivo singular 'Deus'. Gênesis, capítulo 1, está de fato descrevendo uma batalha entre os deuses *Shamain*, *Eretz* and *Tehôm* (Tiamat para os babilônios), e *Tohû*. E, no capítulo 3 temos ainda uma outra deidade chamada Mot (deus da morte, cananeu), anunciando más notícias aos primeiros humanos. Mot[13] é o deus que personificava a morte, na antiga cananeia.

Todas estas entidades desempenhavam um papel muito específico na vida diária dos antigos habitantes de Canaã, eles estavam associados aos fenômenos da natureza, e personificavam poderes naturais. A fim de compreendermos o que temos diante de nós, vamos considerar o panteão cananeu e contrastá-lo com as escrituras que chamamos de Bíblia, e vejamos se, de fato, ela pode suportar o peso da evidência

---

12 [Antigos Fragmentos] Veja "Ancient Fragments of the Phoenician. Chaldean, Egyptian, Tyrian, Carthaginian, Indian, Persian and Other Writers." By Isaac Preston Cory, second edition, London: 1832.

13 Mot, é parte da palavra 'shemot', e ocorre como forma sintética, por meio de sufixo *mot*. Shemot, foi erroneamente traduzido, "exodus", pelos tradutores da Septuaginta grega, talvez por ser muito revelador.

racional!

A religião[14] cananeia compreende a crença em muitos deuses e no uso da magia, associada com um grupo de antigos semitas que viviam em uma região conhecida como Levante, desde o princípio da Era do Bronze até os primeiros séculos da nossa era comum. A adoração cananeia consistiu de vários elementos, desde o politeísmo até o monoteísmo; este último termo foi usado no século 19 pelo erudito alemão Julius Wellhausen[15] e se relaciona bem com a noção henoteísta, que basicamente afirma a crença em um único deus, ao mesmo tempo em que, diferentemente do monoteísmo, reconhece a existência de outros deuses e/ou deusas. Assim, os israelitas eram quer politeístas ou henoteístas, mas nunca foram, verdadeiramente, monoteístas. O monoteísmo *foi apenas uma invenção posterior!*

Um grande número de deidades, divididas em quatro categorias hierárquicas, eram adoradas pelos aderentes da religião cananeia e, claro, esta prática teve um profundo impacto nos israelitas desde que seu patriarca, Abrão, mudou-se para Canaã e foi, sem dúvida, exposto à adoração que

---

14 Este termo é derivado do latim *religiō,* Joseph Campbell favorece a derivação de *ligare* atar, conectar, provavelmente de prefixo *re-ligare*, i.e. *re* (novamente) + *ligare* ou reconectar, Este termo não reflete antiga cultura cananeia nem sua linguística, visto que é um termo romano, não encontrando-se seu equivalente na Bíblia.

15 [Prolegomena] Ele escreveu a Prolegomena a História de Israel (1885).

envolvia rituais, mágica, astronomia/astrologia[16]. E que, desnecessário dizer, também envolvia sacrifícios de seres *humanos* bem como de *animais*. Abrão foi obviamente tomado por tal atmosfera politeística que o cercava, e conheceu muitos deuses, incluindo o deus pai El, chamado pelos sírios de El-Shaddai, o deus que vivia em uma tenda, na montanha. Parece bem curioso que o patriarca tenha adotado o mesmo estilo de vida. El (אל, hebraico), sendo o deus principal, estava associado ao planeta Saturno[17], e é por isso que Moisés introduziu o shabbat (sábado); porque Saturno é o sétimo planeta na cosmologia cananeia em geral.

Cognatos de *El* são encontrados através de todas as línguas semíticas, e incluem as formas ugarítica '*il*, plural '*lm*; fenícia *'l* plural *'lm*; hebraica *'el*, plural *'elim*; aramaica *'l*; acadiana *ilu*, plural *ilanu* e, claro, a forma árabe *llāh*. No hebraico pictográfico, ele é escrito ⌐†, que lembra um touro e um cajado, representando poder, legitimidade para governar. Isso explica o uso comum do cajado real entre as muitas realezas, através dos milênios. Também explica, porque alguns políticos gostam de se cumprimentar uns aos outros, formando um chifre com suas mãos. É interessante que um amuleto fenício do sétimo século

---

16 Naquele tempo não havia muita diferença entre as duas. Elas eram como as duas faces da mesma moeda.

17 Saturno corresponde ao deus grego Cronos, um deus notório por comer seus próprios filhos após nascerem. De forma similar, El exige o primogênito de todos. Isto era feito através do sacrifício, em hebraico עֹלָה (oláh, holocausto), ou oferta queimada.

A.E.C., chamado [Arslan Tash]Arslan Tash, *"The Amulet from Arslan Tash"* (*O Amuleto Arshan Tash*), by Franz Rosenthal (1969), se lê:

"Um vínculo eterno foi estabelecido para nós. Ashshur o tem estabelecido para nós e todos os seres divinos e a maioria de todos os santos, por meio de um pacto entre os céus e a terra para sempre," Contudo, Frank Moore Cross, em sua obra *"Canaanite Myth and Hebrew Epic"* (*O Mito Cananeu e o Épico Hebraico*), traduziu o mesmo texto da seguinte forma:

"O Eterno (´Olam) fez um pacto juramentado conosco, Asherah fez um pacto conosco. E todos os filhos de El, e o grande conselho de todos os santos. Com o céu e a antiga terra."

De maneira bem similar, o livro de Jó 1:6-12, menciona o mesmo "concílio dos deuses", assim como os gregos tinham seu equivalente no Olimpo, e os sírios o seu Shaddai. Portanto, um estudo comparativo é o melhor procedimento para entendermos a antiga mitologia, especialmente, porque ela se encontra representada em diversas culturas. Todas *elas* estão inter-relacionadas! No Brasil, Asherah é Iemanjá, a deusa das águas. Os nomes podem mudar, devido a diferenças de língua, porém, eles descrevem os *mesmos eventos e personagens*. Uma forma de linguagem universal, a qual codifica, em formas alegóricas, todo o conhecimento de natureza esotérica. Provando assim, que os épicos bíblicos, não eram exclusivos aos israelitas.

El, se distinguia dos outros deuses como sendo "o deus", e partilhava muitas similaridades com os deuses gregos, visto que ele, através de sua consorte[18], foi capaz de gerar outros deuses como: Haddah (Baal), Moloch, Dagon, Anat, Yam, Mot, Uzzi ou Uzzá, para os árabes. E possuía também, muitas das características atribuídas aos deuses gregos; Zeus, Poseidon, e Hades. Sendo suas características predominantes: o ciúme, o engano, a beligerância, a promiscuidade e a cobiça pelo poder despótico. Eles também esperavam *absoluta* e *inquestionável* obediência, como se pode claramente inferir das diretivas dadas a Moisés. Observe que a mesma deidade, o próprio que havia sido reverenciado antes por Abraão, tendo mudado seu nome, anunciou um novo drama para os antigos hebreus sob a liderança de Moisés:

"וָאֵרָא אֶל־אַבְרָהָם אֶל־יִצְחָק וְאֶל־יַעֲקֹב בְּאֵל שַׁדָּי וּשְׁמִי יְהוָה לֹא נוֹדַעְתִּי לָהֶם:" o qual, quando traduzido, significa:

---

18 Asherah é identificada como a rainha consorte do deus sumeriano Anu, o ugarítico El, as mais velhas deidades dos seus respectivos panteões, bem como Yahweh, o deus de Israel e Judá. Este papel lhe conferiu uma alta posição no panteão ugarítico. A despeito de sua associação com Yahweh nas fontes extrabíblicas, Deuteronômio 12 mostra Yahweh ordenando a destruição dos seus altares para manter a pureza de sua adoração. O nome Dione, que é semelhante a 'Elat' significa "deusas", é claramente associada com Asherah na história fenícia de Sanchuniathon, porque o mesmo epiteto comum ('Elat) da "deusa por excelência" foi usado para descrê-la em Ugarit. O Livro de Jeremias, escrito em cerca 628 A.C., possivelmente se refere a Asherah quando usa o título "Rainha dos Céus" em Jeremias 7:16-18 e Jeremias 44:17-19, 25

"E eu apareci a Abraão, a Isaque e a Jacó, pelo nome de Deus todo-poderoso (El- Shaddai, em hebraico), mas pelo meu nome, JEHOVÁ, eu não era conhecido por eles."(Gênesis 6:3).

Mas, claro, as traduções inglesas, portuguesas, etc., vertem-na como "Deus Todo-poderoso", destruindo assim, a identidade histórica do principal personagem. E nós temos que nos admirar – por que remover o substantivo composto original?, o que há de errado com ele? Claramente, numa tentativa de ocultar qualquer referência histórica a ele, tornando mais difícil com que ele seja traçado! E por que isso é relevante? Porque isso revela muito sobre a essência antropológica da adoração israelita, e nos permite fazer um julgamento quanto aos seus verdadeiros valores. É por isso que se diz que, a Bíblia é o livro mais lido da história, e ao mesmo tempo, o menos compreendido! Primeira conclusão que podemos inferir da evidência apresentada acima, é; esse era o mesmíssimo 'deus' adorado antes pelos patriarcas, Abraão, Isaque e Jacó!

De forma que não houve um *novo deus*!!! Mas, a mesma deidade estava sendo reintroduzida com um nome diferente. Segundo, a fim de fazermos posteriores julgamentos sobre ele (el), percorreremos brevemente a história para detectar o *modus operandi* desta divindade específica. O que estava envolvido em sua adoração, e como ela difere do culto das outras deidades do mesmo período? Podemos estar certos de uma coisa; estamos destinados a descobrir algumas surpresas *chocantes*, sim, é verdade, mas também obteremos a *libertação* de muitos equívocos aos quais fomos, inconscientemente, conduzidos! (João 8:32). E para isso, precisaremos ter uma mente de titânio!

Bem, a divindade chamada de 'El', sendo o pai de muitos outros deuses, figurava como o principal personagem no panteão cananeu. Acredita-se que suas origens remontam aos antigos gigantes, mencionados no Velho Testamento e na clássica mitologia cananeia. Ele é o legítimo governante e a inspiração para todos aqueles que governam como reis e rainhas. É por isso que ele ainda é reverenciado hoje entre a elite, (*el*-ite), *el*-eições, do grego psephizein[19] "votar" (propriamente "votar com pedras, seixos"). O deus El[20] também introduziu a Moisés a prática de lançar sortes, ou votos, (similar a votar), el-itorado, el-ísio,[21] estes artifícios, não ocorrem apenas por acidente, mas apontam para aqueles que governam segundo o *seu modelo*, despótico e absolutista. São como se fossem códigos, prefixos; a menos que não saibamos que o

---

19 Lembre-se de que os gregos, antes de terem suas mentes salvas pela filosofia e por uma maneira de concepção mais racional do mundo, costumavam adorar a mesma deidade, a qual eles chamavam de 'Cronos', um nome que vem do conceito de controle do tempo, *cronômetro*, *cronometrar*, etc.

20 Filo de Biblos cita Sanchuniathon, conforme preservado por Eusébio, e diz que El costumava se casar com suas irmãs e meia-irmãs, o que nos lembra da antiga prática. Abraão se casou com sua meia irmã, Sarai. Assim a estória é, claramente, uma apresentação alegórica de El e suas aventuras, segundo registrado pela narrativa oficial mitológica.

21 A ideia de alguém avançado em anos pode ser encontrada no Novo Testamento, claro, mas não a raiz ortográfica *el-der (em inglês, ancião)*.

sistema de governo na esfera mundial, seja um só! Com instituições hegemônicas, e.g., a ONU, Banco Mundial, Organização Mundial da Saúde, etc. Podemos claramente ver os seus sinais (semiologia) sendo exibidos em todos os centros de poder mundial. Na Igreja Católica, nos prédios governamentais, na Wall Street, lojas maçônicas, em nosso dinheiro, na iconografia, nas vestimentas papais, mitras, nas togas de juízes e ministros de justiça (preto=saturno), nos cajados monárquicos, na indústria *farmacêutica* (do grego farmakia=veneno), e assim por diante. O sistema político é exercido pelos poucos que realmente conhecem estes segredos, entre uma vasta maioria que pensa, de forma incauta, que este poder vem das eleições (el-eições), o que está longe da verdade. Talvez, para os mais apercebidos, esta seja a explicação do porquê as eleições não significarem muito hoje em dia, visto que elas mudam as coisas apenas artificialmente, nunca as *necessidades concretas*. As quais se perpetuam indiferentes a quem venha ocupar, brevemente, o poder.

Ēl[22] é chamado, vez após vez, de Tôru[23] ʿĒl (" Ēl toru " ou "o deus boi"). Ele é o bātnyu binwāti ("criador das criaturas"), ʿabū

---

22 No capítulo 3, "O Que O Texto Realmente Diz", apresentaremos o aspecto mitológico dos dois principais deuses na iconografia hebraica, Abu/El/Saturno, e Baal/Júpiter, o deus do trovão.

23 Torû também ocorre no primeiro capítulo de Gênesis versículo 2 na forma תהו, *torû*. Gadu é também relacionado ao mesmo conceito. E é a palavra usada para 'gado' no português e espanhol. Gado em termos maçônicos representa o deus criador. Um outro nome para 'El'.

banī 'ili ("pai dos deuses"), e'abū 'adami ("pai do homem"). Ele é o *qāniyunu* 'ôlam ("criador eterno"), sendo o epiteto 'ôlam, recorrente na forma hebraica no nome de Deus 'ēl 'ôlam "deus eterno". Em Gênesis 21.33, ele é *ḥātikuka* ("vosso patriarca"). Ēl é o antigo de dias com a sua barba crisalha, descrito como sendo cheio de sabedoria, o malku[24] ("Rei"), 'abū šamīma ("Pai dos anos"), 'El gibbōr ("Ēl guerreiro"). Ele é também chamado de *ltpn,* significado desconhecido, variavelmente vertido latpan, latipan, or lutpani ("face velada" segundo a concordância hebraica de Strong (Strong's Hebrew Concordance). Isso explica porque Moisés velou o seu rosto ao descer do monte Sinai, numa clara referência a seu deus. Paulo diz, que a face velada, representava o deus desse mundo, aquele que usa de linguagem oculta, velada, e portanto escode sua real natureza: *"Se a mensagem das boas novas está velada, é porque <u>o deus deste mundo</u> cegou a mente dos incrédulos. Nossos corações, porém, acham-se iluminados com o glorioso conhecimento de Deus pelo rosto de Cristo." (II aos Coríntios 4: 3-4).*

Na mitologia cananeia, El edifica um santuário no deserto com seus filhos e suas duas esposas, levando à especulação de que, até certo ponto, 'El' fosse um deus do *deserto*. Nada mais apropriado para Moisés e os israelitas o adorarem no deserto desde uma *tenda* (a tenda do pacto). No passado longínquo, vemos que os primeiros estados eram originalmente

---

24 Malki, quando vocalizado (caso vocativo) significa 'Moloch', Davi frequentemente se refere a ele como "meu rei" em Salmo 5:2. הַקְשִׁיבָה לְקוֹל שַׁוְעִי מַלְכִּי וֵאלֹהָי כִּי־אֵלֶיךָ אֶתְפַּלָּל

monarquias e governavam com absolutos atributos divinos. Os reis e rainhas eram postos no poder pelos deuses e, portanto, não deveriam ser questionados em nada. O conceito de 'deus' hoje, não é o mesmo que era usado pelos antigos, mas possuía, no passado, uma nunça muito peculiar, e nós podemos ver isso claramente na seguinte passagem de Êxodo 7: 1, que declara:

"E o SENHOR disse a Moisés, vede, eu tenho feito de ti um *deus* para faraó: e Arão teu irmão será teu profeta."[25]

Portanto, ser um deus, meramente significava possuir uma certa autoridade ou poder político, isso não significava, como alguns pensam, ser uma entidade invisível ou espiritual. Isto, sem dúvida, mostra que os homens que governam o nosso mundo, mesmo agora, são *eles próprios deuses* (neste sentido). Não porque sejam bons e virtuosos, mas porque eles representam *inquestionável poder* - religiosamente, no caso do clero e, secularmente, pelos "think tanks" (arquitetos do poder) deste mundo. E é sumariamente importante destacar que – *eles não são eleitos* – embora pareça. Mas eles são postos no poder, exclusivamente, para representar a mesma agenda política que é comum a todos, em esfera mundial; para manterem o *status quo*. E apenas uma pessoa cega disputaria esse fato, visto que isso pode ser visto em toda parte do mundo de hoje. O sistema que governa o mundo atualmente não tem nada a haver com *democracia*, mas sim com *plutocracia*, expressa diretamente por

---

25 Toda citação bíblica neste livro, fará uso da versão em português "Versão Textual Expositora", a menos que seja especificado pelo autor.

meio de *oligarquias*, as quais controlam virtualmente os interesses por trás das cenas. De forma similar, os deuses antigos esperavam absoluta obediência e submissão, visto que reivindicavam "direitos divinos".

Segundo a obra conhecida [Apologia de Al- Kindy], um erudito islâmico do nono século AD, Abraão, durante sua peregrinação na terra de Canaã (hebraico כְּנָעַן), foi introduzido ao culto da deusa Al-Uzza, uma deusa guerreira, que possivelmente requereu que o patriarca oferecesse seu filho primogênito, Isaque, como sacrifício. Uma prática bastante comum na época, como veremos. É também possível que a divindade por trás dessa ordem fosse El-Shaddai, o deus que vivia numa montanha na Síria. Esta deusa era popular no mundo antigo, não apenas em Canaã, mas também entre os primitivos árabes[26]. A ortografia hebraica para o seu nome é El-Uzi, ela é a deusa a quem Davi dedicou seu Salmo 62, onde no versículo 7 ele a chama de צוּר־עָזִּי (Tzur-Uzi,) em hebraico, que significa, Uzi *da Rocha*. Em homenagem à famosa deusa da guerra, foi lançada, pelo exército de Israel, a metralhadora *UZZI*, coincidência? A rocha mencionada no salmo é Petra, na Jordânia de hoje e Davi a chama de *Selá*, seu antigo nome. Claro que os teólogos e eruditos bíblicos tentam esconder este fato

---

26 Ela é mencionada no Alcorão islâmico, junto com Al-Lat e Mannat, as filhas de Allah, conectando-o, dessa forma com o antigo El, o qual possui também uma variação islâmica 'illa'. *Suratu-n-Najam 53:19, 23.* Portanto, tanto os judeus como os árabes ainda praticam a adoração de 'El', com um novo nome.

surpreendente por traduzir esta e outras passagens que serão mostradas, apenas como 'Senhor' em português ou em qualquer outra língua. Obliterando assim, a verdadeira história por trás dos fatos, exceto, para eles mesmos. Também, os acadêmicos tentam nos convencer de que Petra não é nada mais do que um sepulcro gigante, assim como as Pirâmides. Veremos o que diz a evidência sobre isso.

O ancestral do legado judaico foi o primeiro a ser chamado 'hebreu', ele veio de Harã e Ur dos caldeus, importantes centros comerciais e científicos na antiga Babilônia. Até um certo ponto na sua vida, enquanto vivia do outro lado do rio Eufrates, Abraão adorou os deuses babilônicos, como seus ancestrais tinham feito antes dele (ver Josué. 24:2). E ele nunca pôde se desvencilhar, completamente, das ideias nas quais havia sido criado, e com as quais sua mente havia sido formada desde sua infância. Ele simplesmente não podia deixar de estar familiarizado com as estórias (mitos) da criação, do paraíso, do dilúvio, etc., crenças estas, que eram muito popularmente aceitas por todo o mundo antigo, incluindo, claro, Canaã. Portanto, Al-Kindy é muito preciso em sua descrição dos eventos, e estas são suas palavras sobre eles:

"Abraão viveu por quatro quartos de anos e dez (90 anos) na terra de Harã, adorando não outra que Al-Ozza, um ídolo famoso naquela terra e adorado pelos homens de Harã, sob o nome da Lua [i.e., Sin, deusa babilônica], o qual costume prevalece entre eles até o presente dia. Eles não escondem nenhuma parte das suas práticas ancestrais,

salvo apenas o sacrifício de seres humanos. Eles não podem agora oferecer sacrifícios humanos abertamente; mas eles o praticam em secreto." [Apologia] The Apology of Al-Kindy, pg. 17. by Sir William Muir, second edition, 1887. (traduzido do inglês, pelo autor).

Moloch era notório por exalar *fumaça pelas suas narinas,* **enquanto a vítima infantil era queimada viva.**

A língua falada por Abraão, o hebraico, pode também nos fornecer importantes indícios. Esta língua, que também era a língua do seu pai Terá, como o babilônio e o assírio, eram remarcavelmente similares aos dialetos cananeus. Portanto, é razoável concluir que, quando ele migrou para a terra de Canaã, ele não era, definitivamente, um total estranho! Mas ele encontrou lá um povo já aculturado aos costumes, mitos, folclore e literatura babilônica, assim como as tabletas de Tel -el-Amarna[27] indicam, e estava bem familiarizado com os mesmos deuses – Nebo, Sin, Rimmon, Moloch, Anath e Isthar – as mesmas divindades que seus pais e, ele próprio, eram devotos, embora com ortografias distintas. Esta adoração, veremos evidência incontestável, prevaleceu entre os israelitas até os nossos tempos. Mas, como

---

27 [Amarna Letters]Moran, William L. (1992). The Amarna Letters. Baltimore: Johns Hopkins University Press. ISBN 0-8018-4251-4.

destaca Al- Kindy, *em secreto* (Josué. 24:14).

Temos mais do que suficiente evidência para sustentar que estas divindades eram uma parte integral da adoração israelita, de ponta a ponta. Um poderoso exemplo está em Salmo 18:8-9, onde o próprio Davi, ao descrever um dos seus deuses, declara:

"E subiu fumaça das suas narinas, e da sua boca saiu fogo que consumia; carvões acenderam dele. Abaixou os céus, e desceu, e havia escuridão debaixo dos seus pés."

Quem era esse deus? Vamos tentar visualizá-lo. Enquanto a vitima era queimada viva, geralmente uma criança, ele, naturalmente, exalava fumaça pelas narinas.

Moloch é o título bíblico de um deus cananeu relacionado ao sacrifício de crianças. O nome desse deus é adicionalmente, às vezes, pronunciado Molech[28], Milcom, ou Malcam.

O nome Moloch vem de uma vocalização disfêmica, usada durante o período do segundo templo, em Jerusalém[29], ele se

---

28 No Brasil se tem o costume de chamar as crianças de 'moleque'. Este nominativo está diretamente associado à vítima infantil oferecida ao deus moloch.

29 Uma vocalização disfêmica ocorre quando o dito nome possui uma forma com conotações ofensivas, seja com referência ao sujeito ou para a audiência intencionada, ou ambos. Disfemismos são um direto contraste com os eufemismos. Enquanto os disfemismos são degradantes em natureza, os eufemismos visam deleitar, especialmente quando se lida com tabu ou algo que não seja explicitamente desejável. O eufemismo é

baseia num teônimo tirado da raiz hebraica *mlk*, "governante". Existe um grande número de seres divinos cananeus cujo os nomes se originam desta raiz, que se tornou relacionada com Moloch, incluindo a forma usada no Velho Testamento מַלְכָּם Malkam "grande rei" (KJV Milcom), que é, evidentemente, uma alusão ao deus dos Amonitas, bem como ao tírio Melqart e outros. Eles são apenas variações do mesmo deus. Moloch era representado por uma estátua de bronze com forma semi-humana, a qual era alimentada com fogo no qual as vítimas eram consumidas, especialmente crianças, que eram lançadas, ainda vivas, na fornalha. No hebraico, existem palavras com raiz de duas ou três letras. O substantivo Moloch é formado por uma raiz de três letras, *mlk*, que comumente significa, quando não vocalizada, "rei", (*melek*). Mas, quando ocorre no caso vocativo[30] e recebe a devida notação, se torna מֹלֶךְ *molek* no texto Massorético, e é obviamente um nome próprio. O que significa que era um deus bastante conhecido.

A Septuaginta grega (Velho Testamento em grego) faz uso da forma Μολοχ (Moloch) três vezes, em 2 Reis 23: 10, Jeremias 32: 35, Amós 5: 26, como *rei*. Nas outras ocorrências da forma *molek*, a LXX (Septuaginta) usa βασιλεύς (*basileus*) "rei".

---

uma forma de lisonjear ou enganar.

30 A vocalização é o processo em que um nome sofre uma mudança do seu caso, do nominativo, acusativo, genitivo, dativo e passa a ser usado no caso vocativo, quando citamos alguém ou algo por nome, e.g., "Oh, Sócrates,".

A vocalização *melek "rei"*, ocorre oito vezes no texto Massorético; sobrepujantemente no livro de Levítico:

- ✔ Levítico 18: 21.

- ✔ Levítico 20: 2.

- ✔ Levítico 20: 3.

- ✔ Levítico 20: 4.

- ✔ Levítico 20: 5.

- ✔ 2 Reis 23: 10.

- ✔ E Jeremias 32: 35.

O profeta Jeremias denuncia esta adoração barbárica no capítulo 32: 35 do seu livro, que reza:

"E eles construíram os altos de Baal, que estão no vale do filho de Hinom, para causar com que seus filhos e filhas passassem pelo fogo a Moloch, algo que não os ordenei, nem subiu à minha mente, que devessem fazer esta abominação, para levar Judá ao pecado."

Quem é o deus que se pronuncia aqui? Este não pode possivelmente ser o mesmo deus, pois evidentemente condena a prática.

Assim, quem quer que seja, especialmente dentre os aderentes das igrejas evangélicas de hoje, que ainda esteja

Cronos/El/Saturno apreciava o sangue de animas e humanos. Um fato que pode ser claramente visto no Velho Testamento. Êxodo 13:13, aplica-se tanto aos primogênitos de animais como de humanos.

adorando baseados nesta e noutras passagens, está deixando de considerar cuidadosamente a que deus presta seu culto. Alguns teólogos até mesmo veem uma suposta "conexão" entre os deuses do Velho Testamento e Jesus Cristo. À mulher samaritana, Jesus disse o seguinte; *"Vós adorais o que <u>não conheceis</u>:"* João 4:22. E, o Apóstolo Paulo, se dirige francamente aos Romanos sobre os Judeus, *"Pois eu lhes dou o testemunho de que eles (os Judeus) têm zelo por Deus, <u>mas não de acordo com entendimento</u>."* (Romanos 10:2). Nós temos que entender que fomos propositadamente enganados por religionários e pseudo-teólogos, cujo principal objetivo foi o de manter as massas ignorantes e controladas para os seus próprios objetivos, financeiros e políticos. Os cristãos sionistas, nos Estados Unidos, estão entre os que menos entendimento demonstam possuem sobre a verdadeira questão teológica. Visto que eles relacionam Jesus com o 'deus' (deuses) do Velho Testamento, não percebendo as implicações do que estão concluindo.

De forma que, através do contato com os antigos habitantes da Palestina, os hebreus reencontraram, tanto as devotas convicções como as convenções, dos seus progenitores babilônicos. Este fato é confirmado pelo eminente historiador Flávio Josefo[31]. Em um período posterior, seus vizinhos samaritanos (remanescentes das 10 tribos), os quais foram assimilados pelos assírios, iriam, sem dúvida, exercer um comparável e poderoso impacto sobre eles, assim como o fez a conquista babilônica e o cativeiro de 70 anos, na terra mater dos seus patriarcas. Esse processo foi capaz de ressuscitar as impressões latentes de suas mentes, forçando um retorno, não só às práticas, mas também aos cultos originais. Em todos os casos, Moisés[32], que compilou livros de Gênesis no Egito, mostra uma associação comum com as lendas universais da Babilônia, as quais remontam ao 23º século A.E.C., e que relatam eventos que perduraram até o período por volta de 800 A.E.C, um longo tempo antes do tempo presumido de Moisés e que eram lendas comuns a todas as culturas do velho mundo.

Ao se debruçar sobre estes primitivos documentos, originários da Babilônia, estas ideias caldaicas foram

---

31 [Aganist Apion]Against Apion, Book 1, 13 (71). Translated by William Whiston, Hendrickson Publishers.

32 There are increasing evidence that Moses was nothing but a creation, a composition, rewritten from older characters such as 'Sargon, the Great'. This will be discussed in chapter 8.

asseguradas persistência e obtiveram uma coerência mundial. Alguns desses importantes remanescestes históricos serão examinados neste ensaio, e então comparados com o texto bíblico. Podemos estar certos de que estes mitos estão em toda parte, especialmente do Velho Testamento! O primeiro elemento ao qual, dirigiremos a nossa atenção, é a evolução (antropológica) da concepção do espírito do mal no imaginário judaico, e sua posterior relação ao sistema teológico que viria a influenciar o cristianismo de forma equivocada, pelo processo chamado de *interpolação*.

Um velho cemitério na antiga Cartago, na Tunísia de hoje, norte da África. Possivelmente de crianças sacrificadas.

Muito pouco sobre a figura de "Satanás", é revelado no Velho Testamento; ele é apenas mencionado explicitamente em dezenove passagens distintas[33]. O aspecto mais chocante, especialmente para o leitor confessional, encontra-se em Números 22: 22. Todas as traduções, sem exceção, vertem essa passagem da seguinte forma:

"E a ira de Deus se ascendeu porque ele foi (Balaão): *e o anjo*

---

33 Num. 22:22; I Sam. 29:4; II Sam. 19:23; Num. 22: 32; I Kings. 5:18, 11:25; I Kings. 11: 14-23; Job 1: 6,7,8,9,12; Zech. 3: 1,2; I Chron. 21:1; Matt. 4:10; Mark. 1:13; Luke. 10:18.

do SENHOR ficou de pé no caminho como <u>adversário </u>dele. Ora ele estava montado sobre o sua jumenta, e seus dois servos estavam com ele." Agora, vejamos o texto real, no original hebraico:

" וַיִּחַר־אַף אֱלֹהִים כִּי־הוֹלֵךְ הוּא וַיִּתְיַצֵּב מַלְאַךְ יְהוָה בַּדֶּרֶךְ לְשָׂטָן לוֹ וְהוּא "

". רֹכֵב עַל־אֲתֹנוֹ וּשְׁנֵי נְעָרָיו עִמּוֹ "

"E o furor de Deus se ascendeu porque ele se ia; <u>e o Anjo do SENHOR</u> ficou no caminho como <u>adversário</u> dele. Ia, pois, ele montado sobre sua jumenta, e dois de seus servos com ele."

Qualquer pessoa, para simplificarmos, que tenha uma leitura básica de hebraico, pode detectar o substantivo masculino (nome próprio!) שָׂטָן, *Satan*, antecedido da preposição לְ que indica *movimento em direção a*, 'para', que a tradução coloca aqui, erroneamente, como sendo adjetivo (qualitativo), como "adversário", e portanto, pode ser aplicado, tecnicamente, a qualquer um. Mas não segundo o Léxico Hebraico [Léxico Hebraico] de *Brown-Driver-Briggs Hebrew and English Lexicon*, o qual é muito claro na sua página, 966., reimpressão de 1906, edição de 2012, o qual o classifica na categoria de "nominativo masculino", o que portanto, nos conduz a crer que o texto foi propositadamente deturpado, com a clara intenção de ludibriar o leitor leigo. Segundo diz o texto em original, aquele que se opôs a Balaão foi o próprio *Satanás, e a tradução o verte, enganosamente, por "anjo do Senhor".* Estão, obviamente, tentando esconder o tipo de adoração em que Moisés estava realmente envolvido – *satanismo!* Talvez isso explique por que tanta matança – de crianças, mulheres, homens incontáveis! Por que tanta guerra por poder?

Quaisquer concepções, portanto, que os judeus formaram sobre a natureza e carácter do "espírito do mal", não veio tanto da inspiração direta, mas sim da herança babilônica, a qual acreditava na ajuda tanto de deuses como de demônios. Esse fato, os relacionam diretamente com a noção oriunda do vale do Eufrates. Aqui podemos ver, claramente, que o conceito de deuses, para eles, envolvia uma disposição pragmática tanto do 'bem' quanto do 'mal', representado pela *mesma* deidade. Podemos também entender o porquê, na epístola de Judas, no Novo Testamento, no seu versículo 9, é mencionado que: *"Mas o Arcanjo Miguel, quando contendia com o Diabo, <u>disputava a respeito do corpo de Moisés</u>, não se atreveu a pronunciar juízo de maldição contra ele; mas disse: o Senhor te repreenda"*. Era apenas justo que o Diabo disputasse com o arcanjo pelo corpo de Moisés, porque, como temos visto, ele o havia servido, ou contado com sua ajuda! Agora esta passagem faz completo sentido. E também fica claro, por que se atribui a Marcião, um erudito cristão do segundo século, a declaração de que, "Moisés estava sendo conduzido por um espírito do mal[34]".

Tehôm e Tiamat

O segundo versículo do primeiro livro de Gênesis, declara: *"A terra era desolada e vazia; e a escuridão estava sobre a face do*

---

34 Marcião e suas obras serão abordadas no capítulo 6 "Marcião Ateia Fogo ao Mundo".

abismo." A última palavra mencionada neste texto possui uma referência direta à mitologia babilônica. Ela era vista como um mar primitivo – uma espécie de oceano pré-histórico – a palavra, no original, é _tehôm_, que é entendida pelos hebraístas como sendo derivativa de _hûm, urrar, bramir, rugir_, e é assim de origem onomatopeica[35]. Tehôm, então, denotaria as águas caóticas e escuras da profundeza, que tinham domínio indisputável sobre a vasta terra disforme. Deve-se notar que, em hebraico, Tehôm é construído sem o artigo definido 'ה', o que pareceria implicar que seja um nome tradicional para uma divindade que é _parcialmente personificada_, uma linguagem típica do registro mitológico, similar a como se disséssemos em português "a Profundeza," dando uma letra maiúscula à palavra - "Escuridão sobre a face do Abismo (_ou Caos_)." E, de fato, esta _personificação_ na época era indicativo do processo _alegórico_, quando se atribuem características humanas a coisas inanimadas.

A cosmogonia hebraica contém alguns poucos elementos mitológicos de uma época bem distante, da qual um dos mais importantes se apresenta aqui, neste exemplo. Estes elementos mitológicos só podem ser compreendidos, considerando-se a literatura babilônica, na qual, como veremos, nos permite encontrar os mesmos componentes observados no livro de Gênesis.

As antigas lendas da criação, que eram correntes na Mesopotâmia, foram claramente _aclimatizadas_ pelos escribas através do uso de _calques_ (quando se muda a raiz da palavra, produzindo uma outra). Mas isso foi feito de tal forma que, os

---

35 Onomatopeicas, são as palavras que soam como seu significado. Os mais óbvios exemplos são os verbos que expressam os sons de animais, e.g. Vacas _moo e_ gatos _miau._

seus componentes lendário e politeísta, foram cuidadosamente removidos, para não serem percebidos pelo público leigo e foram protegidos pela notação massorética exclusivamente para aqueles considerados capazes de protegerem o legado e o significado oculto. Ao mesmo tempo em que uma forma simplística e ilusionária de monoteísmo os suplantou. Este último passo, foi intencionalmente fabricado a fim de se criar uma dificuldade 'hermenêutica' para os não iniciados. Mas, nesta passagem particular, a palavra semítica *Tehôm*, "Profundeza," de Gênesis, corresponde exatamente ao seu sinônimo assírio 'Tiamat', frequentemente encontrada nas tabletas cuneiformes e literatura relacionada. Tiamat era o grande monstro aquático do abismo (Poseidon, na Grécia), o qual era crido como sendo a fonte última de tudo que existe. Exatamente como o expressa a quarta tableta da criação babilônica, vejamos:

"A profundeza foi o seu gerador, <u>*Mammu*</u> *Tiamat [profundo caos] foi a* <u>*mãe*</u> *de todos eles*[36]."

Uau! Isso se parece bastante com os nossos livros evolucionários, exceto que ele sugere intervenção inteligente por parte de deuses mitológicos. A água de profundeza, chamada pelos babilônios de 'Tiamat', que cobria a terra, veio a

---

36 Na mitologia assíria, *rishtû* corresponde exatamente ao hebraico *reshith*, em outras palavras, onde o primeiro capítulo de Gênesis, versículo 1 lê " בְּרֵאשִׁית", *reshit*, a preposição בְּ (b) é equivalente à inglesa 'in', ou portuguesas (no,em).Da sopa primordial, ou sopa pré-biótica, estava a condição hipotética da formação atmosférica da terra antes da emergêngia da vida. 'É como um meio ambiente químico sobre o qual as moléculas biológicas se desenvolveram.

ser chamada mais tarde como um oceano que a cerca e sobre a qual tudo obteve o seu desenvolvimento. Ela continha dentro de si, os germes de todo o universo. A noção de que seres vivos originaram-se de matéria inanimada, foi primeiro concebida pelos antigos gregos— a teoria conhecida como geração espontânea. Talvez Charles Darwin não tenha sido o inventor de tal teoria. Aristóteles no quarto século A.E.C., fornece uma explicação, ao escrever:

> *"Assim com os animais, alguns surgiram de pais animais segundo a sua espécie, enquanto outros cresceram espontaneamente mas não de um grupo relacionado; e deste caso, de geração espontânea, uns vieram de matéria putrefata da terra ou de matéria vegetal, como no caso de um número de insetos, enquanto outros foram espontaneamente gerados dentro de animais e suas secreções."*

> *—[A História dos Animais]Aristotle, On the History of Animals, Book V, Part 1 (em inglês).*

Portanto, a sintaxe hebraica de Gênesis capítulo 1, versículo 1, nos diz que, *"reshith criou [junto][37] com os deuses, os céus e a*

---

37 בְּרֵאשִׁית בָּרָא אֱלֹהִים אֵת הַשָּׁמַיִם וְאֵת הָאָרֶץ, a preposição בְּ significa uma casa, um ventre, pronto para dar à luz seu filho(a).Isso explica porque o verbo בָּרָא (bará) está no singular, os deuses são parte do objeto ação do verbo. Assim, *reshit, A Grande Mãe, criou os deuses junto com os céus e a terra*. Visto q preposição אֵת significa 'com'.*A Deusa Mãe,* é a matriz original para as várias divindades femininas do passado e do presente nas culturas

terra."

No sul da Babilônia, esta mesma matéria, disforme e vazia, era conhecida sob o nome de 'Bahu', *"a grande mãe"*, que gerou a humanidade. Bahu, a profundeza caótica, onde habitam os sete espíritos iníquos, ou demônios da tempestade, é claramente um outro aspecto do mito de Tiamat, o dragão (ver Apocalipse 13: 1-3). Ele é a fonte original da palavra hebraica 'bohû', que, no versículo de Gênesis, sobre o qual estamos tratando, aparece na fórmula mágica 'tohû vabohû' (vazio e desolação) "תהו ובהו". Esta é, na verdade, uma antiga fórmula alquímica/oculta, e que ainda pode ser claramente vista hoje sendo abertamente exibida nas lojas maçônicas em todo o mundo, na sua versão latina *Ordo Ab Chaos*, que indica uma agenda política direcionada a

----

mundiais (Ártemis, Istar, Maria, Iemanjá, Atena, Asherah, etc), adoradas pelos aderentes da Wicca e outros amplamente conhecidos como Neopagãos. Ela é considerada, algumas vezes, como a deusa tripla, que toma a forma de arquétipo 'senhora', 'mãe'. Ela é descrita como A MÃE TERRA, MÃE NATUREZA, OU A CRIADORA DE TODA À VIDA. Ela está também associada com a lua cheia e com as estrelas, a Terra e o Mar. Na Wicca, a Deusa Terra é chamada algumas vezes de Gaia. O nome da deusa mãe varia dependendo da tradição específica. Carl Gustav Jung sugeriu que o arquétipo para Mãe era parte de um coletivo inconsciente presente em todos nós, e vários estudantes junguianos, e.g. Erich Neumann and Ernst Whitmont, argumentam que tal imaginário encontra-se presente em muitas mitologias e precede a imagem do deus "pai", em muitos sistemas religiosos. Tais especulações ajudam a explicar a universalidade de tais deusas mães ao redor do mundo. As figuras de Vênus, no Alto Paleolítico, têm sido explicadas como descrições de uma Deusa Mãe bem similar à Gaia.

criar e manter o caos no mundo; através de guerras, fome, crime e tudo aquilo que dê a *impressão* de não ter qualquer solução possível[38]. Ao contrário do que muitos creem, estes problemas são *criados e mantidos* por homens, através de engenharia social. Governar as massas através do mais absoluto caos, tem sido a regra inalterada desde há muito tempo!

Na cosmogonia fenícia, ela (divindade) aparece como Baau, a mãe do primeiro homem. Nestas cosmogonias Tiamat ou Bohû, a água de abismo, era a fonte primal do universo. Este caos foi a primeira coisa que existiu e, dele, a terra e os céus foram formados. Isto corresponde diretamente com o fato de se ter enormes lavatórios como "abismos" (*apsu* no caldeu), que eram usados ritualmente nos templos babilônicos e até mesmo no famoso templo de Salomão, chamado de "mar de fundição"; o qual ele fundiu do próprio metal e que tinha o mesmo significado. Podemos também encontrar referência a ele no conceito de "Butos[39]" ou profundeza, o qual o gnóstico Valentino considerava como sendo o primeiro princípio auto existente, originador[40] de todas as eras do seu sistema esotérico.

---

38 Esta agenda política será tratada no Capítulo 7, "A Doutrina Para Subjugar O Mundo."

39 Compare esta noção às "águas do abismo" do Vig Veda; o caos aquático de Pherecydes; e o dos mexicanos. Todos eles estão relacionados.

40 Nós discutiremos bem mais no Capítulo 5, "Questões Filosóficas", sobre o Gnosticismo do primeiro século, e sua relação às cartas de Paulo bem como a reção por parte dos chamados "Pais da Igreja".

Todos esses deuses entraram na iconografia alegórica e podem ser referências aos planetas que eles de fato representam. Mas os guerreiros, como o próprio Davi, não tinham essa informação. O conhecimento de letras e símbolos (*semiologia*) eram raros naqueles tempos e os homens designados para a guerra, possuíam apenas a capacidade de leitura e escrita imediata, enquanto o conhecimento esotérico; magia/física, astrologia/astronomia (astroteologia), geometria sagrada, adivinhação, necromancia[41], (como conjurar espíritos dos mortos) estavam nas mãos dos sacerdotes e talvez alguns escribas que se mostravam dignos de tal privilégio. Será diferente hoje?

O Registro da Criação

Basicamente, Gênesis de 1 a 11, nos apresenta uma visão intrigante sobre como a Bíblia evoluiu, desde uma coleção de mitos e lendas politeístas, característica de várias sociedades locais, em um registro *aparentemente coerente* sobre a história de Israel. No seu centro, estão de fato duas fontes separadas de registro, as chamadas P e J, cada uma possuindo registros conflitantes de eventos e excepcionalmente de natureza diversa daquilo que se crê, erroneamente, ser produto de uma única 'deidade'. Um fato que foi talvez ignorado pelos editores bíblicos que mais tarde empreenderam coordenar as duas fontes

---

41 I Samuel 28:7, "בַּעֲלַת־אוֹב ", Baalat-Ov, era uma antiga prática de invocar os espíritos dos mortos, como Saul fez, no caso do já falecido, profeta Samuel.

em um registro coerente, foi que os registros P e J da criação, foram inicialmente desenvolvidos de forma autônoma um do outro, oriundos daquelas que viriam a ser conhecidas como as "duas escolas egípcias". A raízes J remontam aos ensinos esotéricos oriundos da cidade egípcia de Heliópolis, conhecida como "On" na Bíblia. Em Gênesis 41, nós lemos que José casou-se com a filha do sacerdote de On. O versículo 45 diz, "Faraó . . .*deu [a José] Asenate filha de Potífera, sacerdote de On, como sua esposa.*"

Heliópolis era considerada um dos mais desenvolvidos centros de devoção e magia egípcia, e as Escrituras Hebraicas mostram que existia uma relação íntima entre esta importante cidade e Israel. José, beneficiário do contrato entre os deuses e Jacó, obteve matrimônio dentro de uma casta sacerdotal, algo que não estava ao alcance de qualquer um, visto que isso garantiria acesso a um conhecimento especial, não disponível para todos. José e seus irmãos foram ensinados segundo as tradições egípcias e se tornaram detentores desse mesmo conhecimento para sua posteridade, a casta sacerdotal levita.

Também, interessantemente, Heliópolis, durante certo tempo não muito antes do êxodo massivo de Israel do Egito, foi o centro de uma nova concepção religiosa monoteísta, a qual desafiou as convenções tradicionais do Egito, gerando alvoroço e controvérsia política. A fonte P, por outro lado, abraçou o conceito de criação relacionado com a cidade egípcia de Tebas, centro político e devoto do Egito, e isso ocorreu durante o tempo em que Israel ainda estava no país. A perspectiva tebana, contudo, era centrada numa conciliação entre as convenções partidárias egípcias, promovidas por outras facções que se opunham à cidade de Heliópolis.

De maneira que, desde a sua origem, a adoração hebreia não era, nem poderia, ser mantida absolutamente na sua mais pura forma, mas foi intensamente influenciada por pagãos de toda espécie e procedência. Era, e é até hoje, um sistema fortemente pagão, como qualquer outro do mesmo período.

O registro da criação em Gênesis, contrário à opinião comumente aceita, não se refere à "criação absoluta", mas antes, refere-se à formação do cosmos, a ordem estabelecida da natureza como existe agora. Nos versículos 1 e 2, encontramos a matéria primordial ou "substância[42]" como já em existência, como um fato pressuposto, *a alma da terra*. Duma forma bem similar ao que Hegel (filósofo alemão) chama de, "espírito da era" ou Geist, em alemão, na sua obra "A Fenomenologia do Espírito." Esta comparação apenas nos auxilia a entender que, o registro se refere a uma criação transitória, sugerindo, possivelmente, que muitas outras existiram antes. O espírito dos deuses, ou o vento dos deuses (em hebraico, espírito e vento, representam a mesma noção), é representado como pairando sobre as águas escuras de *tehôm*, personificado como uma ave

---

42 Os gregos a chamavam de hipostasia (ὑπόστᾰσις) que é o substrato que serve de base à realidade fundamental. No Neoplatonismo, a hipostasia da alma, o intelecto (*nous*) e "o Um" foi o foco de Plotino.

sobre o dilúvio primordial, e que sob sua influência a obra da criação segue seu curso, mas não sem uma terrível batalha entre os deuses. Os egípcios consideravam os quatro poderes cósmicos como tomando parte na obra da criação, de uma maneira análoga à representação semítica.

"Na duração infinita (assírio, *Rishtû*, hebraico, *Reshi*, de onde vem a primeira palavra do texto bíblico, *be-re-shit*, vagamente traduzida como "princípio") havia a escuridão sobre o abismo das águas, e as águas do oceano primordial eram movidas pelo vento, pelo fôlego da(s) deidade(s)" (chamada de Neni e Nenit, em termos babilônicos). O poeta inglês Milton, em seu "Paraíso Perdido, VII 235-237[O Paraíso Perdido], descreve:

"Como uma galinha que movia-se e encubava, sentando-se sobre o ninho, e que com seu calor vivificador faz gerar o cantar dos pássaros: Mesmo em tal condição parece o Espírito Eterno chocar sobre o golfo."

Esta poesia descreve o que era conhecimento comum entre os escritores clássicos, incluindo Ovídio, em sua "Metamorfose". Ela basicamente descreve como a vida emergiu depois do grande dilúvio mítico. Os Índios, do Novo Mundo, conceberam a Hurakan, que se tornou *"huracán"* para os espanhóis *(português, furacão)*, como sendo um poderoso vento fertilizante que passava sobre as águas do caos na forma de uma enorme ave, e assim trouxe a terra à existência[43]. O mito finlandês de

---

43 [Myths]See the "Myths of the New World", 210 seq.by D.G Brinton.

Kalevala possui a mesma ideia. São também comparáveis aos mitos da terra como um ovo. O registro da criação dado no Rig-Veda (indiano), partilha muitos pontos em comum com essa narrativa, provando que estes mitos são extremamente antigos e serviram de base comum para muitas culturas, além da cananeia.

O registro babilônio da criação, contudo, foi concebido de maneira bem distinta. Lá, Tiâmat, o caos aborígine, é considerado como não participando diretamente da criação, mas como um poder auto determinado e brutal, em desafio à autoridade de Anu, o deus dos céus. O que não é percebido em nossas Bíblias hoje, é que shamain, eretz, ha-maim, que são respectivamente traduzidos como, "céus", "terra", "águas", são eles mesmos considerados como deidades, ou deuses, e encontram suas contrapartes no mito babilônico. Isto é puro animismo (ou panteísmo). O animismo (do latim *anima*, "fôlego, alma, vida") é a convicção de que os objetos naturais, lugares e animais, todos possuem uma essência divina particular. Seguramente, o animismo vê a todas as coisas—animais, plantas, rochas, fontes de água, clima, estruturas, trabalho humano e até mesmo palavras—como sendo possuidores de vida, *em si mesmos*.

O animismo é a mais madura das religiões do mundo, ele se originou antes de qualquer tipo de religião organizada e é dito como contendo a mais iluminada perspectiva metafísica no mundo, visto que se baseia em ciência: biologia, química e física. Ele data do período Paleolítico; durante um tempo quando os homens...se aventuravam nos campos, caçando e reunindo alimentos, em comunhão com a Alma da Natureza. Baseado nesta percepção, podemos entender agora que a adoração praticada não apenas pelos próprios hebreus, mas também pelos seus vizinhos, os cananeus, babilônios, e fenícios, todos conservam este aspecto único. Eles acreditavam que tudo na natureza: espaço, tempo, números, geometria, física, química, palavras...*todas estas coisas estão vivas*, visto que descrevem fenômenos reais! Portanto, aquele que sabia como manipular as leis naturais, podia também fazê-lo com quase tudo- Mágica! -, de onde procede a palavra "magnetismo", hoje chamado de "física", segundo os gregos. Os antigos sabiam muito mais do que nos foi contado, e esta nova perspectiva está se tornando um fenômeno comum entre alguns acadêmicos e pesquisadores independentes.

Compare agora essas informações com a narrativa bíblica sobre os patriarcas, vamos lembrar do que Jacó fez, por exemplo, em Gênesis 28: 18; lemos:

"E Jacó se levantou cedo na manhã, e tomou a pedra que havia usado como travesseiro, e a estabeleceu por coluna, e derramou óleo sobre ela."

Uma coluna e óleo.., itens muito comumente usados em rituais mágicos ao redor do mundo, até mesmo hoje. Colunas podem ser vistas em quase todos os lugares. Um tipo especial de coluna em uso, atualmente, é o *obelisco*. E o que vem a ser um obelisco?,...uma estrutura monolítica originária dos antigos egípcios e gregos: ὀβελίσκος (obeliskos), em grego; um pequeno ὀβελός (obelos), "pontiagudo, reto," pode ser alto, posuir quatro partes, um marco divisório, que termina na forma de uma pirâmide ou piramídio, no melhor dos casos. Estes eram inicialmente chamados de *tekhenu* pelos seus originais construtores, os antigos egípcios. Os gregos ao verem-no, utilizaram o termo helênico 'obeliskos' para descrevê-los, e esta palavra passou para o latim, inglês e português.

Velhas pilastras são sólidas, ou seja, são feitas de uma única peça esculpida na rocha. Muitos monolíticos modernos são feitos de várias peças, algumas outras, assim como o monumento de Washington (Estados Unidos), são prédios. Estes piláres representam poderes mágicos. As pirâmides representavam poder, elas não eram sepulcros reais, construídas para os faraós, elas serviam a um propósito muito mais sinistro, que está atulamente sob investigação. No entanto, esteja certo que elas não são o que nos contaram!

O Conhecimento Oculto

Na minha opinião, após tudo que fui capaz de ler, elas serviam como utensílios gigantes para atrair poder, não surpreende estarem perfeitamente alinhadas ao cinturão de Órion, na constelação que leva o mesmo nome, e esta relação geográfica e geométrica, foi designada pelos brilhantes engenheiros do complexo de Giza. As estrelas de Órion estavam, segundo os egípcios, associadas ao deus Osíris, o deus do renascimento. Dependendo da versão teórica, pirâmides adicionais poderiam ser acrescentadas para finalizar a imagem da constelação de Órion, conectando-as ao Rio Nilo, representando a Via-Láctea. Esta teoria foi apresentada na [Via Láctea] em 1989 nas *Discussões em Egyptologia*, volume 13. Ela foi tema de um *best seller*, O Mistério de Órion (em inglês), em 1994, bem como de um documentário da BBC, A Grande Pirâmide: Portal para Estrelas (*The Great Pyramid: Gateway to the Stars*) (fevereiro de 1994). Ela também se tornou famosa em alguns livros da Nova-Era, etc.

Portanto, o que está se tornando claro, conforme obtemos mais pesquisas, é que; existe de fato um tipo de poder especial — conhecimento que foi passado através das gerações, *e este poder justifica até o assassinato de pessoas para possuí-lo* — De maneira que a evidência nos leva a concluir que aquilo que chamamos de 'Bíblia', é realmente um manual antigo que permite acesso a este conhecimento especial, (encriptado para a maioria, é claro, através da notação massorética e das línguas clássicas) o qual é tão relevante que tem sido mantido inassessível para as massas; *traduzido*, ao invés de *elucidado*. Por que, tantas pessoas perderam suas vidas ao ousarem traduzi-la? O que havia de tão perigoso em traduzir um livro? É justamente disso que trataremos aqui.

Não nos deve surpreender que a Igreja esteve, durante a

Idade Média, tão disposta a matar qualquer um que se atrevesse a traduzir a Bíblia. Esta iniciativa foi, literalmente, parada nos seus trilhos, porque ela representaria uma séria ameaça à religião estabelecida, expondo suas mentiras de 2000 anos! Inevitavelmente pondo em risco sua estrutura de poder, tão penosamente construída. Apenas se pergunte, por que muitos dos Rolos do Mar Morto ainda são mantidos em segreto? Qual é o seu problema? Óbvio que eles escondem algo! Com certeza não é causado por discrepancias sobre a melhor interpretação de antigas mitololgias. Com certeza!

Os antigos mitos e lendas[44], que eram correntes na Mesopotâmia antes do crepúsculo da história, foram assimilados pelos escritores e copistas, mas de tal forma que, o elemento mitológico e politeísta foram cuidadosamente ocultados através de um sistema de notação[45] chamado de

---

44 'Mitologia' se refere variavelmente aos mitos coletivos de um grupo de pessoas ou ao estudo sobre tais. Um gênero folclórico, o mito é um aspecto de toda cultura que se preza. Muitas fontes para os mitos têm sido propostas, vertendo desde a personificação de elementos da natureza, ou aos eventos históricos reais, porém hiperbólicos, ou conhecimento esotérico, os quais devem ser ocultados. A mitologia coletiva de uma cultura ajuda a criar uma identidade nacional, tribal, comunitária, bem como a partilhar experiências religiosas, modelos comportamentais, e lições morais práticas. Enquanto 'lenda' vem do latim "legere" e significa, ler, de forma inteligente, sobre os mitos. Permitindo entendê-los.

45 [Palavras Na Bíblia] Veja "Dotted Words in the Hebrew Bible (Palavras Pontuadas Na Bíblia Hebraica), by Emily Oliver Gibbes, 1893. Esta obra

'massora'; de onde vêm os substantivos *'massoretas' e 'texto massorérito'*. Moisés (nome código) realmente o escreveu (o pentateuco) em hebraico pitográfico. O hebraico de hoje é de origem babilônica. Como vimos, a ideia de que o caos, a escuridão, a desordem, como vindas das mãos de um criador, supostamente perfeito, não encontrava aceitação para os cosmógrafos babilônios. Não poderia ser um enigma tão difícil para uma mente que ousasse pensar.

Se nós pudéssemos defender que o substrato material do cosmos foi criado no primeiro caso, como um conglomerado confuso e sem forma, um *tohû va-bôhu*, i.e., uma massa desolada e desorganizada, teríamos que supor que esta criação imperfeita foi um princípio rude e tentativo, um estágio preparatório, um meio provisional para um fim subsquente. Isto não nos deve surpreender, visto que como já lemos, os deuses cometeram erros, como quando se arrependeram de criar a humanidade em Gênesis 6:6. *O Velho Testamento é apenas uma versão mitológica dos fatos*, assim como, Hesíodo e Homero, na Grécia antiga. Infelizmente, a mitologia clássica nunca figurou entre as disciplinas escolares! Pelo menos, não nos Seminários!

"A Serpente Original"

Muitos buscaram escapar dessas dificuldades por considerar que o registro detalhado no primeiro capítulo de Gênesis não

---

apresenta uma teoria sôbre a notação usada pelos *massoretas* para ocultar coisas consideradas ofensivas (disfêmicas) ao leitor não iniciado.

seja o registro oficial da criação, mas antes, da recriação ou reconstrução de um mundo material já em existência; e dessa vez, por alguma razão não explicitada, trazido à confusão. A única explicação plausível seria a interferência de agentes que poderiam ter dado forma ao mundo e transmitido esse "know-how" em linguagem figurada, segundo sua versão; isso também é possível. Afinal, se fala (em muitas mitologias) sobre os espíritos rebeldes, a quem a terra foi submetida no princípio; O poder devastador das trevas e do domínio do abismo, conforme representado simbolicamente por Tiamat, o qual é também chamado no último livro da Bíblia, Apocalipse, de 'o dragão[46], que em grego significa 'serpente'. A palavra 'vaticano', significa de fato "a adoração da serpente", ou a arte do vaticínio.

Esta serpente figura como

A 'pharmakia' (em grego, φαρμακεία) uso de drogas, porções, para matar, envenenar uma vítima.

---

46 O nome Dragão tem sido mal-entendido por muitos. A palavra dragão entrou na língua inglesa no início do século 13º , oriundo do francês antigo 'dragon', que por sua vez, vem do Latim: draconem (nominativo draco) significando "enorme serpente, dragão", do grego: δράκων, drakon (do genitivo drakontos, δράκοντος) "serpente, gigante peixe do mar". Os termos do grego e do latim se referem a qualquer serpente grande, não necessariamente mitológica.

desempenhando um papel decisivo em Gênesis. Especialmente, quando se refere à vitalidade, seja vida longa ou não. Ela também detém um lugar especial na indústria farmacêutica, que, para ser perfeitamente direto, mata milhões de pessoas ao redor do mundo, oferecendo cura ilusória; quem são os interesses reais por trás da farmacêutica? E por que não desejam a cura para muitas doenças? É interessante notar que Moisés usou uma serpente como símbolo da cura por meio de magia. O nome 'serpente' em hebraico é (הַנָּחָשׁ , ha-narrash) que produz uma forma verbal equivalente נחשׁ narrash; adivinhar, praticar adivinhação, *observar sinais*. E como sacrificar tudo, de pessoas a animais, parece ser a prática favorita usada para aplacar os deuses do caos, devemos fazer aqui uma associação. Nós podemos ver essa prática sendo perpetrada de ponta a ponta no Velho Testamento; leia e veja, quantas barbaridades são ensinadas a crianças hoje, ao lerem esses textos nada construtivos, focados exclusivamente – em assassinatos, guerras, incesto, infanticídio, feticídio, etc e tal. Esta infeliz realidade, levou Sócrates, na antiga Grécia, a declarar:

"...mesmo que tivessem um sentido alegórico. Com efeito, uma criança não sabe distinguir o que é alegórico daquilo que não o é, mas as impressões da infância permanecem indeléveis e imutáveis. Por isso é de máxima importância que sejam contadas às crianças primeiramente as fábulas mais adequadas para conduzi-las à virtude. " (A República de Platão, Livros XVII, p. 75, Tradução de Ciro Mioranza, Lafonte, 2017). Quantas crianças foram contaminadas, desde o subconsciente, por essas barbáries

desmedidas!

A Tradição da Serpente

Se usarmos o hebraico pictográfico, ao invés do babilônico, as coisas se tornam um pouco mais claras. Pois o substantivo hebraico para sacerdote é ‏כהן‎ (kohén) que possui uma figura de serpente na sua parte final, ela (serpente) é hoje representada pela letra 'n' no nosso alfabeto. Este substantivo, indica que 'o korén' é basicamente aquele que está a cargo de manter a tradição esotérica, mesmo que, se necessário, tenha que codificá-la por meio de sinais e cifras[47].

Temos exemplos dessa função sacerdotal na história do profeta Samuel, como ele, constantemente, fomentava a guerra e tentou usar o rei Saul, de Israel, para alcançar esse objetivo. De fato, Saul foi eleito ao trono para esse mesmo fim. Mais tarde, Samuel retiraria seu apoio a Saul e o daria a Davi, apenas para continuar sua política de guerra perpétua, (veja 1 Samuel 15:26). Por que tantas guerras? Porque os seus deuses queriam sangue e poder, simplesmente isso! A ganância por poder era tão absurda que, ao lermos desde o livro dos Juízes até o livro

---

47 Segundo, Jaspers (1883-1969), a cifra é "a linguagem da transcendência", isto é, o símbolo mediante o qual, o ser transcendente, pode estar presente na existência humana sem, contudo, adquirir caracteres objetivos e sem fazer parte da existência subjetiva (*Philosophie., III, p. 137)*.Uma coisa, uma pessoa, uma doutrina, uma poesia, podem valer como símbolos ou cifras da transcendência; símbolos e cifras são também representantes das chamadas situações-limite. Aquelas que nos tornam inúteis e impotentes.

de II Crônicas, não se pode ver nada mais que não seja sangue, muito sangue!

A serpente também representa manipulação do DNA, claro, para propósitos iníquos. No passado, esta prática estava associada com o envenenamento, e era chamada de φαρμακει, a *farmakeia* (o uso de drogas engenhadas para enfraquecer o sistema imunológico dos menos avisados) pelos gregos, *a arte de envenenar por causar alterações indesejadas no DNA de alguém*. Muitos grandes reis do passado, como Alexandre, o Grande, caíram vítimas desse procedimento, o qual pode assumir dois estágios, o envenenamento imediato, com a morte, ou o envenenamento lento.

Nós estamos cercados pela antiga magia negra disfarçada de "ciência eugênica", e para fugir dela, devemos desenvolver uma mente racional, desperta a esse fato tão notório e tão pouco debatido pelos meios de "comunicação". E não seguir a multidão irracional (aqueles que não conseguem entender os sinais), pensando, tolamente, que aqueles que governam esse mundo perverso, onde se pode *"ir à lua"*, mas não se pode erradicar a fome tão *real*, tenham os nossos melhores interesses nos seus corações. Os nossos cérebros respondem aos impulsos eletromagnéticos, assim como a terra. E se forem corretamente "sintonizados", pode-se alcançar um virtual controle sobre as mentes; e isso é uma forma de ciência, a qual não se ensina nas escolas. O projeto HAARP, por exemplo, possui um Instrumento Ionosférico de Pesquisa (IRI), uma frequência de rádio altamente poderosa com transmissores operando em alta frequência, na banda (HF). Mas todo esse conhecimento é mantido secreto pelas sociedades esotéricas, como os Francomaçons, a fim de com isso, controlarem e influenciarem as massas numa agenda comprometida com o mais absoluto e despótico poder, e quem não está vendo esses sinais, ainda está pestanejando no plano confortável da inocência. Claro, algumas exceções se aplicam.

A Hipótese Documental

A hipótese documental, desenvolvida originalmente no final do século 19, identifica diferentes autores para o texto hebraico – Jeovista, Elohista, Deuteronomista, e a fonte sacerdotal – Eles foram responsáveis por editar estórias originárias de um sistema politeísta de religião, em algo que *sugerisse* um credo monoteísta. As inconsistências que surgem dentre as narrativas mencionadas acima, são a evidência mais contundente dessa hipótese. O monoteísmo serviu como a ideologia perfeita para alienar as pessoas das suas verdadeiras raízes culturais, enfraquecendo-as, como povo. Enquanto que uma versão corrupta e vaga do cristianismo, lhes foi imposta de forma agressiva – incondicionalmente, a todos os povos nativos, - em toda parte do globo. Devemos nos lembrar que, o "cristianismo" que aprendemos nas escolas e igrejas, não representa a imagem da realidade. Mas ele foi especialmente *moldado* e *esvaziado*, através dos séculos, por razões puramente políticas[48]. E isso inclui, a falsamente chamada, "teologia cristã".

O Mito Original e os Personagens Bíblicos

"El" (Pai dos céus/Saturno) sendo o deus pai e seu mais destacado filho, "Hadad" (Pai da terra/ Júpiter/deus do trovão), são simbolizados ambos pelo touro, e ambos usavam chifres na suas mitras. O estanho conteúdo ugarítico, chamado de Shachar e Shalim nos informa (talvez num passado longínquo, antes da história conhecida) que Ēl veio até a praia e viu duas mulheres se exercitando. Ēl ficou sexualmente estimulado e tomou as duas consigo, matou uma ave por lançar seu cajado nela, e a assou[49] sobre uma fogueira. Ele, então, pediu às jovens que lhe dissessem quando a ave estaria pronta e que as duas, deste ponto em diante, se dirigissem a ele, quer como esposo ou como pai, pois ele, deste ponto em diante, as trataria conforme elas, o chamassem. Elas o saludaram como esposas. E então ele se deitou com elas e elas deram à luz tanto a Shachar ("aurora") e Shalim ("crepúsculo"). Uma vez mais, Ēl se deitou com suas esposas e elas deram à luz "os seres benevolentes e divinos", "os divisores do oceano", "filhos do oceano".

Os nomes dessas esposas não são dados de forma

---

48 [Os Rolos do Mar Morto] Um bom livro para se ler sobre o cristianismo primitivo é "The Mystery of the Dead Sea Scrolls Revealed."(O Mistério dos Rolos da Mar Morto) Escrito pelo eminente erudito, John Allegro.

49 Carna assada parece ser o usufruto predileto dos deuses mitológicos. El ordenou a Moisés que assasse toda carne servida a ele ou aos israelitas, ver Êxodo 12:8.

inequívoca. Porém, poucas rubricas e referências no início do registro apontam para a deusa Atirat, que era a principal esposa de Ēl e a deusa Raḥmayyu ("aquela do ventre)"), que são ainda figuras bastante obscuras. A estória (mito) possui uma incrível semelhança com o relato de Ló e suas duas filhas (filha e esposa), as quais, também, originaram as nações opostas (aurora e crepúsculo) chamadas de Amonitas e Moabitas, assim como a alegoria escolhe nomeá-los de "aurora" e "crepúsculo". Estas alegorias foram reescritas da mesma fonte principal e foram dadas nomes hebraicos, ao invés de ugaríticos (são línguas bem similares). Dentro do ciclo de Baal, de origem ugarítica, Ēl é apresentado como residindo no Monte Lel (ou dentro) (Lel, considerado como significando "*noite*") nas fontes das águas, entre duas passagens, nas correntes das duas profundezas. Esta é a razão de a Bíblia dizer, sobre ele, que *"Ele fez das trevas seu lugar secreto; seu pavilhão em volta dele era de águas escuras e densas nuvens dos céus."* (Salmos 18: 11.)

Por outro lado, o profeta Isaías anunciou, concernente ao Messias, *"O povo que andava em trevas viu grande luz: aqueles que residiam na terra da sombra da morte, sobre eles brilhou a luz."* (Isaías 9: 2.) Assim, não é de admirar que os antigos israelitas viviam e adoravam trevas, pois seu deus era representado pelas "próprias trevas". Era, e é, um culto à morte, associado aos aspectos negativos dos planetas, emblematizado pelo 'candelabro' ou 'menorá'. Estes mesmos planetas possuem também seus aspectos positivos, assim como nós humanos, fato que é conhecido pelos que dominam a astrologia. Por que então se concentrar nos seus aspectos negativos? Possivelmente porque isso torna mais fácil controlar as pessoas, visto que, como todos nós sabemos muito bem, as pessoas estão bem mais propensas à decadência.

A Tenda de Reunião

El vive em uma tenda, concordando com as poucas traduções do relato, o que pode esclarecer porque ele não possuía um santuário dedicado a ele, em Ugarit. Quanto as fontes de águas das duas profundezas, estas podem aludir às fontes genuínas ou às fontes legendárias, sejam do mar ou de fontes subterrâneas. Na cena do "palácio real de Ba'al", o deus Ba'al Hadad recebe os "setenta filhos de Atirat" a um banquete em sua moderna residência real. Provavelmente estes filhos fossem provenientes de sua esposa. Após entrarem no palácio, todos aparecem como seres divinos ('ilm, *elohim=deuses*), ou pelos menos, um grande número deles. Eles, como filhos de Ēl, foram nomeados, independentemente, dentro dos escritos ugaríticos como Yamm ("oceano"), e Mot[50] ("passagem=morte"), Anat, Uzzi e Ashtar, que pode ser a deusa mãe de muitos dos filhos de Ēl. Ba'al Hadad é frequentemente chamado de filho de El, porque ele é claramente aquele que mais tarde substituiria o seu pai como deus principal da terra. É por isso que existe uma óbvia rivalidade entre Yahweh e Baal através de todo o Velho

---

50 É interessante que os antigos egípcios não tinham uma palavra para 'morte' como nós, mas eles se referiam ao fenômeno como a "passagem" como o sol, do leste para o oeste, que brilha na escuridão.

Testamento. Este último nome, Yahweh foi criado pelos escribas para representar El e sua disputa com Baal pelo domínio hegemônico do mundo.

O fragmento R.S. 24.258[51], descreve um banquete ao qual Ēl convida os outros deuses e então cai em desgraça, ao ficar revoltantemente embriagado e desmaiar após confrontar um ser mitológico, *"que tinha chifres e cauda"*. O texto termina com uma encantação pela cura de alguma doença, possivelmente ressaca (do vinho, em excesso).

Mais uma vez, uma estória brilhantemente similar à de Noé, que se embriagou de forma similar e causou embaraço aos seus convidados, diante dos seus filhos (deuses), os outros deuses. Na Tanakh, *'e lōhîm'* é a palavra típica para um deus ou seres divinos (ou plural, dado que a desinência *'im'* torna a palavra em um plural no hebraico). Mas a forma 'El' refere-se exclusivamente ao deus mitológico, através de alusões nas poesias, como os Salmos. O nome El ocorre 217 vezes dentro do texto massorético; setenta e três vezes dentro dos Salmos e cinquenta e cinco vezes no Livro de Jó, o qual é um exemplo genuíno de poesia idílica (composição poética de estilo campestre ou pastoril), composto em elevado estilo prosaico. Esta palavra, vez por outra, aparece com o inequívoco artigo definido na forma, hā'Ēl 'o deus' (por exemplo, em 2 Samuel 22:31,33–48).

---

51 [RS 24.258] Puech, É. (2006). A tableta RS 24.258 = KTU 1.114, 14-15 revisada. 284-289. Ver a bibliografia, ao final desta obra.

A posição teológica da Bíblia Tanakh é a de que os nomes Ēl e 'Ĕlōhîm, quando usados no singular, indicam o deus supremo e se refere a Yahweh/El. Além de quem os outros deuses são considerados como não existentes, ou insignificantes. Quer seja esta uma crença já estabelecida ou nova, tem estado sob debate e até agora é inconclusivo. Isso, é claro, afeta diretamente a pré-história e a credibilidade da religião judaica e sua clara teologia mítica. Na versão P (sacerdotal), YHWH diz em Êxodo 6:2–3:

"Eu me revelei à Abraão, à Isaque e à Jacó como Ēl Shaddāi, mas não era conhecido por eles pelo meu nome, YHVH."

Antes de El revelar-se com o nome de Yahweh, nos é dito em Gênesis 14:18–20, que Abraão aceitou as bênçãos de El, quando Melquisedeque, o rei de Salém e sumo sacerdote de sua principal divindade, El Elyon, o abençoou. Uma posição erudita é de que a identificação de Yahweh com Ēl é tardia, que Yahweh era considerado como um dentre muitos e que não era identificado, normalmente, com Ēl. Uma outra posição é a que defende que muito do que está na Bíblia hebraica mostra, sem sombra de dúvida, que El é um nome alternativo para Yahweh, mas nas tradições Elohista e Sacerdotal é concebido como um nome anterior a Yahweh. Mark Smith[52] argumenta que Yahweh e El, eram originalmente separados, mas que foram sempre considerados sinônimos desde há muito tempo. O nome

---

52 Veja "The Early History of God: Yahweh and the Other Deities in Ancient Israel" (A Primitiva História de Deus: Yahweh e as outras Deidades do Antigo Israel), (2002).

Yahweh é usado na Bíblia hebraica no primeiro livro de Gênesis 2:4; e Gênesis 4:26 diz que, naquele tempo, *"as pessoas começaram a invocar o nome do Senhor"*.

Em alguns lugares, especialmente no Salmo 29, Yahweh é claramente visto como um *deus do trovão*, algo que é espúrio e não corresponde a Ēl, até quando se sabe (embora seja mais verdadeiro no caso do seu filho, Ba'al Hadad). É Yahweh que é profetizado como um dia, batalhando contra o dragão leviatã (a serpente) e o matando no mar (Isaías 27:1). A morte da serpente no mito é uma obra atribuída tanto a Ba'al Hadad como 'Anat nos textos ugarítico, mas nunca a Ēl. Corroborando com a obra The Oxford Companion (O Companheiro de Oxford para a Mitologia Mundial), parece quase certo de que o deus dos judeus evoluiu do cananeu El, que foi em toda possibilidade "O Deus de Abraão"... Sob a perspectiva de El ser o deus todo poderoso de Abraão —Elohim, o modelo de Yahweh—Asherah foi sua esposa e os achados arqueológicos confirmam que ela foi sempre vista como tal, por muito tempo. Até que foi, finalmente "separada", durante ascensão do judaísmo do 7th século A.E.C (veja 2 Reis 23:15).

Conclusão

Toda a evidência apresentada acima, nos permite chegar à conclusão inequívoca de que toda a Torá é de fato uma reelaboração das primitivas mitologias cananeia, babilônica e, finalmente, da ugarítica. Ela foi composta e teve os seus principais personagens mudados e adaptados à cultura e língua hebreia, a qual é de fato uma língua de conteúdo esotérico, desenvolvida no Egito, por sacerdotes altamente educados. Da mesma maneira em que ela seria, mais tarde, readaptada ao sistema babilônico, adotando seus deuses e forma de escrita. Mudando os nomes de suas anteriores divindades, e apontado, dessa vez, para as divindades caldaicas. Quando comparamos a nossa Bíblia com as fontes mais antigas, torna-se bem claro que as fábulas que são relatadas na Bíblia são nada mais do que alusões alegóricas aos antigos deuses, incluindo, a estória da criação, Abraão, Moisés, os Juízes, o Êxodo e assim por diante. O Apóstolo Paulo, ele mesmo um judeu de formação farisaica, altamente educado nos mistérios da Torá, afirma muitas vezes que estas estórias são todas alegóricas e devem ser consideradas como tais. Veja Gálatas 4: 24,31, também Hebreus 9: 5,9. Na carta aos Gálatas, ao referir-se a Agar e Sara, ele diz:

"...O que se entende por alegoria: porque estas (Agar e Sara) são duas Alianças; uma no Monte Sinai, gerando filhos para a servidão, que é Agar." (versículo 24).

Todas alegorias! E quem quer que as considere literalmente está fadado ao desapontamento. Apenas considere todas as falsas profecias preditas pelos Adventistas, Testemunhas de Jeová e muitos outros grupos, infiltrados e organizados por maçons. Trazendo aos seus respectivos membros desapontamento e vergonha. Observe que, não é o cristianismo que está errado, mas a sua interpretação, produto de péssima hermenêutica.

E mais uma vez a mitologia parece repeti-se e é exatamente isso que o Livro de Apocalipse tenta nos dizer por meio de sua linguagem altamente semiológica. Ele faz uma analogia aos mesmos eventos descritos em Gênesis, como já acabamos de ver acima. O mar, na Bíblia, é usualmente uma analogia às massas humanas caóticas e transtornadas, por se recusarem a usar sua razão, mas preferirem, ao invés, a zona de conforto. E mais uma vez fica claro, porque o Livro de Apocalipse (Revelação), ao se dirigir aos nossos dias, chama, tanto o prevalecente sistema político, como o religioso e o comercial, coletivamente, como *"Babilônia A grande"* em Apocalipse 17:5. O mesmo mar de pessoas que a elite mundial está tentando reduzir através dos seus vários programas "assistenciais" de alcance mundial.

Pois, para aqueles que tiveram o privilégio de ler o livro "The Population Bomb"(A Bomba Populacional) by Paul R. Ehrlich, sabem muito bem do que estamos falando, e já podem relacionar muito do que foi exposto aqui. Este livro, citado acima, reintroduz uma teoria, baseada em Malthus, Beetham e Darwin (teoria da evolução), de triagem (controle) populacional. E essa teoria tem uma direta relação com a nova política das Nações Unidas que implementa um agressivo "controle do crescimento populacional", usando guerra biológica para alcançar esse objetivo, e matando milhões de pessoas, se necessário for. Toda a evidência aponta na direção das sociedades secretas, aqueles que realmente conhecem o que *conota* toda a mitologia universal. Um programa político para dividir e conquistar todo o mundo. As alegorias encontradas na Bíblia Hebraica, contém muitos segredos e mistérios que afetam diretamente o nosso mundo hoje. Poderia ser o caso de que a Bíblia é um manual codificado em mitos, que contenha segredos sobre os humanos, dos quais muitos não estão apercebidos? E se assim for, como estes segredos estão sendo usados pelas sociedades secretas que controlam praticamente tudo de mais relevante no mundo? Veremos evidências sólidas deste fato no próximo capítulo, " O Sacrifício de Sangue nas Culturas Antigas".

Veremos, como os sacerdotes sanguinários, transmitiram uma tradição que ainda está bem viva hoje e como a podemos detectar no texto. E para isso, dividiremos os vários aspectos desse tema através dos seguintes capítulos. Saberemos como estas alterações, feitas ao texto original, acabaram por deixar-nos as pistas dessa grande conspiração que tentou esconder de nós os seus métodos, utilizando por exemplo, o uso de *calques*[53] *textuais.*

Entenderemos que estas mudanças são de vital importância para preservar esta agenda política através dos milênios. É tudo parte de um esforço para manter o poder e nada mais, fazendo

---

53 Em linguística, um calque/kælk/ ou empréstimo tradutório, é uma palavra ou frase emprestada de outra língua literal, e usada por tradução, palavra por palavra, raiz pr raiz. Usada como verbo, "calquar", significa tomar emprestado, sem manter a raiz etimológica, criando assim, um novo lexema.

com que os membros das religiões acreditem em coisas que não fazem qualquer sentido, e assim percam seu tempo precioso. Os que governam as igrejas não são cristãos, mas usam o cristianismo para avançar seu grande projeto. Ao final, é tudo a respeito de escravidão mental e exploração. Os antigos deuses eram notórios por não permitirem a livre expressão de pensamento, mas apenas obediência cega. Se existe uma coisa que os possa neutralizar, de uma vez por todas, é um indivíduo racional[54].

No próximo capítulo, saberemos como os sacrifícios de sangue eram parte importante das antigas civilizações e de sua teologia mitológica. Como as referências feitas a elas foram codificadas no texto, para que fossem ocultadas e escondidas de nós. Essa percepção, por sua vez, terá fortes implicações para a "teologia cristã", bem como para o plano social, econômico e político. Veremos que essa relação não ficou restrita à esfera da mera conjectura mas assumiu de fato o palco da realidade.

---

54 Por 'racional' não quero apontar aqui para o cepticismo absoluto, mas a aderência aquilo que tem sido evidenciado, e a rejeição das tradições irracionais.

" Qualquer que sair, para me receber, das portas de minha casa, quando eu voltar dos Amonitas em paz, será do Senhor, e o oferecerei em Holocausto."
Juízes 11: 31

CAPÍTULO II

SACRIFÍCIO DE SANGUE NAS ANTIGAS CULTURAS

A prática de sacrifício humano era algo comum nas culturas clássicas. A primeira vez que ouvimos sobre a acusação histórica de tal sacrifício ritual, contra os antigos hebreus, é no episódio memorável registrado por Flávio Josefo em sua obra, *Contra Apião* (c. 38-100 E.C.). Apião, o alexandrino, foi um gramático egípcio helenizado, sofista e comentarista da obra de Homero. Ele nasceu em Siwa Oasis e floresceu na primeira metade do primeiro século A.D. Apião estudou em Alexandria sob Apolônio, o sofista (o filho de Árquibos de Alexandria) e Dídimos, de quem herdou seu amor pelos poemas homéricos. Ele finalmente se estabeleceu em Roma, embora não saibamos a data exata. Ele ensinou retórica e substituiu, mais tarde, a Teon, o gramático. Até que Cláudio (imperador) finalmente ascendeu ao poder em Roma.

Comentaristas posteriores comparam estes e outros registros

similares de fontes gregas e latinas, mencionando especificamente, o holocausto de crianças na cidade púnica[55] de Cartago (atualmente, Tunísia, no norte da África), uma antiga colônia fenícia. Os escritores Cleitarco, Diodoro Sículo e Plutarco, todos mencionam a queima de crianças como sacrifício a Cronos (ou Saturno), cujo ícone era Baal Hammon, o principal deus de Cartago. Alguns acreditam que a prática de sacrifício infantil pode ter sido exagerada pela propaganda romana pós-guerra, a fim de expor o seus inimigos como sendo, crués e incivilizados. Mas o fato da questão é que eles eram, de fato, já há muito tempo, notórios por essa prática. Os romanos, simplesmente, não inventaram essas histórias!

Na paráfrase de Cleitarco de um [Scholium] scholium (aula, ou ensino) à República de Platão, encontramos uma descrição da prática bem antes da queda de Cartago, em 146 A.E.C., e ela diz:

"Existe lá, em seu meio, uma estátua feita de bronze de Cronos, suas mãos estendem-se por sobre um braseiro de bronze, As chamas do qual envolvem a criança. Quando as chamas caem sobre o corpo, os membros se contraem e a boca aberta se parece quase com um sorriso até que o corpo já contraído escorrega quietamente para dentro do braseiro. Assim que o 'sorriso' é conhecido como 'o riso sardônico', visto que, elas morrem sorrindo." (trans. Paul G. Mosca).

---

55 As regiões púnicas estão localizadas no norte da África, e foram construídas ou colonizadas pelos fenícios, de *poenicu*, 'fenício' em latim. Devido a isso, as guerras romanas contra o norte da África, foram chamadas de "guerras púnicas", ou guerras contra os fenícios.

E novamente Diodoro Sículo, um historiador grego, nos fornece o mesmo relatório:

"Havia, em seu meio, uma imagem de bronze de Cronos estendendo suas mãos, palmas voltadas para cima e inclinadas, ligeiramente, para o chão, de forma que cada criança quando colocada sobre elas rolava para baixo e caía em uma espécie de poço aberto cheio de fogo."

Diodoro continua e relata que os parentes da criança eram proibidos de chorar e que, quando Agátocles derrotou Cartago, os nobres daquela cidade acreditaram que haviam desagradado aos deuses por imolarem crianças plebeias, ao invés de seus próprios filhos e filhas reais. Assim eles decidiram sacrificar 200 das suas próprias crianças de uma só vez, e terminaram por sacrificar 300 delas, só por entusiasmo!

Todos os registros nos fornecem indícios de que esta era uma prática bastante comum no mundo antigo. De maneira que não nos deveria surpreender lermos sobre elas na Bíblia Hebraica. Vejamos se os deuses da Bíblia tinham algo diferente para oferecer aos seus aderentes neste respeito.

No 12º século, Rashi[56], ao comentar Jeremias 7:31 declarou:

"Tofete é Moloque, que era feito de bronze; e eles o aqueciam desde suas partes mais baixas; e suas mãos sendo estendidas, e estando quentes, eles colocavam a criança entre suas mãos, e ela era queimada;

---

56 [Comentário]https://www.chabad.org/library/bible_cdo/aid/16004#showr ashi=true

e gritava veementemente; mas os sacerdotes batiam tambores, de maneira que o pai não pudesse ouvir a voz de seu filho, para que seu coração não pudesse ser movido de compaixão."

A impressão imputada sobre os cristãos por milênios foi que, existe apenas um só Deus e que os pagãos adoram seus deuses para sua própria condenação. Mas o fato da questão é, nossa Bíblia encontra-se repleta com adoração pagã e não apenas na sua forma leve mas na sua mais grosseira forma. E essa questão nunca foi plenamente compreendida pelos muitos que são diariamente engados. Os patriarcas eram adoradores de demônios e esta tradição passou, através das gerações até ser mais uma vez remodelada, aceita, e praticada pelos francomaçons, sendo claramente exibida na sua arquitetura, agenda política, filosofia de vida e formação moral.

A antiga Canaã era bem familiarizada com o rito de sacrifícios humanos. Podemos concluir que os restos mortais de crianças que foram encontrados por todo o Oriente Médio vieram, principalmente, da prática de sacrifício infantil. Um exemplo perfeito dessa prática na Bíblia é feito pelo Rei de Moabe, e pode ser encontrado em II Reis 3:27, quando o rei encontra-se sob ataque dos israelitas:

"Então ele tomou o seu filho mais velho, que estava suposto a sucedê-lo como rei, e o sacrificou como oferta queimada sobre a muralha. Então uma grande fúria veio contra Israel, e eles se retiraram dele para sua própria terra."

Isto é certamente muito interessante, para dizer o mínimo. Alguém pode se perguntar, por que os israelitas se retiraram tão repentinamente após esse sacrifício? Não seria o seu deus superior, ou seria esta prática universal, entre todos eles? Quando observamos o intuito por trás dos sacrifícios, podemos notar que eles serviam para apaziguar os deuses, tanto de um lado quanto do outro, sem exceção! E por que eles praticavam esta barbárie usando seus próprios filhos? O sangue de uma pessoa representa a vida, uma vida que irá ser consumida por uma entidade obscura, segundo se acreditava, e que estaria mais do que disposta a cumprir com qualquer desejo para obtê-la, especialmente, se esta vida fosse uma nova, recém-nascida e pura, aos seus olhos.

Em Juízes 11:27-40, Jefté fez o mesmíssimo voto feito pelo rei de Moabe, contrariando assim, aqueles que insistem que essa prática era característica dos pagãos e não dos próprios hebreus, os quais ofereciam em sacrifício apenas animais. Mas ele (Jefté) fez o mesmo voto e ofereceu sua filha virgem (o que a tornava mais preciosa) como oferta queimada, possivelmente a um deus/deusa para que fosse bem sucedido na guerra contra os Amonitas. Qualquer outra oferta não teria eficácia, visto que os amonitas ofereciam seus próprios filhos. A palavra hebraica para 'oferta queimada' é עֹלָה (ôlah), da qual procede a bem conhecida palavra 'holocausto', "oferta inteira queimada" e ela ocorre primeiro em Gênesis 22:3, quando Abraão oferece seu filho primogênito, Isaque. E, como já temos visto no capítulo antecedente, El era o mesmo Jeová. Assim *El* sendo o mesmo

Jeová era contra os sacrifícios oferecidos a outros deuses, não os que eram oferecidos a ele. É neste sentido que devemos entender Jeremias 19:5. E se alguém concorda que Jeremias estava se referindo a Jeová/Yahweh, ele está automaticamente implicando que Jeová mente, porque ele aceitou os mesmos sacrifícios antes, fazendo-se igual em natureza aos deuses pagãos. Jeremias 4:10 nos diz que Jeová é um enganador e desencaminha seus próprios profetas (Ezequiel 14:9), diz:

> *"E se o profeta for enganado quando falar uma coisa, <u>fui eu o SENHOR que enganei este profeta</u>; e estenderei a minha mão contra ele, e destruí-lo-ei do meu povo Israel."*

Não só ele confessa ser um enganador, como promete ainda mais, que irá punir aquele que ele mesmo levou ao erro!

Assim, se alguém tenta argumentar que os sacrifícios humanos eram algo estranho para o principal deus do Velho Testamento (El/Jeová), ele simplesmente não sabe o que está dizendo.

A base para este tipo de sacrifício ritual usando humanos está na própria Torá, dê uma olhada no que diz Êxodo 13:13. Esta passagem equaciona primogênitos humanos com os de animais, e isso é um fato aceitável através da história de Israel, visto que existem diversos exemplos no Velho Testamento. De maneira que não é um fato isolado. A mesma prática tem sido perpetrada em toda parte, incluindo o "assim chamado povo de deus". A parte mais irônica de tudo isso é observarmos alguém ler sobre estas coisas, milhares de anos depois, e erroneamente concluir que essa referência pode ser aplicada (como prefiguração) ao mesmo Deus pregado por Jesus Cristo. Estas pessoas estão completamente inconscientes do fato de que não apenas os antigos hebreus, como também todo o mundo antigo adorava muitos deuses iníquos. Muitos dos antigos deuses esperavam sangue dos seus seguidores, porém nenhum sangue literal é esperado daqueles que seguiam Jesus Cristo, o Messias. De fato, os judeus, tão acostumados a sua prática sanguinária, não puderam compreender as palavras alegóricas de Jesus, quando ele lhes disse: *"...Na verdade, na verdade vos digo que, se não comerdes a carne o filho do homem, e não beberdes o seu sangue, não tereis vida em vós mesmos."* João 6: 53.

Portanto, quem era o deus, ou deuses, que Jefté estava adorando? Certamente não era o iluminado e misericordioso pai celestial pregado pelo Cristo. O Apóstolo Paulo, sabiamente destacou, *"Mas eu digo, que as coisas que os [Gentios] sacrificam, eles sacrificam a demônios, e não a Deus: e eu não quero que tenhais associação com demônios."* I Coríntios 10:20. Mas, era essa adoração exclusiva aos *gentios*?

Em Primeiro aos Reis 16:34 temos um caso genuíno de um outro tipo de sacrifício, o sacrifício de construção: *"Ao mesmo tempo Hiel de* Beth-*El construiu Jericó. E tomou o seu filho mais velho Abirão quando lançou as fundações e seu filho mais novo Segube quando assentou os portões; segundo a palavra do Senhor que ele falou através de Josué, filho de Nun."* esta prática foi mantida em segredo através da Idade Média na Europa, especialmente entre sua *elite (el-ite)*. Existe também evidência desta prática entre os antigo Incas, Maias e Aztecas.

Em I Samuel 14:24-46, lemos sobre o julgamento de deus no qual Jonatã era suposto a morrer por Yahweh. O povo, contudo, o resgatou. Estes são todos registros que ocorreram bem mais tarde do que o sacrifício de Isaque (Gênesis 22), o qual é frequentemente, embora erroneamente, interpretado como representando uma mudança que substituiria o sacrifício humano pelo animal entre os israelitas. Mas, como veremos à frente, o sacrifício animal *nunca substituiu* o sacrifício humano. Antes, apenas o representa, como uma direta analogia que propositadamente tenta manter essa prática cruel, oculta das pessoas comuns. Observe que estes sacrifícios eram a regra diária de muitos reis e não dos súditos, embora eles pudessem mais tarde ter aderido aos mesmos rituais.

No Egito, o sacrifício animal era costumeiramente provido com um signo que mostrava a imagem de um homem em cadeias e que tinha uma espada à sua garganta. Plutarco nos diz que, segundo um relato de Aristodemo, durante a praga em Esparta, uma águia tomou o cutelo sacrificial de um sacerdote com o qual ele iria sacrificar a jovem Helena, e deitou o cutelo sobre uma novilha. Apolodoro registra (Bibl. I, 9, I) que durante um período de fome o filho de Atamas, chamado Prixus, seria sacrificado junto com sua irmã. Mas sua mãe o resgatou por oferecer um bode em seu lugar. Este relato seguramente nos lembra da estória de Abraão, quando ele ofereceu Isaque seu filho primogênito, porém, logo após o substituiu por um bode.

Oskar Goldberg, escreveu um livro em alemão intitulado, [A Realidade]"Die Wirklichkeit der Hebräer" [A Realidade dos Hebreus] (1925), no qual ele declara que Maimonides confundiu a essência de Jeová como (ser) sendo aquela de um deus direcionado contra a ordem natural. Neste debate, Goldberg, um autêntico *Chacham há Yisroel*, se torna ainda mais cândido e estressa; "Qual a razão para comer? Para a edificação do corpo. Portanto a equação segue-se entre o sacrifício e o ato de comer, e que a realização do sacrifício serve à formação do organismo divino. Declara-se *expressis verbis* no Pentateuco [os primeiros cinco livros de Moisés] – o sacrifício é designado como *lechem elohim* ["o pão do Senhor"]" - como um prato para o Senhor, claramente implicando que o deus de Moisés derivava nutrição tanto da carne quanto do corpo sacrificado.

Esta psicose produziu ainda outro tipo de sacrifício; o sacrifício ritual sexual, que incluía o desmembramento da vítima sacrificial. Algo típico de um assassinato sacrificial era o envio de partes do corpo para outras congregações judaicas. Algo que lhes servia tanto de aviso como de participação e é um fenômeno claramente revelado no Velho Testamento. *"E ele tomou um touro de arado, e cortou em pedaços, e o enviou através de todas as costas de Israel pelas mãos de mensageiros, dizendo, Quem quer que não seguir após Saul e Samuel, assim será feito ao seu touro. E o temor do Senhor caiu sobre todo o povo, e eles vieram com um só consenso."* 1 Samuel 11:7, ou a história do levita, que desejou parar durante a noite com sua concubina em Belém, a quem os habitantes da cidade, "homens iníquos" desejaram estuprar [para esclarecer: os homens desejavam estuprar *analmente* o levita] o qual os entregou [em seu lugar] sua concubina; ela foi abusada até a morte pelos habitantes da cidade: "*E quando ele chegou à sua casa, ele tomou um cutelo, e agarrou sua concubina, e a dividiu, até os seus ossos, em doze pedaços, e a enviou a todas as costas de Israel.*" Juízes 19:29. Que coisa detestável!

É digno de nota que, de qualquer forma, as ressalvas de Orígenes (Contra Celsum 1§31): "*A morte voluntária de um homem serve para evitar desastres e pestilência, praga, infertilidade e semelhantes.*" É também interessante notar que Augustinho diz, na obra, Exposições dos Salmos (Exposições do Salmo 103): "*Nossas obras, os pagãos podem ver, mas não os nossos sacramentos.*" Por que não? O que havia para esconder? Bem, eu creio que os exemplos mostrados acima são suficientes para fazer com que qualquer pessoa razoável possa entender a natureza da adoração praticada pelos hebreus. Não admira que Jesus tenha dito francamente aos judeus: "*Vós sóis de vosso pai o diabo, e quereis fazer as obras do vosso pai. Ele foi homicida desde o princípio, e não habitou na verdade, porque não há nele verdade. Quando fala a mentira, fala segundo sua própria disposição: pois é um mentiroso, e pai da mentira.*" João 8:44. Existem ainda quaisquer teólogos capazes de defenderem que o deus do Velho Testamento é o mesmo que o Deus pregado por Jesus? Como podemos levar a sério uma teologia tão estúpida?; ou será que ela foi feita para ser assim!?

Além do sacrifício humano em si, houveram também muitas e constantes guerras, que envolveram milhares de vítimas em ambos os lados. A classe sacerdotal era intensamente orientada para a guerra, intermináveis guerras! Através desses meios eles acumulavam verdadeiras fortunas em propriedade, terra, gado, bem como vantagens políticas e religiosas. Podemos ver que essa psicose possui suas raízes na pré-história. Mas observamos que ela encontra-se enraizada numa má e infeliz concepção da realidade, visto que sua eficácia é duvidosa, para se dizer o mínimo; pois até mesmo oferecendo 300 crianças em sacrifício, como vimos acima, Cartago ainda assim perdeu a guerra púnica contra Roma!

Mas a despeito de sua questionável confiabilidade, mesmo assim, ainda era vastamente praticada no mundo antigo. Em algumas noções associadas à vida pós-morte, os mortos supostamente se beneficiavam das vítimas sacrificadas nos seus funerais. Um outro proposito do assassinato sacrificial era a adivinhação, ao se usar as partes do corpo da vítima. Segundo Estrabo, os celtas esfaqueavam a vítima com uma espada e praticavam adivinhação do futuro por meio dos espasmos da vítima.

A Caça Humana

A caça humana é a prática de se remover a cabeça de um adversário morto em batalha, para a realização de cerimonial com propósitos mágicos, ou por razões que envolvem prestígio.

Era uma prática comum entre as sociedades pré-modernas. Segundo Plínio o velho, o sacrifício humano na antiga Roma foi abolido por um decreto senatorial em 97 A.E.C, embora já por aquele tempo a prática tenha se tornado tão rara que o decreto foi mais um ato simbólico. O sacrifício humano, uma vez abolido, é tipicamente substituído quer pelo sacrifício animal ou pelo "sacrifício de escárnio", especialmente de efígies, tais como a chamada *Argei* na antiga Roma, e no Brasil a queima do Judas.

Referências na própria Bíblia, apontam direto para o sacrifício humano como parte integral do imaginário teológico do antigo Oriente Próximo, ninguém pode negar esse fato tão bem documentado.

O cristianismo desenvolveu a crença de que a cena do sacrifício de Isaque prefigurava o sacrifício do Cristo, cuja morte e ressurreição, possibilitaram a salvação e a remoção do pecado humano, incluindo o chamado "pecado original". Existe uma crença passada através da tradição de que o próximo sítio do sacrifício de Isaque, o monte Moriá, mais tarde tenha se tornado Jerusalém, a cidade da crucificação de Jesus. Muitas denominações cristãs se apegam a esta crença e consideram o papel substitucional do filho de Deus, que foi necessário, segundo eles, para a salvação na vida pós-morte. Segundo a doutrina cristã, cada indivíduo na terra deve participar e receber os benefícios deste sacrifício divino para alcançarem sua expiação de pecados. Primitivos escritos cristãos descrevem este evento como uma oferta sacrificial, no qual Cristo desempenharia tanto o papel de sacerdote, como o da própria vítima sacrificial.

Durante o iluminismo, alguns escritores, tais como John Locke, disputaram a crença da morte de Jesus como um sacrifício propiciatório. Segundo esta exposição, também corroborada por Renê Girard, os evangelhos representam uma virada radical de eventos das noções pagãs com respeito ao sacrifício. São Paulo convida os cristãos, em sua Carta aos Romanos (12:1), a *"oferecerem os vossos próprios corpos como sacrifício vivo"*, ao invés de corpos mortos de outros. E ele prossegue, argumentando que, *"Pois não é possível que o sangue de bois e cabritos, possam tirar o pecado."* (Hebreus 10:4). De forma que não existiria nenhuma conexão entre as antigas práticas e o novo e revolucionário ensino de Jesus, e Paulo parece ter tirado esse novo entendimento da seguinte analogia de Jesus Cristo, que diz, *"Nem os homens põem vinho novo em odres velhos: pois se quebrarão, e o vinho se derramará, e os odres perecerão: mas se coloca vinho novo em odres novos, e ambos são preservados."* (São Mateus 9:17 KJV).

Estes fatos nos levam a imaginar de uma vez por todas, que a antiga barbárie dos sacrifícios humanos, incluindo os de crianças inocentes, eram não apenas ineficientes e perversos, mas também inúteis e, além disso, representava a condição de almas subdesenvolvidas. A história mostra que a espécie humana não desenvolveu muito desde os Sumérios. Temos tecnologias para nos impressionar, mas carecemos, como seres humanos, de responsabilidade por nossas próprias ações irracionais, e isso nos impede de desenvolvermos uma real espiritualidade. Os deuses do caos não apreciam indivíduos capazes de pensar, mas amam aqueles que se restringem a doutrinas humanas. Quanto aos indivíduos pensantes, estes se mostram capazes de rejeitar a doutrina e tomar decisões importantes que afetam a eles mesmos e aos outros. Não, mas como temos visto no Capítulo I, a tradição de obediência cega a rudimentos hierárquicos produz criminosos em toda esfera civil. Já é hora de reclamarmos a nossa própria razão, porque não existe qualquer ajuda de fora que nos esteja disponível. Temos que fazer a nossa parte. Este mundo é o nosso estágio, e de ninguém mais além de nós mesmos – *somos os agentes das nossas próprias ações.*

Petra Como um Massivo Templo Sacrificial

Mas a pergunta ainda persiste, por que os antigos eram tão fascinados pelo sacrifício de sangue? Qual era a racional por trás de tal comportamento? Primeiro de tudo, que tipos de deuses esperariam sangue dos seus adoradores?

A história de Petra, na Jordânia de hoje, está obtendo mais luz do que nunca antes. Graças à obra de Dan Gibson, com sua teoria de que Petra seria o verdadeiro berço do Islã, e não Meca, como se pensava antes. Esta pesquisa é responsável por lançar mais luz sobre o seu passado, tornando Petra tão importante para a antiga adoração, quanto Jerusalém ou qualquer outra antiga cidade sagrada. Como já mencionado no Capítulo 1, Petra não é o que nos foi dito pelos acadêmicos, especialmente historiadores. Em seu livro "Primitivas Qiblas Islâmicas: Um Levantamento sobre as Mesquitas Construídas entre 1 AH/622 E.C e AH/876", ele enfaticamente revela muitos indícios que indicam Petra como a Meca original, anteriormente chamada pelos primitivos Muçulmanos de *Becca*, o "lugar de lágrimas". Segundo ele, eruditos islâmicos mudaram o texto corânico, seguindo a agenda oriental Abássida (facção islâmica), eles alteraram o primitivo texto islâmico para rezar *"Mecca"*, ao invés de *"Becca"*, um exemplo está na Surat Al-Imran 3:96.

Este grande cisma aconteceu logo após uma longa guerra civil entre os Umayyads e os Abbasids. O Umayyads, representando o fluxo ocidental islâmico, escolheram Petra como a direção oficial de suas orações, ao passo que os Abbasids escolheram Mecca. Mesmo havendo muitos críticos dessa hipótese, o fato é; Petra foi um grande centro para a antiga adoração, especialmente visto que foi dedicada à tríade de deusas conhecidas como, Al-Lat, Al-Uzza e Al-Mannat, as mais antigas das divindade fêmeas dos árabes. Pelo menos uma delas, Al-Uzza, era bem conhecida dos hebreus, como pode ser visto através de descrição e alusão nos Salmos de Davi.

Existem muitas evidências de que Petra fosse de fato um dos mais importantes sítios sacrificiais do antigo mundo. Sua localização, no sudoeste da Jordânia, jaz no declive do Jabal Al-Madbah em uma bacia entre as montanhas que formam a parte oriental do vale do Arabá, que corre do Mar Morto até o golfo de Aqaba. Petra data desde cerca de 9,000 A.E.C., e foi estabelecida no 4° século A.E.C., como a capital do Reino dos Nabateus.

Este povo era, na sua maior parte, árabes nômades e viram Petra como uma perfeita localização, devido à sua proximidade as importantes rotas comerciais daquela região. Petra é tão importante, que é mencionada nos registros de campanhas militares egípcias, como *Pel, Sela ou Seir*. O ultimo nominativo sendo frequentemente mencionado no registro bíblico. Gênesis 32:3, nos informa o seguinte; *"E Jacó enviou mensageiros a ele a Esaú seu irmão na terra de Seir, o país de Edom."* Durante o tempo de Jacó ela era chamada de *'Seir'*, mas o salmista Davi a chama de 'Selá', que ele frequentemente faz ao final dos seus salmos. O que muitas pessoas não sabem é que, esta é uma forte indicação de que Davi estava dedicando seus salmos a pelo menos uma das principais deusas adoradas em Petra, possivelmente Uzzi, ou Uzzá para os árabes. Ela era uma deusa guerreira e esperava, claro, ofertas de sangue dos seus adeptos. Mas os tradutores da Bíblia nos falharam uma vez mais, ao substituírem o nome original da deusa por "Senhor", e assim fazendo, desencaminharam muitas pessoas por milênios, as quais morreram inconscientemente adorado esta divindade pagã.

O massivo templo em Petra era também chamado por um

codinome, Tsur (rocha), que se refere ao fato de que Petra foi esculpida como templo na rocha.   Seu nome *Tsur-Uzzi* é mencionado na versão hebraica de Salmo 62:8, mas infelizmente é traduzido simplesmente como 'Deus'. O que é completamente desencaminhante para quem o lê! Este salmo mostra Davi adorando uma deusa pagã, cujo principal atributo era travar e vencer guerras contra seus inimigos. Sua cor era o verde, uma cor favorita no Islã. Todas as três principais religiões, judaísmo, cristianismo e islã, foram propositalmente infiltradas pelo paganismo, através de sua iconografia, quer gostemos disso ou não. Mas isso não significa que não possam ser purgadas dessas alusões por meio de exaustiva pesquisa histórica e antropológica. O fato cruel é que nós fomos completamente enganados, e agora pertence a nós mesmos, retermos o melhor dos tempos antigos e livrar-nos do pior.

A resposta mais direta à questão do sangue é que – no sangue se encontra a fundação genética do espírito humano – De forma que deuses decaídos e espíritos vampiros, alimentam-se da energia humana por nos submeter ao temor e toda forma de estresse, causando com que liberemos energia vital, a qual é sugada por entidades diversas. No sangue, encontramos toda a informação e designo da alma humana em todas as suas proporções geométricas. Assim que, entidades (e sua mentalidade) do Velho Testamento encontram-se sempre fascinadas pelo sangue até hoje. A manipulação de sangue humano, engenharia biológica, alimento processado, vacinas baseadas em mercúrio, e toda a guerra biológica que está sendo travada neste momento, não é recente mas têm suas origens no passado. Ela possui uma crença básica na interferência no sangue humano, não apenas por derramá-lo, mas principalmente, por alterá-lo por meio de agendas políticas que fingem salvar vidas. Os antigos acreditavam que os deuses mostravam-se sempre em fúria e constantemente guerreavam entre eles mesmos, e precisavam sempre de sangue para que fossem apaziguados, esta crença antiga ainda se acha tão profunda na nossa psique que nós sempre ouvimos falar de 'pacificação' como sinônimo de extermínio e matança; especialmente usado pelo jargão militar. Esta é a prova definitiva de que ainda estamos psicologicamente ligados ao passado pagão. Também, segundo a antiga crença, os deuses principais representavam esferas planetárias, e estas esferas eram carregadas por campos eletromagnéticos em oposição uns aos outros, criando desarmonia entre diferentes planetas. Este fenômeno é chamado pelos indianos de 'yuga', quando se refere ao macrocosmo e 'yoga', quando se refere ao microcosmo.

Assim, da mesma forma que os planetas estão, quer alinhados ou desalinhados, o mesmo fenômeno ocorre conosco, humanos. Podemos criar harmonia, alinhando-nos ao nosso centro energético, ou podemos criar o mal por desarmonizar-nos de nosso sistema de chakras. Este conhecimento esotérico é muito antigo e é também mencionado na Bíblia por meio de alegorias. Podemos ler em Deuteronômio 34:10 que, *"E não se levantou em Israel um profeta semelhante a Moisés, a quem o Senhor conhecia <u>face a face</u>."* A palavra 'face' aqui, é traduzida da palavra hebraica פָּנִים 'panim', que é plural de 'paneh' e está associada com פְּנוּאֵל 'penuel' de onde vem nossa palavra 'penial' (glândula pineal).

Esta é uma clara referência à nossa glândula pineal, o assento da alma, segundo o filósofo francês Renê Descartes. Lá se encontra a verdadeira face de Deus. Ela está dentro de nós e não fora, nas religiões ou instituições deste mundo decadente. Como disse Paulo em Colossenses 1:26, *"Até mesmo o mistério que tinha sido oculto através da eras e gerações, mas que agora é feito manisfesto aos seus santos."* Esta passagem nos dá uma importante informação sobre nós mesmos, ela não concerne o Cristo histórico, mas o 'cristo' que se encontra dentro de cada um de nós. Assim como o próprio Cristo disse (em grego), "οὐδὲ ἐροῦσιν Ἰδού ὧδε ἤ ἰδού Ἐκεῖ Ἰδού γὰρ ἡ βασιλεία τοῦ <u>θεοῦ ἐντὸς ὑμῶν ἐστι</u>." Quando traduzido se torna, *"Nem dirão, ei-lo aqui! Ou, ei-lo ali! Pois, eis que o Reino de Deus <u>está dentro de vós</u>."* Lucas 17:21.

O primeiro erudito a pesquisar e descobrir a conexão entre o sistema babilônico e a adoração israelita e sua cosmogonia, foi o arqueólogo alemão, Friedrich Delitzsch. Suas palestras, intituladas [Babel]"Babel und Bibel" (Babel e a Bíblia), lançou uma atenção mais focada no impacto causado pela influência assírio-babilônica sobre a Bíblia. Ele firmemente acreditava que a literatura da Bíblia era dependente, e até mesmo emprestada, da literatura dominante representada pela cultura entre o Tigre e o Eufrates. Estas culturas, por sua vez, receberam suas mitologias do mais antigo registro sumeriano. Delitzsch contendia que, *"A evidência mesopotâmica mostra não apenas paralelos entre os costumes e ideias do Velho Testamento, mas uma evidência genuína referente à sua origem."* [Walton, John]

A conclusão inevitável apontaria portanto não para uma origem divina, mas humana, ao invés. E este aparato mitológico foi, mais tarde, interpolado no cristianismo. Note que este fato não implica que o cristianismo seja inverídico, mas antes, que durante a composição de alguns dos evangelhos, referências como "o nascimento virginal", junto com a noção alegorizada de "Deus Sol", foram deliberadamente introduzidas ao Novo Testamento, na tentativa de construir um Cristo mitológico a partir do personagem histórico. De maneira que terminamos com 3 formas distintas do Cristo no texto grego, um mitológico, um outro histórico; com lugares, eventos e conexões a personagens históricos do primeiro século e, finalmente, um de caráter esotérico.

A mais importante mensagem que podemos subtrair da Menorá judaica é o fato de que existem dois mundos, um acima e outro abaixo, os quais são um e o mesmo. Os mesmos princípios que governam o macrocosmo também se aplicam ao microcosmo. Somos todos regidos pelas leis físicas, especialmente às do electromagnetismo.[57] O principal objetivo daqueles que ocupam a esfera de poder é nos manter em constante apreensão, de maneira que eles possam nos controlar através dos nossos próprios temores e vulnerabilidades. Todas as interferências psíquicas são causadas por desequilíbrios em

---

57 [Worlds in Collision]Immanuel Velikovsky conduziu um revolucionário estudo sobre esse tema. Ele escreveu "Worlds in Collision"(Mundos Em Colisão), para defender sua teoria de que os planetas são governados por campos eletromagnéticos, e estes campos causam com que os plantas se encontrem entre conflito energético uns contra os outros.

nosso próprio sistema. Por outro lado, se nós conseguirmos administrar esse potencial, em equilíbrio, alcançaremos o estágio em que seremos mestres do nosso próprio destino. Não seguiremos ordens, mas nos tornaremos ao invés, capazes de tomar decisões inteligentes. Não abdicando por obediência a este sistema em que vivemos, mas por criarmos os nossos próprios valores. Este é o que podemos chamar de irrestrito subjetivismo. Esse deve ser o nosso alvo final. É como chama a Kabbalah 'o trabalho do homem'. Depende de nós criarmos a nossa própria espiritualidade. Não podemos transferir esta responsabilidade para outros, ninguém nos representa. Quem quer que falhe em seguir sua voz interna, seguirá a voz de alguém mais, não existe meio termo. Temos vasta evidência para mostrar qual será o fim desta atitude subordinada – destruição, guerra, divisão, ignorância, caos e brutalidade no seus níveis mais intensos.

No próximo Capítulo, daremos atenção aos mais relevantes estudos antropológicos e usaremos essa ferramenta para melhor entendermos os antigos em seu meio ambiente; como eles pensavam, criam, praticavam adoração – sua noção de cosmogonia – Quem eram os 'cananeus'? Que deidades eles adoravam, e o que significavam? Seus deuses beneficentes e não hostis, bem como os deuses do caos e da morte, e suas referências no texto bíblico. Seus semideuses e heróis.

Ficará mais do que claro que eles possuíam uma visão de mundo, da vida e da existência pós-morte, bem diferente da nossa. Também observaremos o que era para eles o conceito de 'deus' e quantos termos usados hoje estão completamente aparte do seus significados etimológicos originais. Daremos atenção especial à sua noção da deusa mãe-virgem, e como esta adentrou no imaginário e na teologia cristã, mais tarde.

"Gênesis 2:4b–3:24 pode adicionalmente sugerir a associação de Asherah com as árvores sagradas, desde que a maneira em que Eva, "a mãe de todos os viventes" (3:20), é descrita na estória do Éden e é uma mímica em certos respeitos ao papel da deusa cananeia Asherah. Se há uma correspondência, então as árvores da vida e do conhecimento na narrativa do Éden podem refletir o imaginário de Asherah." Jewish Women's Archive, Asherah/Asherim: Bible.

CAPÍTULO III

A ABORDAGEM ANTROPOLÓGICA

O símbolo central de boa parte do antigo culto pagão na Canaã bíblica era, sem dúvida, a árvore de Asherah, símbolo da deusa encarnada. Asherah é considerada como a rainha consorte do deus sumeriano *Anu*, o ugarítico *El*, a mais antiga das deidades do seu respectivo panteão, fonte indisputável para a formação do deus Jeová, o deus de Israel e Judá. Todos os deuses mencionados na Bíblia hebraica procedem da mitologia sumeriana e nos alcançaram através do panteão ugarítico, o qual, devido à similaridade linguística com a língua hebraica, influenciou Velho Testamento com mais rigor.

Asherah, junto com Astarte e Anat, foi uma das grandes três deusas do panteão cananeu. Na religião cananeia, seu principal papel era o de deusa mãe.

O carvalho foi considerado sagrado devido à sua associação com a deusa Asherah. E sob o seu tronco, ofertas de incenso e comida, eram comumente feitas nos tempos antigos. Em Gênesis 35:8, lemos;

"וַתָּמָת דְּבֹרָה מֵינֶקֶת רִבְקָה וַתִּקָּבֵר מִתַּחַת לְבֵית־אֵל תַּחַת הָאַלּוֹן וַיִּקְרָא שְׁמוֹ אַלּוֹן בָּכוּת: פ."

Quando traduzido nos dá; *"Então morreu Débora, a ama de Rebeca, e foi sepultada ao pé de Betel, debaixo de carvalho; e que se chamou o seu nome de Alom-Bacute."*

Que significa "carvalho do lamento", porque אַלּוֹן (alon) é o nominativo para 'carvalho'. E o segundo nominativo בָּכוּת (bachut) significa "prantear". Este nominativo feminino vem da raiz masculina[58] (bacci) que significa "chorar", e é certamente a raiz ancestral de "becca" em Árabe, o nome histórico de Petra, a mesma palavra foi substituída por "Mecca" no Sagrado Alcorão pelos Abássidas. Seu significado é exatamente o mesmo, "chorar"; e chorar por que? Pelas vítimas assassinadas em oferendas sagradas à deusa Asherah. Ser enterrado sob o seu tronco sagrado, o carvalho, era o equivalente a ser reunido com a deusa no plano pós-morte.

---

58 See "The Brown-Driver-Briggs Hebrew and English Lexicon", p.113.

O mais notável, contudo, para ilustrar a associação entre Asherah e as árvores sacrossantas, são as ocorrências bíblicas que exibem a forma asherah (singular) ou asherim (plural), encontradas no texto. Os objetos de adoração que são relacionados com a deusa Asherah são mencionados mais de trinta vezes dentro do texto hebraico. Estes objetos de culto são geralmente descritos como lembrando a forma de um poste ou de uma árvore estilizada. Como um tronco de árvore, que pode ser plantado, erigido ou erguido. Uma vez devastadas, estas imagens religiosas podem ser cortadas ou desarraigadas; podem ser queimadas ou quebradas, nos casos em que a adoração de Asherah foi banida de Israel. Tanto as interpretações gregas como latinas do texto hebraico, em adição, vertem as palavras 'asherah' e 'asherim', como "bosque" ou "madeira." Uma direta analogia à deusa.

Os nomes podem ter evoluído dos antigos textos mitológicos sumerianos, com variações linguísticas devido às suas respectivas etimologias, mas o resultado final é o mesmo. Assim podemos estabelecer com certeza que a Bíblia está nos relatando uma estória muito antiga. Uma que pode apenas ser compreendida ao se revisitar os textos originais. Veremos agora o mito que serviu de base para as grandes narrativas da Bíblia. E desde lá, tentarmos reconstruir o que de fato nos revela a estória por meio de suas analogias ao mito original. Assim, vejamos como esta antiga estória permeou as vidas e a imaginação daqueles que chamamos de 'patriarcas'.

A adoração canaanita delineia o sistema de crenças e práticas rituais dos povos que viviam na antiga região chamada de Levante, através das idades do Ferro e do Bronze. Até recentemente, pouco era conhecido destas tradições fora da Bíblia hebraica. As escavações arqueológicas do século vinte, contudo, desenterraram muitos textos, bem como artefatos, que proveram detalhes previamente desconhecidos sobre a natureza da religião canaanita. Embora as fontes literárias ainda sejam escarças, a adoração canaanita parece ter envolvido de uma tradição mitológica muito rica, a qual serviu como ponte entre a mais antiga mitologia sumeriana, e os rituais mesopotâmicos e posteriores divindades greco-romanas. Muitos dos famosos deuses gregos, por exemplo, claramente procedem de ideias oriundas da teologia cananeia; de forma similar, a mitologia cananeia, especialmente a ugarítica, cresceu também a partir de raízes sumerianas.

Assim como outras antigas culturas, a sociedade cananeia mostrava-se grandemente orientada para as questões agriculturais, especialmente as estações de chuva e seca. O deus supremo do panteão canaanita era El, junto com sua consorte, Asherah. E assim como a tradição grega, estes antigos deuses foram posteriormente substituídos por deuses mais jovens, possivelmente filhos e filhas de El, como o deus da chuva e do travão, Ba'al e suas consortes, tais como a deusa guerreira Anat (sua irmã) e a deusa do amor/fertilidade Astarte. A primitiva adoração israelita, como veremos, partilhou da crença canaanita em El e outros deuses, até que finalmente o monoteísmo judaico foi fabricado pelos escribas. De fato, o segundo mais importante epiteto para deus/deuses na Bíblia hebraica é *Elohim*, e *El*. As pessoas hoje estão completamente desapercebidas de que elas estão realmente adorando os deuses canaanitas até hoje – *deuses mitológicos* –, cuja a forma de narrativa favorita é o mito, quando oralmente transmitida, e a lenda, quando transmitida pela via escrita. Hoje estes termos literários são amplamente mal interpretados. É por isso que podemos afirmar que a Bíblia é o livro mais lido no mundo, e infelizmente o menos compreendido. Vamos então definir os nossos termos.

Tecnicamente falando, uma narrativa é um registro de eventos correlatos, reais ou imaginários, que são apresentados em uma sequência escrita ou falada. Ela vem do verbo latino *narrare*, "dizer", que por sua vez deriva do adjectivo *gnarus*, "saber" ou "expertise".

Uma narrativa pode ser organizada em um número de categorias temáticas ou formais: não-ficção (tais como a não-ficção criativa, biografia, jornalismo, poesia transcrita, e historiografia); e quando temos a ficcionalização de eventos históricos (tais como a anedota, o mito, a lenda, e a ficção histórica). Portanto, quando nos referimos ao "mito" ou "lenda" nesta obra, que fique claro que, o que queremos dizer com mito é que ele indica uma tradição oral, e a lenda, um mito que foi posto em forma escrita. Visto que *legere*, em latim, significa simplesmente "ler".

A narrativa pode ser encontrada em todas as formas de criatividade humana, na arte e no entretenimento. Incluindo o discurso, a literatura, o teatro, a música e os cânticos. E este (a narrativa) era o estilo preferido dos antigos escribas. O conto oral (literatura de cordel) é o mais antigo método de partilhar conhecimento. Isto faz com que a Bíblia seja um exemplar modelo de literatura clássica, de estilo narrativa. Mas, além de tudo isso, devemos ainda nos perguntar; é a Bíblia hebraica única neste respeito? Existe evidência de que Velho Testamento narra uma estória que era comum a todos, nos tempos antigos? Isso é o que estamos bem perto de descobrir.

O Registro Mitológico Ugarítico

Durante os anos entre 1929-1939 Mons. Schaeffer escavou em Ras-ash Shamrah na costa síria cerca de onze quilômetros ao norte de Latakia. Este sítio é identificado com a antiga cidade de Ugarit mencionada nas tabletas el-Amarna, encontradas no Egito. Eles desenterraram tabletas de argila, muitas das quais estavam escritas em um alfabeto especialmente peculiar. Esta escrita foi mais tarde decifrada e chamada de "escrita ugarítica" pelo erudito alemão Bauer e pelos eruditos franceses D'horme e Virrolleaud. Estes fragmentos foram considerados muito importantes, visto que eles revelavam contos de cunho mitológico e religioso por meio de um estilo literário poético épico, e sua língua se mostrou bem similar ao hebraico clássico do Velho Testamento[59]. Esta descoberta foi tão importante para

---

59 Dussaud, Yahwe Fils De El, SY. 1957, p.233. (Yahwe Filho de El, 1957, p

os estudiosos da Bíblia porque, segundo o próprio Virrolleaud, *"O vacabulário de Ras Shamra é o mesmo dos livros bíblicos"*[60]. E seu cenário geográfico está localizado no sul da terra de Israel, exatamente na área do Negev. Ainda segundo ele, os ancestrais dos fenícios viveram na região do Negev durante o segundo milênio A.E.C. Nestas tabletas, ele encontrou referências à tribo de Zebulon e Terah (o patriarca de Abraão). Portanto, ele acredita que os fenícios vieram originalmente do sul de Israel.

Quanto mais os eruditos se debruçaram sobre o material das tabletas, tanto mais se tornou remarcável que havia similaridades definitivas entre estes fragmentos de literatura, em versos épicos, e aquilo que lemos na Bíblia hoje. A única exceção sendo o fato de que o real conteúdo foi escondido de nós, devido à sua natureza *chocante*. Sua similaridade não estava restrita ao contexto, vocabulário ou gramática apenas, mas foi demonstrado que existe um exato paralelismo em pensamento, imaginário, estilo terminológico e idiomas (expressões idiomáticas). Tal similaridade atingem até o ponto de identidade verbal e das mesmas estruturas morfológicas, junto com sinônimos correlatos, que são usados para expressar certas ideias.

Buscaremos por esses paralelos na Bíblia por lermos a narrativa mitológica primeiro, e então, no próximo Capítulo "O

233.

60 Virrolleaud, Le Déchiffrement Des Tablettes Alphabetiques De Ras Shamra, Sy, 1931. (X), p. 20.

Que Diz o Texto Realmente," encontraremos suas analogias conforme apresentadas nas estórias bíblicas que lhes servem de cobertura. Todas elas aludem ao mesmo registro oficial por meio de linguagem figurativa recorrente. E para isso, dependemos basicamente dos mitos e lendas canaanitas.

Linguisticamente, os antigos semitas têm sido amplamente classificados como parte dos grupos Oriental e Ocidental. O grupo Oriental é representado proeminentemente pelo acadiano, a língua dos assírios e babilônios, que habitaram os vales dos rios Tigre e Eufrates. O grupo Ocidental é adicionalmente dividido nos grupos do sul e do norte. Os semitas do sudoeste habitavam a Arábia e a Etiópia enquanto os do norte ocupavam o Levante – Síria e a antiga Palestina – a região frequentemente referida na Bíblia como *Canaã*.

Recentes achados arqueológicos indicam que os próprios habitantes da região se referiam à sua terra como ʿʘ Ⴠ (Canaã) em hebraico pictográfico. Esta palavra vem de um nominativo masculino para 'mercador'(es), devido ao fato de que os antigos cananeus eram, como os fenícios, comerciantes natos (ver Sofonias 1:11). De fato esta palavra possui duas etimologias, a segunda vem da língua acadiana *Kinahhu*, e refere-se à lã avermelhada[61] a qual era peça chave do comércio

____

61 Existem fortes evidências que apontam para o Pau-brasil, árvore nativa da *terra brasilis,* como a fonte desse extrato que produz a tintura avermelhada, visto que o própiro nome dessa ávore indiva raízes na hebraico-fenício da época de Salomão. Os fenícios a chamavam de *'Barzel'(forte em ferro) e designa uma terra rica em minério de ferro.* Mas que

de exportação da região, e a qual também deu nome aos próprios fenícios na língua dos helenos (gregos). Quando os gregos encontravam os cananeus, através de contatos comerciais, foi este aspecto do termo que eles usaram, ao referirem-se aos canaanitas 'phoenikes', "vermelhos", "púrpura", ou "os púrpuros", indicando a coloração do *tecido especiaria* o qual os gregos compravam e conheciam muito bem. Os romanos, por sua vez, transcreveram o grego phoenix para *poenus*, assim dando origem ao nome oficial dos descendentes dos fenícios em Cartago (região da Tunísia, hoje), chamando-os de povo púnico, e por conseguinte *"a guerra púnica"*.

Crenças Religiosas

Havia um grande número de deidades que eram adoradas pelos aderentes da religião canaanita. Poderíamos enumerar tantas quantas 30 delas, apenas em uma lista parcial.

Os cananeus acreditavam que, seguindo-se à morte física, a *npš* (Ugaritic/Hebrew 'nephesh' raiz para 'espírito', 'fôlego de vida', 'alma'[62]) partia do corpo para a terra de Mot (deus da morte na Bíblia). Os corpos eram enterrados com todas as sortes de bens e oferendas, tanto de alimentos quanto de objetos de uso pessoal, e eram oferecidas bebidas aos mortos, para

------

pelo emprego de calque, se tornou *'Brazil'*, o nome do maior páis da América Latina.

62 Based on "Ugaritic Glossary", from "Canaanite Myths and Legends", by J.C.L. Gibson, 2004.

assegurar que eles não carecessem de nada em sua viagem, e assim não voltassem para incomodar os vivos. Os parentes mortos eram venerados e algumas vezes pedidos eram feitos a eles. Uma clara indicação da adoração ancestral, praticada tanto pelos, assim chamados, 'pagãos', bem como pelos próprios hebreus, os quais sabemos agora serem tão pagãos quanto os demais. A crença de que a 'alma' sobrevivia à morte é muito comum entre os povos da Bíblia e nunca foi seriamente contestada; por exemplo, lemos em Gênesis 35:18 sobre Raquel que, *"E sucedeu que, enquanto sua alma partia, (pois ela estava morrendo) que ela chamou seu nome de Ben-o-ni: mas seu pai o chamou de Ben-ja-min."* Claramente evoca uma forte crença na *inexorabilidade* da imortalidade da alma.

A religião canaanita, contrário ao que muitos supõem, era fortemente influenciada pelos seus vizinhos mais poderosos da Mesopotâmia (acadianos, sumérios, assírios e babilônios), bem como pelas práticas religiosas egípcias. Assim como qualquer outro povo do Antigo Oriente Próximo, o credo religioso cananeu envolvia uma forte noção politeística. A veneração dos mortos era representada pela iconografia (semiose), exibida nas vestes sacerdotais, nos deuses e deusas domésticos, chamados na Bíblia de *elohim* (poderosos). Estes deuses eram também conhecidos como 'teraphim' (plural, os deuses de Terá) pelo clã dos hebreus. A importância destes deuses era especialmente pragmática, visto que sua possessão poderia estabelecer os direitos de alguém à herança familiar, (ver Gênesis 31:19-30). Os mesmos terafins poderiam também serem usados para a prática da adivinhação e artes mágicas (Juízes 17:5; Oseias 3:4).

Já o henoteísmo (a crença em um deus enquanto reconhecendo a existência de outros deuses), também tinha um segmento importante, especialmente para algumas tribos. Mas era vastamente rejeitada pela maioria. Os deuses mais importantes entre eles eram, Baal, El e Asherah (esposa de deus). Os reis canaanitas também desempenhavam um importante papel nas cerimônias religiosas e eram eles mesmos também reverenciados como deuses, tanto enquanto ainda vivos como especialmente após sua *passagem* deste mundo, afinal, como todos sabiam muito bem, os desuses da Bíblia eram concebidos como tendo uma vez vivido neste plano, o que parece indicar que os cananeus acreditavam que todos nós, essencialmente, somos deuses decaídos. No centro da religião canaanita estava a preocupação real por legitimidade religiosa e política, pois os *poderosos* (elohim) ordenavam a estrutura legal que permitia a administração de tudo, desde de direitos pessoais, a devidas punições e questões agriculturais.

A identidade exata dos deuses principais era determinada pela classe sacerdotal, que tinha inquestionável autoridade sobre questões religiosas. Por exemplo, durante o período dos Hyksos (reis pastores, mencionados por Mâneto[63]), eles

---

63 A história egípcia mistura-se com a de Israel em diversos pontos. Nesta publicação, mostramos a data de 1728AEC para a entrada de Israel no Egito, e para o Êxodo, 215 anos mais tarde, 1513 AEC. O ataque do Faraó Sisaque contra Jerusalém ocorreu durante o quinto ano de Roboão, em 993 AEC; o Rei Sô, do Egito, era contemporâneo do reinado de Oseias (c.

decidiram associar Baal com o deus egípcio Set, o qual era considerado idêntico a ele. Sem dúvida, isso foi, talvez, politicamente motivado. Vemos uma atitude similar em Êxodo 6:3, onde o deus 'El Shaddai', adorado pelos patriarcas Abraão, Isaque e Jacó, muda sua identidade e se torna o 'Jeová' de Israel e Judá.

Um outro importante aspecto da religião canaanita é que ela é profundamente enraizada no animismo e na magia. A magia era prevalecente em todas as sociedades clássicas, independente de se eram organizadas em torno da religião ou de sistemas mais gerais de animismo ou xamanismo. Religião, como já foi mencionado no Capítulo 1, é um desenvolvimento posterior, e possui suas origens na Roma antiga e não corresponde, necessariamente, com o primitivo pensamento cananeu, o qual era destacadamente de essência mágica. Numa posterior concepção religiosa, os efeitos mágicos passaram a ser considerados como 'milagres', algo estranho à noção antiga, visto que eles já eram capazes de identificar, naturalmente, as leis de causa e efeito. Assim, segundo eles, nada acontecia do *nada*, mas tudo possuía uma causa *inteligente* por trás.

758-740 AEC); e a batalha do Faraó Neco que resultou na morte de Josias provavelmente ocorreu em 629 AEC. (1Rs 14:25; 2Rs 17:4; 2Cr 35:20-24) A diferença entre as datas acima e as geralmente atribuídas pelos historiadores hodiernos chega a um século, ou mais, quanto ao Êxodo, e depois se reduz a uns 20 anos no tempo do Faraó Neco. A seguinte informação mostra por que preferimos apegar-nos à cronologia baseada no cálculo bíblico.

A antiga interpretação sociológica da magia enfatizava as condições sociais nas quais o fenômeno mágico se desenvolvia. De maneira que, para os antigos, o ritual (religião) é a expressão de uma estrutura social e serve meramente para manter a coesão de uma comunidade. O ritual era público, já a magia, por outro lado, era produto de uma ação privada, individual. A religião poderia conter procedimentos morais, mas a magia enfatizava os rituais, ao invés.

Portanto, existia uma bem estabelecida crença no poder dos nomes verdadeiros, sua fonética, seus valores gemátricos e assim por diante. Esta era resultado direto da crença de que o conhecimento do real nome de uma entidade garantiria poderes sobre ela. Desta mesma crença, originou-se a ideia de que nunca devemos invocar desnecessariamente quaisquer dos deuses por nome, a menos que estivéssemos envolvidos em um ritual, alimentado por oferendas à deidade intencionada. Isto é exatamente o que a Bíblia quer dizer quando revela; *"Não deves tomar o nome do Senhor teu Deus em vão: pois o Senhor não deixará impune àquele que tomar o seu nome em vão."* Deuteronômio 5:11. Este princípio era de conhecimento comum a todos – se não possui oferta, cale-se! Visto que se você invocasse a deidade pelo seu nome em circunstâncias erradas, você poderia atrair resultados indesejáveis para si mesmo.

O culto e a religião abraâmica, ao contrário do que se pensa, possuem muito mais em comum com a magia do que previamente supusemos. A versão King James da Bíblia incluiu a famosa tradução: "A bruxa não deixarás que viva" (Êxodo 22:18), e Saul, um inimigo de Davi, é repreendido por deus(es) por buscar conselho de uma adivinhadora que podia contatar os espíritos dos mortos. Por outro lado, sinais mágicos são claramente documentados na Bíblia. Por exemplo, tanto o cajado dos feiticeiros de faraó como o de Moisés e Arão, podiam ser transformados em serpentes (Êxodo 7:8-13). Contudo, o argumento usado para legitimar Moisés sobre os sacerdotes magos, é que Moisés estaria representado a "Deus", e assim possuía um poder, não mágico, do seu lado. Os magos egípcios, empregaram suas "artes secretas", ao passo que Moisés meramente lançou seu cajado e tudo se deu *miraculosamente*.

Para um antigo egípcio, a diferença mais estonteante teria sido o fato de Moisés nem ter empregado artes mágicas, tampouco utilizado palavras mágicas. E assim, somos levados a supor que Moisés não precisava de artifício mágico para tanto. Mas, surpreendentemente, não é isso o que a Bíblia ou a evidência histórica nos revela. Pois Filo de Alexandria (c. 20 BCE – c. 50 E.C.), também chamado [On the Creation] Filo, o judeu, foi um filósofo judeu helenizado que viveu em Alexandria, na província romana do Egito. Ele, ao se referir a Moisés, diz claramente: *"Mas Moisés tendo atingido desde cedo os mais altos níveis da filosofia, e tinha aprendido dos oráculos de Deus os mais importantes e inúmeros princípios da natureza, sabia muito bem que é indispensável que todas as coisas existentes devem posuir uma causa ativa e um sujeito passivo; que a causa ativa é o intelecto do universo, completamente não adulterado e puro, superior à virtude e superior à ciência, superior até mesmo ao bem abstrato ou à beleza abstrata; enquanto o sujeito passivo é algo inanimado e incapaz de movimento por qualquer força intrínseca sua própria, mas tendo sido posto em moção, moldado, e conferido vida pelo intelecto, tornou-se transformado na mais perfeita das obras, este mundo."* The Works of Philo (On The Creation, II§8, traduzido pelo autor).

O que torna isso ainda mais relevante, é o fato de que esta informação – de que Moisés foi educado no conhecimento esotérico egípcio, que incluía a magia – é exatamente o que diz a própria Bíblia: "*E Moisés foi ensinado em toda a sabedoria dos egípcios, e era poderoso em palavras e em ações.*" Atos Dos Apóstolos (7:22). Portanto Moisés era, ele mesmo, um *mago*, evidentemente um dos melhores deles. Esta filosofia, que era comum a todo mundo antigo, era chamada de 'Filosofia Natural' e incluía o estudo dos mais importantes princípios da física, biologia, astronomia e alquimia – Mágica Clássica, também chamada na Idade Média de 'filosofia natural'.

De maneira que, a fim de conferir a outros essa complexa ciência, elegeu-se o mito, por ser este o estilo mais útil para transmitir estes mistério por meio de uma narrativa alegórica, visto que ela não está preocupada com elusivos fatos históricos, mas foca, ao invés, nos princípios gerais. Consequentemente, terminamos cercados por muitos contos mitológicos: sumerianos, acadianos, assírios, babilônios, ugaríticos, fenícios e gregos. Todos dos quais herdaram as mesmas narrativas, distintas apenas, pelos seus respectivos aspectos particulares, tanto culturais como linguísticos. Algo obscuro e difícil de compreender para aqueles que não foram treinados adequadamente para discernir seus reais significados.

O Mito Que Inspirou a Bíblia

O ciclo do mito canaanita recuperado da cidade de Ugarit, na região de Ras-ash Shamrah, alista suas deidades como as mesmas mencionadas na Bíblia. Como mostrado acima, cidades diferentes tinham diferentes conceitos não só quanto a quais deuses deveriam ocupar seus postos, no panteão, mas também quais deveriam ser incluídos, bem como quais seriam seus principais atributos. El ou Il, cujo nome significa "poderoso", do hebraico אֵל (el), poder para governar; era o criador da terra, porém os arameus o colocavam abaixo de Haddad. Também, muitas cidades eram chamadas pelo nome de Baal, significando 'Senhor'.

Interessantemente, os tradutores da Bíblia elegeram este pronome português para *todos os deuses mencionados no texto*. El era mais comumente representado por um 'touro'. Ele é descrito como tendo os cabelos e a barba crisalhos, e como vivendo no monte Lel, em uma tenda bem similar à tenta construída por Moisés. Ele era considerado pelos sírios como um deus da montanha e não dos vales (1Reis 20:28). Ele bebia muito e ficava frequentemente bêbado em seus banquetes. Sua estória é contada vez após outra por meio de muitos personagens bíblicos, sempre como alusões feitas ao mito raiz. Ele é apresentado como o "deus de toda a carne" (Je 32:27). A estória de um profeta subindo até as montanhas é muito comum nas culturas clássicas. O mesmo é dito não apenas sobre Moisés, mas também sobre Sargão, o grande, e Lycurgo de Esparta. Que na mesma forma, subiu a uma alta montanha para receber dos deuses suas leis.

Portanto essa estória, assim como a do dilúvio, era tema comum na antiga mitologia. Enquanto era apenas um jovem deus, ele (El) saiu para o mar e, observando duas mulheres, uma das quais era presumivelmente Athirat (a outra não nos é revelada), fica estimulado, assa uma ave e pede às duas que a prepare para ele, e pergunta-lhes como querem que ele as chame, como filhas ou como suas esposas. Elas escolhem a última opção, e no tempo devido elas lhe dão à luz a Shachar, Shalim, e possivelmente os outros deuses que poderiam ser seus setenta filhos destinados a serem parte do concílio dos deuses, tão frequentemente mencionado no Velho Testamento (Jó 1:6; 38:7; Gênesis 6:2-4). Eles viveram em um santuário no deserto, por oito anos (daí o uso de oito dias para a circuncisão). Isso explica porque o deus principal de Israel é chamado de "o deus do deserto" A principal motivação para se aplicar essas estórias a outros personagens da Bíblia foi torná-los iguais aos deuses a quem de fato prefiguravam, deificando-os, e fazendo-os assumirem comportamentos que lembrassem as ações dos deuses como se estes houvessem reincarnado em forma humana. Este é um aspecto muito recorrente nos textos clássicos (Homero, Hesíodo, e Moisés), especialmente na Bíblia. Desta antiguíssima crença procede a noção do 'Messiah'.

Segundo minha pesquisa, estes seres realmente existiram há muito tempo atrás, eles e seus descendentes governaram o mundo, por talvez milhares de anos, e é por isso que ainda encontramos seus sinais sendo abertamente exibidos. Eles finalmente vieram a falecer, mas não antes do originarem a tradição de reinado divino (Vaticano, por exemplo) o qual dura até os nossos dias, *pelo menos para aqueles que podem claramente observar*. E isso é fato, até porque os textos literários que foram encontrados em Ugarit, datam de cerca de 1400 to 1350 A.E.C., embora os mitos e as lendas neles descritos remontem à uma antiguidade desconhecida.

A Linguagem Semiológica e o Mito Original

É evidente a todos que os Papas levam muitos dos símbolos atribuídos a El e, especialmente, sua consorte Asherah (iconografada como Maria mãe de deus), entronizaram muitos reis (até finalmente esvaziarem as monarquias por toda Europa) através da história (uma amostra de poder absoluto). Da mesma forma, El ordena que Yam (deus das águas) seja dado um reinado e estabelece Kothar-u-Khasis (o deus da arte e da ciência) para edificá-lo um trono. Os deuses avisam que Yam foi envergonhado e pode trazer destruição, assim El o restabelece por renomeá-lo *mddil* – 'amado de El' – e promove uma festa para ele. El alerta, contudo, que isso é contingente na sua ação de expulsar a Baal, que pode oferecer resistência. Seguindo-se a queda de Yam, ele resolve favorecer o deus Mot. Este último deus, Mot, é realmente a palavra raiz para o livro Bíblico de *Shemot* (*observe*, She-mot, ou invocação de Mot, deus da morte), traduzido 'Êxodo', segundo a Septuaginta. Mas seu real significado está associado ao deus da morte canaaneu, e isso pode explicar o porquê de tantas mortes no livro bíblico de Êxodo. Este livro, de forma codificada, é claro, está relatando invocações associadas à magia negra egípcia, e por isso envolvia muito sangue, tanto animal como humano.

Portanto, enquanto Baal é declarado rei e juiz, ele permanece um residente do palácio de El e Athirat, devido ao fato de El o ter recusado a construção de um palácio real, a despeito das muitas ameaças de Anat. Após alegremente receber a Athirat, e brincar ironicamente que Baal o teria como trabalhador escravo no seu próprio palácio, ele finalmente permite a Baal ter um excelente edifício palacial. Quando ele ouve que Baal está morto, ele desce do seu trono, poe saco e cinzas e corta suas bochechas (iniciando assim uma prevalecente tradição entre os patriarcas), da mesma maneira que era feito por todos os adoradores de Baal (veja 1Reis 18:28; Gênesis 37:34). Portanto, todos os sinais que conectam o *velho mito* com a Bíblia estão visivelmente expostos em toda parte. Mas, a leitura doutrinária, acabou por cegar a muitos!

Assim, logo após isso, El, segundo a lenda, julga corretamente a Attar, deusa da "estrela da manhã", (ver Isaías 14:12 "o filho da manhã", hebraico *heylel,* latim, *luciferum, lúcifer*) que tenta ocupar o palácio do já falecido Baal mas falha, por ser incapaz da tarefa de tomar o palácio, uma vez ocupado por Baal (daí o mito de Lúcifer expulso do céu). Sete anos mais tarde, ele sonha que Baal está vivo e ele informa a Anat (a deusa virgem da guerra, encarnada pela rainha da escócia, e também virgem, bloody Mary! Maria, a sanguinária) deusa da guerra e do conflito, irmã e amante putativa de Ba'al Hadad) e também a Shapash sobre o ocorrido (também transliterado como Shapshu, deusa do sol; algumas vezes equacionada com o deus sol mesopotâmico Shamash), cujo gênero é disputado. Algumas autoridades consideram Shamash uma deusa). E então os monstros de Baal-Hadad se apoderam das servas de Yarikh. A senhora do mar Athirat, junto com El, os orientam a darem à luz a animais, os quais ludibriarão a Baal-Hadad para uma caça (semelhante ao mito de Adônis, na babilônia).

Ele então favorece ao Rei Keret[64] (Keret é um rei justo que perde sete esposas e filhos por pestilência, espada, e acidente natural) que pode ser um dos seus filhos ilegítimos, oferecendo-o riquezas após a morte de suas muitas esposas e eventualmente o prometendo a princesa Huray e muitos filhos, desde que ele ofereça os sacrifícios que lhe são obrigados e siga suas instruções. Após Keret se tornar enfermo, El eventualmente reúne uma assembleia dos deuses a fim de pedir-lhes que livrem a Keret de sua enfermidade. Após isso, El despacha o demônio Sha'taqat o qual é capaz de curar a Keret. Algumas fontes dizem que Moisés se inspirou neste relato para escrever a

---

64 O relato de Keret serviu de base para se compor o relato de Jó.

famosa estória de Jó[65].

Anat traz suas reclamações sobre Aqhat diante dele (El) e o ameaça golpear na cabeça quando ele dá sua resposta. Ele então replica, dizendo que sabe muito bem do que ela é capaz e que não ficará em seu caminho.

Asherah, ou 'A Senhora do Mar', *Elat,* em hebraico – a deusa descrita como a mãe dos deuses (chamada de Reshit, mencionada no primeiro versículo de Gênesis) é a amada consorte de El, ela foi deliberadamente deixada fora das traduções da Bíblia, por razões óbvias. Ela era muito protetiva dos seus 70 filhos que eram conhecidos como os deuses graciosos, para quem ela era tanto mãe como cuidadora. Seus filhos, exceto Baal, inicialmente, tinham todos cortes reais. Ela frequentava as prais oceânicas e era conhecida como "aquela que anda sobre o mar[66]." na cidade síria de Qatra, ela era considerada a consorte de Baal-Hadad (literalmente, Senhor do trovão e deus da tempestade, frequentemente referido como Baalshamin). Qodesh-e Amrur 'pescador de Athirat' – mensageiro de Baal Kothar-u-Khasis – Ele é também servo e está incumbido de reunir provisões a fim de entreter seus

---

65 Keret é surpreendentemente similar ao personagem Jó, pois as mesmas condições o abatem e o final da estória é bem similar. Esta estória é considerada muito antiga, e foi reinterpretada por várias culturas e acabou por inspirar o estilo conhecido com 'tragédia'.

66 Com certeza a antiga mitologia africana é debitaria dessa lenda, na forma de Iemanjá, rainha do mar.

convidados do mar com uma rede. É interessante notar que Daniel 4:13(10)[67] possui uma palavra equivalente em arameu que parece se referir a um anjo e que foi traduzida como 'santo mensageiro' ou 'santa sentinela'. Esta palavra és קַדִּישׁ (qaddiysh) em aramaico, mas ela corresponde ao hebraico קָדוֹשׁ (qaddosh), que segundo os melhores léxicos da língua hebraica significa "sagrado". Assim, isto prova que a noção de sagrado, para os antigos, procede originalmente da deidade ugarítica Qodesh, o pescador de Athirat. Isto também explica porque Moisés estabeleceu uma piscina no tabernáculo chamada de 'o mar' (veja Êxodo 30:18). Também, porque Jesus é descrito falando a pescadores e usando termos afins com esta atividade, como "a rede de arrastro", etc. Alusão mitológica na sua melhor forma!

São essas apenas coincidências? A palavra hebraica para mar é מַיִם (mayim), e segundo Moisés, os sacerdotes deveriam lavar-se e serem "santos". Assim, ser santo, está aqui associado com estar ritualisticamente limpo. Não é esta um perfeita alusão ao deus Qodesh? Certamente é! Quanto mais lemos a estória original, mais encontramos evidência de que a Bíblia foi de fato "inspirada", claro; só esqueceram de nos dizer em qual mitologia! A mitologia canaanita está fortemente presente. Isso não significa que Jesus não existiu, apenas que sua história real foi reescrita para perpetuar a semiologia mitológica, acessível a

---

67 In the King James Version it occurs in verse 13, but in the Hebrew Stuttgartensia it occurs in verse 10.

poucos, enquanto muitos seriam incapazes de entendê-la.

Uma outra estória destacadamente similar ao mito oficial pode ser visto na narrativa de Ló e suas duas filhas. A Bíblia nos diz, *"E Ló subiu de Zo-ar, e habitou na montanha, e suas duas filhas estavam com ele; pois ele temia viver em Zo-ar: e ele morou em uma caverna, ele e suas duas filhas."* Gênesis 19:30. As duas filhas fizeram Ló beber vinho e tiveram relações com ele e geraram dois filhos, Mo-ab e Ben-ammi (vs 37). Bem, o registro ugarítico nos diz a mesma estória. O nome próprio מוֹאָב possui duas principais ortografias que são מוֹאָב e מאב sem o ו (wav), que vem do conceito de "água", "semente", "progênie", vir à luz. Enquanto Ben-ammi, hebraico בֶּן־עַמִּי "filho de minha descendência." Podes ver a conexão?, 'ascender' e 'descender'.

O registro nos diz que El tomou duas mulheres e as ofereceu a possibilidade de se tornarem suas esposas. E estas lhes deram à luz dois filhos, Shachar 'aurora' e Shalim 'crepúsculo', <u>uma alusão óbvia ao nascimento e ao ocaso do sol</u>. Novamente, uma maneira bem astroteológica de descrever eventos celestiais, possivelmente movimentos planetários.

A Mitologia Comparativa

A mitologia comparativa obtêm seu valor de vários outros campos: incluindo o folclore, antropologia, história, linguística (tratada no próximo Capítulo), e estudos religiosos; e usa-se uma variedade de métodos para se comparar os mitos, buscando identificar suas similitudes. Sem ela, todo este ensaio seria em vão.

As estórias que constituem o relato mitológico oficial (a estória dos deuses), permeiam a inteira narrativa bíblica. Os mesmos eventos foram reinterpretados pelos escribas e atribuídos a outros personagens, como Adão, Eva, Caim, Abel, Set, Enoque, Noé, Abraão, Ló, Moisés, Jó, Sansão, Davi, Salomão, etc. O registro reflete essencialmente um culto aos mortos. Este aspecto era uma crença central dos antigos cultos por todo mundo conhecido. A religião se origina do culto aos ancestrais que são deificados após sua passagem por este mundo. Isso não significa que eram todas estórias[68] falsas, mas apenas que os escribas os reordenaram de forma a encaixá-los a muitas outras circunstâncias similares apresentadas no texto. Isso não é tão difícil de se entender, especialmente, se considerarmos o fato de que no mundo antigo, o tempo era *cíclico* e não *linear – de maneira que os mesmos eventos continuam retornando ciclicamente-* assim como eles codificaram o Jesus histórico. Eles (os escribas) simplesmente acrescentaram mais dois personagens ao personagem histórico – um Jesus mitológico, e o esotérico – este é o primeiro sentido em que se pode afirmar que a Bíblia foi inspirada por Deus, ela foi de fato inspirada por um registro mitológico de aceitação universal

---

68 Estória no sentido de não ser uma ciência relacionada a datas e eventos cronológicos, mas focada nos aspectos mais esotéricos, que busca refletir sobre tradições e modelos a serem seguidos. Bem como preservar conhecimentos que se deseja cifrá-los.

sobre os deuses e suas façanhas. O segundo é por iluminação pessoal, assim como foi feito por alguns dos profetas altamente educados nestes mistérios, como Daniel, Isaías, Jeremias e Ezequiel, por exemplo. Mesmo nestes casos, eles tiveram que recorrer a alguns aspectos do mito, como já vimos.

O panteão canaanita foi concebido como uma espécie de clã divino, chefiado pelo supremo deus El; os deuses coletivamente constituíam os *el-ohim (deuses)*, que é um substantivo hebraico no plural. Por exemplo, no Livro de Rute temos 'elohim' sendo usado no seu contexto plural, na forma em que deveria ser uniformemente usado: "וַתֹּאמֶר הִנֵּה שָׁבָה יְבִמְתֵּךְ אֶל־עַמָּהּ וְאֶל־אֱלֹהֶיהָ שׁוּבִי אַחֲרֵי יְבִמְתֵּךְ׃" *Eloheiha,* conjugado na terceira pessoa do singular. A Versão King James (inglês) a traduz como: *"E ela disse, Eis que, tua cunhada retornou para sua parentela, e para seus deuses: retorna tu após a tua cunhada."* Mas em outras partes da Bíblia o mesmo substantivo é usado como singular, por exemplo, em Salmo 36:1, ele, misteriosamente, se torna: *"A transgressão do iníquo fala no íntimo do meu coração, não existe temor de Deus diante dos seus olhos."* Como pode um substantivo ser singular nesta passagem e plural em outras? Como isso é possível? Claro que não pode. Viola regras básicas da gramática hebraica. E é neste respeito que os textos ugaríticos nos dão os melhores indícios concernentes à noção antiga sobre 'deus'. Se traduzirmos o substantivo como singular, não seríamos capazes de entender muitas passagens da Bíblia, Ex.; Jó 1:6, que se refere a algo fundamental na teologia mítica dos antigos cananeus, a ideia de que havia um concílio dos deuses, formado pelos seus filhos e filhas. Fica claro que não podemos esperar muito dos tradutores, com certeza! Mas o estudo *comparativo*, ao invés do estudo *confessional* (na qual fomos doutrinados), pode nos salvar literalmente, por nos permitir compreender a real narrativa bíblica.

Os poetas cananeus e hebreus possuíam pares fixos de palavras sinônimas ou correspondentes para certos conceitos. Muitos desses pares são comuns tanto para a poesia ugarítica quanto bíblica. Eruditos apontaram estas similaridades e concluíram que mais uma vez, os hebreus obtiveram dos fenícios/cananeus não apenas sua cultura, mas também, sua língua, rituais religiosos, poesia, literatura, forma de vida e assim por diante. M. Cassuto[69], que estudou poesia ugarítica, também destacou sua similaridade, tanto no contexto como na similaridade de linguagem com a Bíblia, mas concluiu que não havia dúvida quanto a herança ou adaptação por parte da cultura hebreia, existe sim uma origem comum para as literaturas ugarítica e bíblica, *"Uma das características comuns entre as literaturas ugarítica e hebreia era o fato de existirem pares fixos de palavras paralelas no hemistíquio[70] do verso poético de ambas. Na tradição literária uma associação quase que constante tem sido formada entre uma palavra e seu sinônimo tal como Eretz – Afar, as*

---

69 M. Cassuto, erudito e estudioso das línguas semíticas, com foco no hebraico e ugarítico, produziu várias obras inclusive "Baal and Mot in the Ugaritic Texts (1962).

70 Metade de um verso alexandrino.

mesmas palavras aparecem exatamente em ambas as línguas, tanto em ugarítico como em hebraico".[71]

O mero fato de a Bíblia ter sido uma compilação de outras culturas maiores, não interfere com a capacidade intelectual do seu povo, pois sabemos que os antigos eram possuidores de conhecimentos que não nos foram transmitidos, mas foram ocultados de nós. Sabemos que sob circunstâncias propícias podemos alcançar níveis mentais surpreendentes. Ao contrário do que nos foi passado, de que os antigos eram essencialmente primitivos, o que não parece corresponder com as melhores evidências arqueológicas – nós temos, como dito antes, muitas potencialidades em nossa mente, e estas incluem a capacidade de ver realidades imperceptíveis aos demais, menos atentos – Muito desse conhecimento secreto foi mantido oculto de nós através de manipulação histórica e doutrinação, simples assim. Nunca devemos subestimar nossas faculdades mentais. Porém, devemos estar sempre desconfiados de qualquer iniciativa que tente passar *uma versão* simplística de qualquer fato ou ciência. Pois certamente existe inegável evidência que aponta para um *elemento subjetivo* na formação do texto bíblico.

Assim, a fim de realmente entendermos a antiga cultura cananeia, devemos estar dispostos a mudar a nossa percepção da realidade que nos cerca. Eles acreditavam no que chamamos hoje de *animismo* – a noção científica de que tudo na natureza

---

71 [Parallel Words]Cassuto, Parallel Words In Hebrew and Ugaritic, (Heb.), Leshonenu, 15, 1947, pp.97-102.

está *vivo e interativo com a nossa criatividade mental* – as coisas simplesmente estão vivas: a terra, o ar, o fogo, a água, o éter, animais, plantas, alimentos e etc. Como poderíamos viver com base em fenômeno morto? Isso não é possível! Mas eles produzem energia vital que nos sustenta. Assim, os antigos figuravam que a natureza é um corpo vivo e fonte de energia. O animismo vem do Latim *anima, "fôlego, espírito, vida." E isso é indicativo do fato de que fomos submetidos a uma massiva lavagem cerebral para acreditar de outra forma.* O animismo, de fato, predata qualquer forma de religião organizada e contém a mais antiga e dinâmica perspectiva na história do mundo. E o animismo é inclusive, usado na antropologia da religião para nos permitir entender povos exóticos em várias partes do planeta. A religião organizada, por outro lado, incluindo sua teologia aleijada (visto que não reflete a teologia clássica) e suas igrejas, são uma forma de iludir e manipular, porque seu principal objetivo é explorar a todos, tanto espiritualmente quanto financeiramente, sustentando os exploradores da fé aleia, vampiros da verdadeira espiritualidade.

De forma que temos um grande problema de ordem hermenêutica quando lidamos com textos tais como a Bíblia e outros livros clássicos. E se não formos capazes diferenciar e discernir este enorme precipício cultural, surgirão desentendimentos e pretensões. A menos que, como já foi parcialmente demonstrado, recorramos à mitologia original e a comparemos com o texto que dispomos, de outra forma, não alcançaremos qualquer progresso ao tentar entender um texto do período clássico que foi repetidamente submetido a *calques* e *reedições*. E em consequência disso, ficaremos presos a uma leitura pobre e devocional, uma que compromete e esteriliza o real conteúdo do que *julgamos* entender. Por, pelo menos dois mil anos, não pudemos obter nada mais do que mentiras e meias verdades. Agora, já é tempo para reagirmos e tentarmos reconstruir aquilo que foi, insistentemente, roubado de nós. Se não fosse algo importante, não havia motivo para tanta restrição.

Canaã e Sua Cosmologia

Nenhuma das tabletas encontradas em 1929 na cidade canaanita de Ugarit (destruída c. 1200 A.E.C) possui qualquer informação sobre a noção de cosmologia. Assim que qualquer noção de cosmogonia deve ser reconstruída do mais tardio texto fenício de Filo de Biblos (c. 64-141 C.E), após muita influência greco-romana na região.

O panteão cananeu, conhecido em Ugarit como 'ilhm' (elohim) ou os filhos de El, foi supostamente obtido por Filo de Biblos diretamente de Sanchuniathon de Berythus (Beirute), o deus criador era conhecido como Elyon, que foi o pai das divindades. E nas fontes gregas ele era casado com Beruth (Beirute). Este casamento entre a divindade e a cidade parece encontrar paralelos bíblicos nas estórias relacionadas com Melqart (um deus) e Tiro (cidade portuária); Chemosh e Moabe; Tanit e Baal-Hammon em Cartago, Yah e Jerusalém, em Israel. É por isso que os profetas descrevem a Jerusalém como uma esposa rebelde para Jeová (Yaweh), (ver Isaías 62:1; 62:3-5). Devemos lembrar que El é um outro nome para Jeová (Êxodo 6:3), estes nomes semíticos encontram suas correspondências em Urano e Gea, que são os equivalentes gregos para os substantivos hebraicos "Shamaym" e "Eretz", Céu e Terra.

Assim, na mitologia cananeia, havia duas montanhas gêmeas Targhizizi e Tharumagi, que seguram o firmamento acima do oceano que as cercam, criando assim uma linha fronteiriça para a terra. De fato, El-Shaddai deriva de uma forma semítica que ocorre também em acadiano *shadû ("montanha") e shaddā `û ou shaddû `a ("morador da montanha")*, um dos nomes para Amurru, e de onde vem a palavra inglesa para sombra 'shadow'. Filo de Biblos declara que Atlas (deus) era um dos elohim, o que parece esclarecer a estória de El-Shaddai como sendo o deus da montanha (s). Interessantemente, *šad* significa "seios". A ideia de duas montanhas sendo associadas aqui com os seios da terra, se encaixa perfeitamente bem, tanto com a mitologia cananeia quanto bíblica (ver Josué 8:30-35), quando se refere ao Monte Ebal" e "Monte Gerizim. Estas não eram coincidências, mas revelavam suas profundas conotações para as crenças mitológicas da época. Esta noção de duas montanhas parece ser bem comum na mitologia canaanita (ver também Horebe e Sinai na Bíblia). O período mais tardio desta mitologia torna claro que estas lendas antigas terminaram por influenciar as mitologias posteriores; romana, grega, e hebreia, visto que elas partilhavam de um legado linguístico e cultural. O alfabeto era comum a todos eles.

Filo de Biblos, sendo a única fonte para a antiga cosmologia preservada através dos escritos de Sanchuniathon, é um dos que trouxeram para nós qualquer esperança de sabermos sobre o que os antigos realmente acreditavam sobre esta questão. Deste trabalho, fragmentos consideráveis foram preservados, especialmente por Eusébio, em sua *Praeparatio Evangelica* (I.9; iv.16). Estes fragmentos reordenaram a teologia e a mitologia fenícia, que é representada conforme traduzida da língua original fenícia. Embora alguns acreditem que Sanchuniathon é um personagem ficcional, principalmente porque seu nome é formado do nome da deusa fenícia Sanchon, essa hipótese foi mais tarde abandonada como implausível, devido a evidente correspondência entre ele e os textos encontrados em Ras-ash-Shamrah (Ugarit). Estes achados provaram conclusivamente que Sanchuniathon foi, sem dúvida, uma pessoa real.

A Batalha Divina *versus* O Discurso

Existem dois modelos para a estória da criação de Gênesis, conforme originalmente crido pelos antigos. No modelo "logos" (discurso), o deus (shamaym=céus) fala e dá forma à matéria dormente, trazendo-a a existência e a ordem, conforme descrito em Salmo 33:6.

Mas no segundo modelo, ou "agon" (luta), o deus (shamaym=céus) se digladia em feroz batalha contra o deus (tehôm=abismo das águas) para estabelecer absoluto poder. E este último modelo é encontrado no Salmo de Davi 74: 13-14, que diz: *"Tu dividiste o mar pela tua força: quebraste as cabeças do dragão nas águas..."* Isto é o que os antigos acreditavam, que a criação do mundo se deu por meio duma batalha terrível entre os deuses principais mencionados no texto hebraico, mas que não são, quer transliterados ou traduzidos para qualquer língua. Esta narrativa mitológica ajudou a forjar nações beligerantes, que guerrearam, incansavelmente, umas contra as outras em guerras brutais, com a devida benção da classe sacerdotal que lucrava, enquanto os demais morriam. Pois, supunha-se, se os deuses lutaram para produzir o seu mundo, cabia aos adoradores seguir após o seu exemplo, a fim de serem recebidos pelos deuses no domínio pós-morte. E essa esperança, se encontra desde os sumerianos até os vikings, com seu *valhalla*.

De forma que Shamaym (céus) como guerreio divino, batalha contra os monstros do caos, que incluem haMaym (o mar), Mot (morte) e Tehôm (Tannin) ou Leviatã. Ele é ajudado por outras forças da natureza como Or (luz) e consegue derrotar os monstros, e essa temática é recorrente na inteira Bíblia, de Gênesis a Apocalipse. Shamaym é entronizado numa montanha divina *šad* (seios) e é cercado pelos semideuses; enquanto ele fala, a natureza traz à luz o mundo criado, ou para os gregos, o cosmos. Esta é uma metáfora perfeita para o momento em que uma criança vem ao mundo, visto que ela tem que, literalmente, lutar tanto contra as águas que a cercam quanto contra a escuridão que a envolve, apenas para ser recebida nos seios de sua mãe. Este mito predomina tanto na literatura judaica como na escatologia cristã (Revelação), que é projetado para o futuro, como algo que reflete o passado, mostrando a batalha cósmica com uma ação decisiva no final do mundo e seu consequente renascimento. Segundo o Livro de Apocalipse, após esta vitória final de Shamaym sobre os monstros marinhos, haverá um Novo Céu e uma Nova Terra (Apocalipse 21:1).

O verbo hebraico para "criar", no livro de Gênesis é בָּרָא (bará), significa *forjar*, e não necessariamente do nada, mas de matéria já existente. A língua hebraica, como muitas línguas semíticas, é bastante concreta em sua concepção da realidade, nunca abstrata! Assim as coisas não eram consideradas existentes a menos que tivessem um nome. De maneira que, se os deuses não lutassem para fazerem um nome para si mesmos, eles seriam rapidamente substituídos por aqueles que fossem mais dispostos, na maior parte por seus próprios filhos e filhas. Portanto, os deuses tinham origem e estavam submetidos ao ciclo comum de nascimento e morte, assim como os humanos. Eles tinham famílias, esposas e progênie. De fato, ao lermos o relato da criação de Gênesis não imaginamos, devido ao problema hermenêutico, que ele está se referindo ao ato sexual entre um princípio masculino e um feminino. Isto não deveria surpreender a nenhum de nós, pois no Novo Testamento, ao se referir ao 'descendente', a palavra grega escolhida pelos escritores é "σπέρμα", grego para "esperma" em português.

Os tradutores mudaram o texto original, especialmente para

fazê-lo soar tão abstrato quanto possível, gerando assim crenças inutilmente abstratas e sem sentido prático. Estas forças primordiais não humanas foram alegorizadas, e por meio do uso de antropomorfismo, foram feitos na semelhança humana. De fato, o equivalente assírio para *reshit (deusa mãe virgem)* é *rishitu,* e é traduzida como *"líquido seminal"* pelo [Dictionary] *"A Concise Dictionary of The Assyrian Language"(Um Dicionário Conciso da Língua Assíria",*por Muss-Arnolt, Berlin 1905.[72]

Consequentemente, como diz a tradição oral judaica, muitas das coisas mencionadas na Torá são apenas alegorias. O Apóstolo Paulo diz o mesmo na sua Carta aos Hebreus, ao dirigi-se a alguns dos seus próprios compatriotas menos iluminados, e mais dispostos à interpretação literal, no primeiro século (leia Gálatas 4:24; Hebreus 9:9).

De forma que, a Bíblia hebraica descreve um mundo tripartite, com os céus *shamaym* acima, *eretz* (terra) no meio, e o submundo (*sheol*), como interligados. E, ao passo que o pensamento grego tomou o mundo, novamente eles (hebreus) se readaptaram ao poder dominante e absorveram o conhecimento científico vigente, assim como fizeram antes diante dos sumérios, ugaríticos, assírios, egípcios, babilônios, e assim por diante. O judaísmo é um sistema de adoração evolucionário, o qual mostra-se flexível o suficiente para se adaptar, sem prejuízo de seus mais preciosos e temíveis

---

72 Esta antiga e útil ferramenta pode ser facilmente encontrada no site "https://archive.org/." O qual se encontra seriamente ameaçado de fechar.

mistérios.

Agora, no próximo Capítulo, elaboraremos sobre as particularidades das muitas deidades mencionadas na Bíblia e onde ocorrem no texto, e como os seus nomes, uma vez codificados, serviram de base para se criar um 'deus' inexistente e imaginário, e esta conspiração foi completamente ignorada pelos mais eminentes eruditos e teólogos. Será apresentada uma análise comparativa de cada relato principal, que nos permitirá conectar os pontos que faltam para se revelar a obscura teologia politeísta dos hebreus e seus descendentes. Todos os seus *calques* linguísticos, usados no texto, serão expostos.

"Pois eu lhes dou o testemunho de que eles têm zelo
por Deus, mas não segundo o conhecimento."
Romanos 10:2
(A Epístola de Paulo, o Apóstolo, aos Romanos)

CAPÍTULO IV

O QUE DIZ O TEXTO REALMENTE?

A Bíblia hebraica não é aquilo que nos foi ensinado. E até este ponto este fato já pode ser considerado, praticamente, como um forte indício dessa afirmação, visto que o que tem sido mostrado nos capítulos precedentes são fatos inegáveis. Mas, se ainda existem algumas dúvidas, devemos finalmente abordá-las em sua respectiva ordem por demonstrarmos, direto do texto real, o que ele realmente diz. E, para fazer com que as coisas fiquem claras, consideraremos principalmente o escrito hebraico pictográfico, por razões que se tornarão evidentes. Também, faremos uso do estudo da linguagem e seus símbolos, como a *semiose* e a *semiologia*, de forma a nos capacitar a vermos as relações codificadas entre as entidades, conceitos e *cifras*. As quais podem nos incitar, ou obstar, e inevitavelmente limitar-nos e destruir-nos, por serem de natureza ambígua e insegura; pois a linguagem transmite, processa e designa significado. Especialmente visto que, no caso das línguas semíticas, devido às suas similaridades, possuem os mesmos temas e características semiológicas.

A mitologia comparada, como vimos, é usada para compreender o desenvolvimento de diferentes sistemas religiosos e propor, a partir das conclusões, uma origem comum para eles. No capítulo anterior, usamos uma abordagem antropológica para esse fim. Agora, recorreremos ao uso da pesquisa linguística e usaremos alguns dos seus subcampos: sintaxe, semântica, análise de discurso e hermenêutica. Mas primeiro devemos, claro, descrever brevemente como aplicaremos esses esquemas ao texto original, para buscarmos estabelecer, de forma indisputável, as conclusões a que chegaremos.

Também, muitas citações serão feitas aos mitos e lendas cananeias originais, com o fim de compará-las com suas correspondentes transliterações e traduções na Bíblia. Também faremos uso de alguns textos seletos e seus principais glossários, de maneira a confirmarmos a validade de nossa pesquisa etimológica. Durante esta análise, também faremos uso das seguintes ferramentas, [Hebraico] "The Brown-Driver-Briggs Hebrew and English Lexicon", Fourteenth Edition 2012; "The Analytical Hebrew And Chaldee Lexicon" by Benjamin Davidson; "The Massoretic Notes Contained in The Edition Of The Hebrew Scriptures", as published by The British And Foreign Society – Edition 1905. Todas publicadas em inglês.

Em linguística, um calque, ou empréstimo por meio de tradução, é a palavra ou frase, tirada de outra língua por meio de tradução literal, palavra por palavra, raiz por raiz. Quando usado como verbo, "calquar", significa tomar emprestado de outra língua uma palavra ou uma frase, assim como ocorreu no caso das palavras-raízes ugarítica/hebraica, que por meio do uso de etimologia, podem ser estabelecidas como tendo a mesma origem. O termo 'calque', em si mesmo, é uma palavra emprestada do substantivo francês *calque*, que significa ("traçar; imitar; copiar"); o verbo *calquer* significa, portanto, "imitar". Porém, como veremos, este esquema linguístico pode ser usado para ocultar a origem de determinada palavra, tornando mais difícil sua *decifração*[73]. Mas, por que *cifrar* o conteúdo original da Bíblia? Vejamos como isso pode levar a um problema hermenêutico, capaz de inviabilizar qualquer *real* entendimento do texto em questão.

Calcar é diferente de equivalência fono-semântica. Pois, enquanto o ato de calcar inclui o processo de tradução semântica, ela não necessariamente envolve equivalência fonética. E esta ressalva é muito importante para a nossa pesquisa, visto que o som, ou a entonação da palavra original, *pode não permanecer exatamente a mesma em todos os casos*, mas unicamente sua morfologia, e isso é o que realmente importa

---

73 A cifra é "a linguagem da transcendência", isto é, o símbolo mediante o qual o ser transcendente pode estar presente na existência humana sem, contudo, adquirir caracteres objetivos e sem fazer parte da existência subjetiva do mesmo. Estas impõem as chamadas situações-limite.

para nós neste momento. Para exemplificar algumas instâncias de calques em inglês, vemos muitos casos de frases comuns que empregam calques que são traduzidos, por sua vez, de outras línguas europeias. Por exemplo; Beer Garden é um calque do alemão Biergarten, e Adam's Apple (maça de Adão) é um calque do francês pomme d'Adam. Em ambos esses exemplos, as frases inglesas são derivadas de uma tradução literal e direta dos originais.

Tradução por Empréstimo

A tradução por empréstimo é simplesmente um outro termo para o calque[74]. Quando usado na sua forma verbal, calcar, significa tomar emprestado uma frase ou palavra de outra língua enquanto se traduz seus componentes a fim de se criar um novo lexema na língua alvo. É uma classe de empréstimo, na qual, palavras ou frases, perdem suas raízes originais produzindo uma outra raiz, na qual se pode facilmente ocultar sua verdadeira etimologia. E este procedimento diz respeito à estrutura sintática da língua alvo, e embora seja defendido por alguns, leva de fato, a um esquecimento da tradição literária clássica. Quando se acrescenta a isso, conceitos que são cruciais

---

74 No Brasil o uso de calque é extremamente comum, de forma a comprometer alguns radicais, especialmente aqueles relacionados a conceitos fundamentais da ciência clássica. Pode-se ver isso nos nomes de personagens históricos como 'Sócrates', 'Hani Baal', 'Moisés', 'Jesus', e outros que tiveram seus nomes modificados através do uso de calque. Cunhou-se até um jargão para isso 'aportuguesamento'.

ao entendimento, produzem-se ambiguidades desnecessárias. E consequentemente abstrações e efemeridades.

O calque, em alguns casos, contribui para a riqueza da língua alvo. Porém, o mesmo não se pode dizer sobre o calque ortográfico, que pode de fato, violar o significado original de um termo, fazendo com que percamos não só o seu uso, como também seu contexto cultural e histórico. Por exemplo, considere o substantivo hebraico próprio 'מָרְדְּכַי' "Môr-dĕ-cā-ī" (Mardoqueu, nas traduções portuguesas) (Veja "Brown-Driver-Briggs Hebrew and English Lexicon, pp.598), o qual é realmente um *calque ortográfico* proposital para esconder o fato de que este personagem foi nomeado segundo o deus babilônico **MARDUK**, e era possivelmente seu devoto (veja Ester 6:2). O próprio nome 'Ester' é também um *calque ortográfico,* e é o equivalente em persa, a língua que ela falava, simplesmente a '*stâra*' "*star*", uma clara referência à deusa babilônica **ISHTAR**". Bem poucos leitores, especialmente os cristãos confessionais, conseguiriam chegar à conclusão de que os seus heróis da Bíblia eram de fato adoradores de deuses pagãos e foram, naturalmente, nomeados segundo suas respectivas deidades de devoção.

O calque é uma construção, dessemelhante do empréstimo direto, que é uma adaptação fono morfológica. Este fenômeno foi implementado em quase toda "tradução" da literatura clássica. Comprometendo assim, qualquer entendimento substancial de conceitos importantes para a aquisição de conhecimento clássico, bem como de sua articulação e aprendizado por parte de estudantes contemporâneos. Esta é a principal razão de observarmos um declínio do conhecimento clássico e suas importante nuanças, que terminaram, por fim, eludindo conceitos do conhecimento clássico e distanciando as mentes de hoje das do passado, permitindo assim um acomodamento quanto a se obter uma clara percepção e um completo domínio de temas cruciais da filosofia, teologia, matemáticas, física e geometria clássica. Fazendo-as de difícil expressão ou definição, abrindo espaço para abstrações *ilegítimas*. Existem quatro tipos diferentes de calques, vejamos como são usados:

Calque Estrutural ou Sintático

Este é produto de conexão errônea entre os elementos de uma frase ou sentença: ele introduz uma nova construção em uma dada língua alvo. Na abordagem estruturalista, proposta por Ferdinand de Saussure, em sua obra "Curso de linguística geral", ele sustenta que tantos os morfemas quanto os sintagmas, são unidades ordenadas, podendo ser identificadas relações determinísticas entre elas. Sendo que os traços do fonema especificam traços dos morfemas, e traços do morfema especificam traços do sintagma, e esta, por sua vez, especifica traços da sentença. Assim, aqueles que defendem que a fonética, não interfere na ortografia, ou vice versa, não sabem do que estão falando. Um exemplo bíblico que comprova esse fenômeno, se encontra em Juízes 12:6, onde registra o seguinte:

"Então lhe diziam: Agora, pois, dize, Chibolete. E ele dizia:
Sibolete; porque não podia pronunciar corretamente.
Então o tomavam, e o degolavam junto aos vaus do Jordão.
E morreram dos de Efraim quarenta e dois mil."

Podemos ver, neste exemplo, a clara relação histórica entre o som da palavra e o seu significado e ortografia. Pois enquanto 'Chibolete' significa *"um rio"*, 'Sibolete' significa *"uma carga"*. A confusão foi causada ao se confundir duas letras do alfabeto hebraico, a שׂ e שׁ , enquanto uma possui um sinal no início, a outra possui um sinal no final. Uma é pronunciada *Sîn* a segunda *Šin*.

Calque Tipográfico

Este ocorre quando convenções tipográficas que existem apenas na língua fonte, são transferidos para a língua intencionada. O uso de letras capitais, por parte da língua inglesa, tem se tornado incrementalmente comum na língua espanhola, bem como o uso de certas marcas de citações e itálicos usados para ênfase.

O Calque Ortográfico

Este tipo, geralmente aparece nas transliterações dos nomes de lugares, pessoas e etnicidades. Quando convenções de escrita e soletração de uma língua fonte, que fazem pouco sentido na língua alvo, são copiados sem qualquer consideração linguística. No caso de nomes pessoais em diferentes línguas, a ruptura vem quando duas línguas usam diferentes alfabetos, assim com apenas algumas exceções, quando os alfabetos são os mesmos os nomes são escritos da mesma forma. As exceções incluem nomes de Santos e Papas, nobilidades e famílias reais, figuras históricas, bem como autores clássicos, onde seus nomes já possuem uma tradução oficialmente aceita. Este tipo frequentemente ocorre durante o processo de tradução de textos clássicos, obras como as de Platão, por exemplo; onde Sócrates é originalmente escrita com 'k' (kappa) como "Σωκράτης" (Sokrátes)[75] e não com 'c'. Qual o efeito desse tipo de calque? Ele corrompe a etimologia da dita palavra e quando aplicado em outros diversos casos, acaba por vulgarizar a exatidão histórica do termo. Nos casos em que envolvem conceitos importantes, esta mudança pode ser extremamente desencaminhante para um leitor leigo, especialmente quando aplicado fora do seu contexto histórico. Um procedimento dialético torna-se inviável, diante de tal corruptela. Fazendo com que os conceitos e termos se tornem ambíguos e sem força. Sujeitos às generalizações que facilmente se instauram após um período de tempo.

---

75 No caso do português, 'Sócrates' quando proparoxítona, expressa o caso vocativo, enquanto na forma 'Socrátes' seria a forma do caso nominativo, sujeito da ação.

O Calque de Parônimo ou Empréstimo de Palavra

Este tipo ocorre quando temos uma correspondência incorreta entre duas palavras com etimologias ou formas similares, mas que evoluíram diferentemente em suas respectivas línguas. De tal forma, que elas acabaram por ter diferentes significados atribuídos. Este caso ocorre frequentemente no caso de termos duas palavras que são etimologicamente relacionadas, em português (ou inglês), mas que possuem uma leve diferença de significado, de maneira que o mais irrelevante é usado para ambas. Por exemplo, *ético* e *étnico*, ambas possuem etimologias correlatas mas são aplicadas como se fossem distintas na origem. Pois é um fato que o grupo *étnico* produz a sua *ética*, ou seus valores (não de ordem moral, mas particular) e por isso estas palavras caminham juntas.

As transliterações[76] em inglês, usualmente confiam na língua fonte para nos fornecer um ponto de partida quando os alfabetos são diferentes, e um exemplo disso é o sistema Hanyu Pinyin para o mandarim chinês. Mas sempre existirá disputas de pronúncia em outras línguas. E talvez, a mais óbvia hoje é a grafia 'Mohammed' (calcado como Maomé)- existem claro, questões que surgem em outras línguas – tais como o farsi (língua oficial do Irã) e o russo. O mesmo processo aconteceu

---

76 Em português, as transliterações são raríssimas, recorrendo-se antes mais comumente às traduções, eliminando-se dessa forma as raízes originais.

com o hebraico do texto bíblico.

A Importância da Pesquisa Etimológica

Todos estes tipos de calques podem ser encontrados na nossa Bíblia de hoje, e este problema, em alguns casos, especialmente aqueles relacionados aos deuses e conceitos teológicos da Bíblia, causaram com que muitas palavras importantes terminassem perdendo sua raiz histórica e significado, produzindo novos 'lexemas' completamente diferentes do intencionado pelo escritor ou copista original. Isto, por sua vez, produziu falsas concepções e falsas crenças, muitas das quais se tornaram extremamente abstratas e sem qualquer sentido prático.

Tudo que se pode verter dos conceitos de 'criação', 'paraíso', 'deuses', 'anjos', 'inferno de fogo', 'profeta', 'rei', 'reino', 'morte', 'milagre', 'santo', 'tabernáculo', 'messias', 'besta', 'visão', 'mediunidade', 'elohim', 'adivinhar', 'deusas', 'beth-el', 'feliz', 'nazi','princípio', 'verdade', 'fé' e muitos outros termos que perderam seus significados etimológicos, tornando-se evasivos e, portanto, inúteis para um leitor inteligente e discriminativo. Tornando assim difícil de se traçar seus verdadeiros significados históricos e culturais. Observaremos muitos outros termos que sofreram desse mesmo estratagema e terminaram quase que irreconhecíveis de sua fonte original. Tanto que, se a um leitor dos tempos clássicos fosse entregue a nossa Bíblia, ele dificilmente reconheceria seu conteúdo conceitual. E consequentemente, um diálogo inteligente sobre eles hoje seria pura especulação e não um processo dialético, visto que os interlocutores passariam por alto muito do significado atribuído a tais conceitos.

Por que a etimologia é tão importante para esse estudo? Porque sem ela, nós abordaremos os antigos textos supondo que eles pertencem à atmosfera do século 21, o que está longe de ser o caso. Isto é o que realmente está acontecendo hoje, especialmente, em igrejas através do planeta. Muitas pessoas, especialmente cristãos, não estão apercebidas do fato de que existe um enorme abismo cultural, linguístico, moral e científico entre eles e suas Bíblias. E esta atitude apática está se tornando tão prevalecente que qualquer chance de se discutir o cristianismo, de forma inteligente, está ficando cada dia mais difícil. Ao ponto de que muitos cristãos não sabem explicar suas crenças de maneira racional. Ao passo que conceitos-chave se tornaram envoltos em tensas nuvens, em resultado de pobre educação cristã, o próprio cristianismo, acabou perdendo seu apelo filosófico que uma vez possuiu e caiu em uma observável *decadência* e em *materialismo*. E se nada for feito, ele enfrentará sua muito breve e irreversível extinção.

Visto que fomos "ensinados" que o cristianismo é tradicionalmente um "ramo judaico", precisamos escrutinar as escrituras hebraicas para ver se esta doutrina é ou não, uma construção *natural*. Exceto pelos profetas rebeldes como Isaías, Jeremias, Ezequiel e Daniel, os quais apontaram, segundo o mais antigo texto da Septuaginta grega, para a vinda de um messias. Todas estas importantes questões serão confrontadas neste e vindouros capítulos.

Vamos pôr em registro o seguinte; a pesquisa etimológica cresceu originalmente da tradição filosófica. A palavra 'etimologia' deriva do grego ἐτυμολογία (etimología), que vem de ἔτυμον (étimon), significando "verdadeiro sentido", e o sufixo -logia, denotando "o estudo de". Como podemos ter verdadeiro sentido da nossa fé, sem conhecer seus verdadeiros princípios? Ideias, como 'fé', 'teologia', provêm de conceitos filosóficos e devem ser conhecidos etimologicamente, se hão de ter qualquer utilidade ou efeito. Esta é a principal distinção entre uma conversação em forma de *diálogo* e uma em forma de *dialética*. Por exemplo, quando alguém afirma ser 'ateu' e tenta desacreditar o cristianismo baseado em dados não-científicos, como a "concepção virginal de Jesus", conforme descrito em Mateus 1:23, e ambos, tanto aquele que afirma defender o cristianismo e o céptico, falham em reconhecer as palavras originais envolvidas nesta passagem e sua definição... seria a palavra.., *bethulah, almah* or *parthenos*[77]? E assim, por falta de correta definição etimológica, esta discussão não será capaz de conduzir a nada mais do que a mera expressão de opiniões infundadas, por um lado, e por outro, a tentativa de defender crenças que desafiam tanto a experiência como o senso comum.

---

77 Estes termos serão explicitados no próximo capítulo V, "O Testemunho da Septuaginta". Existem referências que nos permitem determinar seus reais significados.

Bem, a teoria etimológica reconhece que as palavras se originam através de um número limitado de mecanismos básicos, sendo o mais importante deles a interpolação linguística, o empréstimo (i.e., a adoção de termos de línguas "estrangeiras", assim como ocorreu com o ugarítico/hebraico); a formação de palavras por meio de derivação ou composição; além da onomatopeia ou do simbolismo sonoro, (i.e., a criação de palavras imitativas, que soam como "tique-taque" ou "reco-reco").

A raiz dos verbos e de muitos substantivos nas línguas semíticas são, em sua maioria, caracterizadas como uma sequência de consoantes ou o que chamamos de "radicais" (daí o termo "raiz consonantal"). Tais raízes consonantais abstratas são empregadas na construção de palavras reais pelo acréscimo de vogais junto com as consoantes não-radicais, (também chamados de "transfixes") que caem juntos com a categoria morfológica particular e com as raízes consonantais, de forma apropriada, geralmente seguindo padrões estritos. Por isso, é altamente irresponsável promover a mudança ortográfica e morfológica de uma palavra, como é tão comum no português brasileiro, e.g., 'Egito', nome do país norte africano, gera o adjetivo 'egípcio'; como pode a palavra derivativa ter um 'p' acrescentado, que por sua vez está ausente na palavra que a origina? Essa é a consequência da falta de pesquisa etimológica, perdem-se as raízes e os termos se tronam vazios.

Em hebraico, existem dois principais sistemas de raízes, o

biliteral e o triliteral – ou seja, raízes de duas consoantes e raízes de três consoantes – embora no hebraico israelense moderno possamos encontrar até raízes quadriliterais e quinqueliterais, devido, claro, à natureza evolucionária da língua. Mas a vasta maioria das palavras na língua hebraica pode ser enquadrada na categoria radical de três consoantes, estas, por sua vez, contêm a essência morfológica da palavra que se busca elucidar. As línguas vulgares (português, espanhol, galego, catalão, romeno, italiano, francês) estão rapidamente perdendo esta preciosa característica histórico-cultural, devido em especial, as agendas políticas obscuras, algumas até mesmo defendidas por aqueles que deveriam preservar sua língua – A Academia Brasileira de Letras, por exemplo.

Vamos traduzir isso em termos mais simples por usarmos um exemplo vivo do texto:

"E ele creu no Senhor, e isto lhe imputou por justiça." Gênesis 15: 6 (Versão Textual Expositora). O verbo אָמַן é conjugado aqui na terceira pessoa singular referindo-se a Abraão. Conforme usado no texto ele tem a seguinte construção, (va-he-emin) וְהֶאֱמִן , e funciona como um particípio interrogativo e está associado com a palavra 'amém', 'amon'[78], "confirmar","digno de confiança",

---

78 Note que 'amon' faz referência ao "sol". Visto que os antigos podiam confiar que o sol se ergueria novamente no horizonte, eles o associavam com ideia de "confiabilidade. Este é o verdadeiro significado etimológico de 'confiar', uma evidência concreta, observável, assim como o sol, o qual é um fenômeno auto-evidente (axioma). Brown-Drivers-Briggs, pp. 52.

algo que pode ser contado como evidente. E é uma noção concreta, e não abstrata, como suposto por muitos. Ele (o verbo) é traduzido invariavelmente em português como 'fé', baseado na Versão Vulgata do texto bíblico, que vem de uma raiz latina, à parte do original hebraico. Aqui temos um claro exemplo de um calque por *parônimo*, que ocorre quando temos uma correspondência incorreta entre duas palavras com etimologias ou formas similares, mas que evoluíram diferentemente em suas respectivas línguas. Tanto que atualmente possuem diferentes significados. Pois fé, evoca a atitude de ser *fiel*, que é uma qualidade de se ser fiel em relação a algo ou alguém, ela não implica se é algo confiável ou não. Por outro lado, "confiar", envolve uma evidência empírica. Assim, com esta sucinta diferença em nuança, terminamos tendo uma noção abstrata de "fé". No original hebraico, por outro lado, os escritores associam "o sol" (amon) com a noção empírica, observável e concreta de algo que se pode confiar. No Evangelho de Mateus 14:29, o compositor bíblico claramente associa 'confiar' ou "fé", com o ato de andar sobre as águas. Quem realmente anda sobre as águas? O sol –, quando ele passa em direção ao seu ocaso no horizonte. Portanto, esta é uma analogia clara que prova que quando a Bíblia fala sobre 'confiar', ela possui uma referência associativa concreta. Não é uma noção originalmente abstrata. Esta é uma clara indicação de como termos concretos se tornaram abstratos através do uso indevido de calques. Uma percepção concreta de 'fé' é apresentada pelo Apóstolo Paulo, ao definir o que realmente significa 'confiar', como sinônimo de algo 'certo' e persuasivo (pistis, em grego), ver a Epístola Aos Hebreus 11:1.

A língua hebraica é interessantemente muito concreta na sua maneira de expressão. O processo que produziu termos e ideias abstratas, veio em resultado de muita reedição e alteração do texto original, especialmente, como já vimos, através do uso abusivo de *calques*. Seria muito inocente da nossa parte acreditar que qualquer ciência, incluindo a linguística, não seria usada também como uma *arma* intelectual. E isso é exatamente o que aconteceu com a Bíblia. O propósito dessa intervenção foi o de desencaminhar e controlar as massas. Mas, uma vez que conheçamos o mundo conceitual da Bíblia, podemos prosseguir com o nosso tópico conclusivo dessa seção: o que é de fato a Bíblia i.e., o que ela realmente diz, que seja necessário tanta conspiração para ocultá-la de nós?

Um Ataque Intelectual

Como já foi demonstrado nos capítulos prévios, a Bíblia foi propositalmente corrompida e sofreu de muitas influências que foram, na sua maioria, determinadas pelos poderes vigentes e suas agendas políticas de poder – Egito, Assíria, Babilônia, Pérsia, Grécia, e finalmente Roma – E isso se deu, compreensivelmente, porque sua verdadeira narrativa, uma vez que fosse traduzida corretamente, seria chocante para muitos, se não para todos. Assim o estabelecimento (antigos partidos judaicos, cismas entre escribas, a Igreja Católica, etc.) decidiu empregar muitos diferentes esquemas para tentar acomodar muitos ao *status quo*. Sem dúvida, um passo necessário para prender as pessoas em uma *matriz* específica de pensamento, tanto religioso, como político e econômico. Temos que concordar que, até mesmo no nível de linguagem leiga (mantido por traduções vulgares), a Bíblia parece complexa e confusa, gerando assim debates ferozes através dos séculos. Mas, uma vez que se consiga controlar as mentes das pessoas, se pode alcançar qualquer feito desejado, por mais surreal que possa parecer. Junto com essas medidas, tornaram proibidas quaisquer manifestações que buscassem uma livre discussão em ambientes abertos, exceto sob controle. E assim, se manteve um rígido controle sobre questões religiosas, pois estas possuem um direto efeito sobre as questões políticas e econômicas. Todos sabemos como a Igreja Romana lidou com conceitos divergentes através da história, especialmente na Idade Média – desde execuções a genocídios, especialmente daqueles que se atreviam a observar dogmas ou doutrinas contrárias à oficial. O que veremos na parte final deste capítulo, convencerá a qualquer pessoa razoável que; existe de fato muitas coisas embaraçosas no texto hebraico da Bíblia, e revelar os seus segredos, requer muita coragem e honestidade. Assim, vamos proceder com a nossa análise! (veja John 8:32).

O Texto Hebraico e a Sua Composição

A Bíblia hebraica foi indubitavelmente compilada e recompilada para ser adaptada aos muitos poderes políticos emergentes do passado e do presente. E, a fim de explicar este desenvolvimento, muitas teorias foram propostas. A hipótese documentária, proposta pelo erudito alemão Julius Wellhausen, e que foi universalmente aceita pela maior parte do século XX, mas que foi esquecida, posteriormente, devido a um consenso reduzido. A hipótese suplementária, que propunha, por outro lado, que o Pentateuco (os cinco livros de Moisés) deriva de uma série de adições feitas ao corpo existente da obra, recebeu bastante apoio. E finalmente, a hipótese fragmentária, que afirmava que fragmentos de variadas extensões, ao invés de documentos contínuos, jaziam por trás da Torá; esta última abordagem conseguiu responder satisfatoriamente à grande diversidade linguística da Torá mas se mostrou incapaz de explicar sua consistência estrutural, especialmente, no que concerne à sua cronologia.

A hipótese suplementar se mostrou bem mais capaz de explicar a unidade do texto. Ela manteve que a Torá havia sido constituída de um documento central, chamado (o registro da criação sumeriana, e finalmente o ugarítico) o Elohista. Segundo ela, fragmentos suplementários foram tomados de muitas fontes, da egípcia, da sumeriana, da babilônica, e da persa, etc., ao passo que os israelitas atravessavam seus muitos exílios e influencias políticas.

Toda essa informação, nos permite acreditar que a Bíblia hebraica foi inspirada pelo prevalecente registro mitológico cananeu sobre os antigos deuses e sua estória da criação, a qual é apenas uma das versões sobre este fato. A qual por sua vez também, foi inspirada na muito mais antiga mitologia sumeriana. Este registro central mitológico serviu de base para os escritores bíblicos e foi subsequentemente alterado durante muitas gerações para servir de modelo social, religioso, político e cultural, gerando um modelo de consciência maleável o suficiente para ser readaptado quando se mostrasse insuficiente, perpetuando assim um sistema radicalmente inalterado. Este registro mitológico só é possível através de uma construção textual e narrativa, verdadeiramente, de natureza evolucionária! E portanto, requer uma mega pesquisa filológica para ser plenamente compreendido. Tal pesquisa, nunca foi de fato realizada pelos "reformadores medievais", como William Tyndale ou Martinho Lutero. Toda construção teológica que temos hoje não é nada mais do que resquícios pobres de velhas especulações, uma "interpretação" imaginária aplicada à verdadeira estória que é relatada no texto hebraico, visto que nenhum seminário teológico tem sido competente o suficiente para elucidar a real narrativa por trás da Bíblia, de fato essa iniciativa os arruinaria financeiramente.

Evidências de um Passado Oculto

Durante o curso do terceiro milênio A.E.C., os sumérios desenvolveram ideias e conceitos religiosos que deixaram uma forte e duradoura impressão no mundo antigo. Estas impressões provariam ser fundamentais para a adoração judaica, bem como para o cristianismo e posteriormente para o islã. Em termos práticos, os sacerdotes sumerianos construíram um complexo mosaico de rituais e cerimônias para servir e aplacar seus muitos deuses. Na esfera estética, os bardos e poetas transcreveram a mais rica mitologia no antigo Oriente Médio, usando uma linguagem sofisticada. Isto foi, de fato, o ponto de partida para as Escrituras Hebraicas, visto que Abraão obviamente veio de Ur, um importante centro astronômico/astrológico, localizado na antiga terra mãe da Suméria, que mais tarde se tornaria parte do império babilônico, após muitas e sanguentas guerras.

Aos olhos dos mestres sumerianos, os principais componentes do cosmos eram os céus e a terra; de fato, seu termo principal para descrever o cosmos é *an-ki*, uma palavra composta que literalmente significa "céu terra". Os deuses sumerianos, conforme ilustrado por seus mitos, eram inteiramente antropomórficos, até mesmo o mais poderoso entre eles era concebido como plenamente humano em sua forma, pensamento e ações. Esta era a base para a afirmação, *"Façamos o homem à nossa imagem, segundo a nossa semelhança"*, Gênesis 1:26-28. E esta semelhança envolvia, claro; engano, ciúme, assassinato, narcisismo, e amor pelo poder e fortuna. Eles planejavam, agiam, comiam, casavam-se, tinham famílias, construíam grandes estados e mostravam-se simpáticos para com as fraquezas humanas. Possuíam uma preferência pragmática para com a verdade e a justiça, ao invés da astúcia e opressão. Porém, não hesitavam em usar estas qualidades inferiores para alcançarem objetivos políticos. Isso parece explicar bastante a prevalecente natureza humana, alguma dúvida?

A teologia sumeriana é tão importante para o nosso estudo quanto a ugarítica. Visto que elas estão relacionadas em conteúdo e desempenham um papel decisivo no posterior sistema babilônico, que mais tarde, teria um profundo e permanente impacto sobre a Bíblia hebraica, especialmente, devido ao exílio babilônico e a adoção do seu sistema de escrita. E durante esse período, sem dúvida, muitos calques, foram introduzidos na Bíblia hebraica, e é por isso que usaremos a escrita pictográfica ao invés, para elucidar alguns pontos mais obscuros que foram implantados durante o período babilônico. Lembre-se, o Talmude seguido hoje pelos judeus, é a versão babilônica, o qual é vedado aos leitores "goyms" (não judeus).

Somos informados no Gênesis hebraico que Abraão deixou a terra de Ur dos Caldeus e foi viver em Canaã. Por volta desse tempo, a cidade de Ur não era mais um centro sumeriano, mas estava agora sob o controle babilônico. Dois povos habitavam aquela região neste tempo, os acadianos (ou, aqueles que vivem nas montanhas) e os sumerianos (ou, aqueles que vivem nas planícies) conhecidos como *Sumirias*. Ur, durante tal período, era constituída por pequenas vilas cada uma tendo seu próprio centro religioso e divindades, representados pelos "gala", ou sacerdotes em sumeriano. Ela foi o berço original dos muitos deuses da Bíblia. De fato, somos ditos que, o próprio pai de Abraão manufaturava muitos desses deuses para serem usados pela religião estatal (teologia política). Estes eram chamados 'teraphim', após o pai de Abraão Terah. Esta é uma prova definitiva de que o patriarca e sua família, adoraram muitos deuses, os quais, como já vimos, foram ocultados do texto original (Gênesis 31:14-34).

Estes teraphim (plural equivalente de elohim) eram possivelmente 12 em número, visto que eles eram usados para propósitos astrológicos e correspondiam ao *mazloth, o antigo Zodíaco hebreu* (ver Ezequiel 21:21; Zacarias 10:2). Eles eram também usados para estabelecer os direitos de alguém à herança familiar. Sua principal inspiração para criar os deuses estava nos céus – *estrelas e planetas* – que eles associavam cuidadosamente com seus principais deuses, segundo suas características prevalecentes, as quais, diga-se de passagem, mudavam de tempos em tempos. Alguns deuses foram substituídos por outros, ou, em alguns casos, completamente desapareceram na obscuridade, um exemplo disso, é o da deusa Anat.

Dos habitantes babilônios de Samaria, lemos que "o povo de Sefarvaim queimavam seus filhos no fogo a Adrameleque e Anameleque (אַדְרַמֶּלֶךְ e עֲנַמֶּלֶךְ) os deuses de Sefarvaim" (2 Reis 17:31). Sabemos das inscrições (o Gênesis acadiano), que Sefarvaim era especialmente devotada à adoração do deus sol. *Anameleque* foi produzido empregando um calque ortográfico do original *Anu-malik*, i.e. "Anu é rei," Anu sendo a forma semítica do acadiano/sumeriano, Ân/Anu, "Céu," "Deus." Mas a adoração de *An* era uma novidade na Palestina nos dias dos primeiros habitantes samaritanos. Achamos traços claros dessa adoração entre cananeus e hebreus. Um importante aspecto da sua teologia, e que foi mais tarde completamente removida pelos escribas, era o fato de que todas as deidades semíticas tinham suas contrapartes femininas, esta era a norma aceitável. A contraparte de *Anu* era *Anat*.

A cidade de Bet-Anat é mencionada duas vezes (Josué 19:38; Juízes 1:33), ambas as vezes em conexão com *Bet-Shemesh* ou "Casa do deus sol." É especialmente notável o fato de que destas cidades os cananeus não foram expulsos. É evidente que estas cidades eram destacados centros da adoração ao sol.

Veremos agora onde, exatamente, os muitos deuses são mencionados na inteira Bíblia hebraica e os esquemas que foram usados para escondê-los do leitor confessional e do público em geral. Começaremos por considerar alguns traços da adoração de *Ân* entre os próprios israelitas, e para este propósito, daremos atenção ao profeta Oseias e seguiremos até os tempos dos patriarcas, para provarmos de uma vez por todas, que a Bíblia hebraica não é nada mais do que puro *politeísmo*, disfarçado como guia moral para toda a humanidade.

Oseias 4:15 diz, *"Mesmo que tu, Israel, te prostituas, não se faça culpado Judá; e não venhais a Gilgal, e nem subais a Bete-Áven, e nem jureis dizendo: Vivi o Senhor."*

(בֵּית אָוֶן LXX, Septuaginta, τὸν οἶκον Ὦν [79]). Aqui, vemos uma evolução por parte da adoração de Israel, pois Beth-On (Ân) era o antigo nome de Bet-El, ou casa de El, o deus favorito de Moisés e do pacto. O sítio primitivo foi renomeado segundo o deus *Ân* (Anu para os sumerianos). Mas, após a invasão de Canaã pelos hebreus, este sítio foi dedicado à uma outra deidade, ou, é o que parece. Este exemplo nos mostra que, quando os tradutores substituíram o nome original por 'Senhor', os leitores foram deixados com nada mais do que um imaginário de quem seria esse 'deus', uma ideia que não corresponde com o texto original e, portanto, *não existe*. E isso ocorreu, porque quando todas as ocorrências do nome da deidade foram removidas, ficamos apenas com uma imagem, uma que se interpôs entre a real e a que imaginamos. E foi dessa forma que desenvolvemos a nossa "ciência" teológica, através de pura especulação e achismo. Se apenas pudéssemos discernir que estes deuses não eram o que supomos ao dirigir a nossa fé, em primeiro lugar, tudo seria completamente diferente e a antiga teologia pagã e mitológica, seria rejeitada imediatamente, como algo completamente sem sentido prático, mas sim como algo nocivo.

Bem, *Ân* representa a mais antiga influência sumeriana na adoração hebreia. E, conforme o tempo passou, esse deus foi

---

79 Um claro calque ortográfico, recolocando Ân por Ôn, em grego. Este calque foi originalmente introduzido pelos Essênios, que foram confiados com a tarefa de de tradução do hebraico para o grego, seguindo as ordens de Ptolomeu.

substituído por El, embora seu carácter seja claramente similar ao do deus *Ân* (Anu).

O profeta Amos teve uma missão especial de denunciar o fato de que os israelitas ainda estavam se apegando a adoração de Ân [ver Amos 3:14; 4:4; 5:5; 7:13.] Existem traços do nome divino Ân entre os cananeus e entre os próprios israelitas, na forma mais arcaica ⟨símbolo⟩[80], e na forma posterior ⟨símbolo⟩ . Esta última forma se tornou parte do símbolo perene do deus *El*. Mas, na realidade, ambas as formas derivaram do acadiano/sumeriano-An/Anu. A forma de adoração canaanita representa uma influência da Babilônia, a qual teria adquirido raízes num período muito anterior à migração por parte de Abraão. Só este fato em si, explica a variação de pronúncia do nome. Abraão, certamente, deve ter tido familiaridade com o nome AN assim como seu sinônimo EL.

Encontramos o nome como sendo também conhecido pelos egípcios no tempo de José, provavelmente causado pela invasão semítica descrita por Flávio Josefo em suas obras. O próprio José se casou com a filha do sacerdote de On (⟨símbolo⟩) Gênesis 41:45. Podemos corretamente supor que este sacerdote representava o deus Ân no Egito, e era natural para José se casar dentro do ciclo de adoração dos seus ancestrais. José, assim como Abraão, sem dúvida adorou ao deus sob esse nome bem antes que ele

---

80 A escrita pictográfica apresentada aqui é baseada na obra "Ancient Hebrew Torah" conforme publicado pela virtualbookworm.com por Jeff A. Benner, 2010.

tenha sido degradado através da associação com o deus sol, nos dias de Melquisedeque como el-Elyon[81] (Hélios, para os gregos). Se este é realmente o caso, devemos ser capazes de encontrar o nome *Ân* sintetizado em nomes próprios compostos nos tempos patriarcais. Isto, conforme se tornará evidente, ficará claramente demonstrado como sendo realmente o caso. Primeiro, vamos analisar a etimologia do nome *'Simeon'(Simeão)* para ver o que ele esconde.

Em Gênesis 29:33 ⟨símbolos⟩ (Simeon) deriva de ⟨símbolos⟩ (Jeová shamá) o antiguíssimo olho que tudo vê, substitua-o por esta forma (ou ⟨símbolo⟩ ôn=ân), e teremos "Anu ouviu."

Ora, tudo se torna mais do que claro agora. O copista Jeovista ao encontrar em seu registro a forma AN, deus, se sentiu na liberdade de substituí-lo com uma outra forma do nome divino, embora ao fazê-lo, ele tenha perdido a etimologia original (calque) de Shime-Ân e recorreu a um calque ortográfico para produzir um outro lexema (raiz). Apagando assim a deidade original e criando uma outra, que ao final, resultavam ser as mesmas deidades, apenas pronunciadas diferentemente e com a devida notação, para que os mais educados pudessem entendê-la.

Não se segue, necessariamente, que o nome *shime-Ân* seja derivado de ⟨símbolos⟩ (shamá) *ouvir:* de fato, é muito mais

---

81 Traduzido invariavelmente como "Deus Altíssimo", nas versões em português.

provável que ele esteja conectado com a palavra *shem* "céus",
que é o significado original de Ân. Vejamos agora o nome
Reuben (Rúben).

Gênesis 29:32 *"E Lia concebeu, e teve um filho, e ela chamou o seu
nome de Rúben: pois disse, seguramente o Senhor olhou sobre a minha
aflição; agora portanto meu marido me amará."* Pois ela disse "כִּי־רָאָה
יְהוָה בְּעָנְיִי." (olhou para mim o Senhor).

Aqui o tetragrama representa uma posterior adição ao texto
original, feita pelo escriba Jeovista. O historiador Flávio Josefo,
em suas Antiguidades dos Judeus (Ant. I 19 § 7, citado por
Gesenius[82] como s.v רְאוּבֵן) ῾Ρούβηλος, menciona exatamente isso.

Esta é uma clara indicação quanto à derivação de ꭒꘓ ꘓ
ꭗ ꘈ(Ru-bil[83])"O senhor olhou" (Bel, uma variação babilônica
para 'Baal', e significa 'senhor', 'meu senhor', 'Belos[84]' em grego,
'Belus' em latim), mas que, nos tempos antigos era
intercambiável com o substantivo 'marido', 'dono', 'senhor', que
é exatamente o que Lia (Leah, original) intencionou dizer. Bel
era, a propósito, parte da tríade sumeriana que envolvia

---

82 Professor alemão do século XIX, Wilhelm Gesenius. Publicou sua
gramática, a qual é considerada ainda hoje, uma obra prima dos estudos
semíticos, "Gesenius Hebrew Grammar", 2006, originalmente publicada
em 1813.

83 Bil é uma outra grafia para Baal, deus da tempestade e das chuvas.

84 Indicando beligerância, qualidade de guerreiro feroz.

também "Anu e En-ki." Portanto, a evidência mostra uma narrativa diferente agora, "Ela chamou o seu nome de Reu-Bil, pois ela disse [símbolos] *Bil olhou sobre [a minha aflição], Agora meu marido me amará*." Ela se sentiu então aceita pelo seu senhor (Bil, Baal) e também seu marido (ba'l). Este é um exemplo duro e cru do que um calque pode fazer a um leitor desavisado.

O escriba Jeovista selecionou aqui dois nomes divinos, *Bil* "senhor" e *Ân* "o deus sumeriano do céu," que, embora absolutamente necessário para a elucidação do texto, ele é também forçado a rejeitar a raiz etimológica pagã com a qual, em seus dias, estes nomes estavam diretamente relacionados. Uma vez mais devemos lembrar ao leitor que, estas assim chamadas derivações, são meramente de carácter fonético; a primeira sílaba de *Reu-bil* pode não ter possivelmente nenhuma conexão com o verbo [símbolos] "ver," mas pode ter sido idêntica com o nome [símbolos] que ocorre na genealogia de Sem (ver Gênesis 11:18). *Reu-bil* pode assim nos levar ao conceito, tão prevalecente na Bíblia, de "marido amante", e daí a ideia de que o marido representa a deus em referência à sua esposa. *"Agora meu marido me amará."* Esta é uma concepção compreensível, visto que na antiga cultura o marido era sinônimo de "senhor", por isso vemos a Sara chamando seu esposo de "meu senhor", o que muitos não estão apercebidos é que esta designação se origina do termo Baal. Note que este tratamento do registro original não é peculiar ao escriba Jeovista. O Elohista, faz exatamente o mesmo.

Temos um acaso similar em Gênesis 30:20, referindo-se à derivação de ‎זבול‎ (Zebul, Zebulum) e Lia (Leah) " ‎זְבָדַנִי אֱלֹהִים‎ ‎אֹתִי זֵבֶד טוֹב הַפַּעַם יִזְבְּלֵנִי אִישִׁי כִּי־יָלַדְתִּי לוֹ שִׁשָּׁה בָנִים‎."

"E disse Lia: Deus me tem dado uma boa dádiva; agora morará comigo o meu marido, porque lhe tenho dado seis filhos; e chamou o seu nome Zebulom."

Aqui fica muito claro que existe um sentido duplo do nome. Ora, o nome próprio ‎יזבל‎ "A quem Baal tem dado," é um nome, portanto, associado com a adoração a Baal. O nome próprio é realmente relacionado (ver Gesenius' Lexicon) ‎בל‎ (touro) e ‎בל‎ (bil) que são simplesmente formas abreviadas de ‎בל‎ (Baal). Vamos supor então que as palavras originais de Lia fossem as seguintes;

‎זְבַר בּוּל אָן אתי זבד טוב הפעם יזבלני אישי כי ילדתי ששה בנים‎

Tradução:

"O senhor deus (ou deus do céu) me recompensou uma boa dádiva. Agora meu marido me exaltará, Pois lhe tenho dado seis filhos." (Gênesis 30:20).

O sentido duplo do nome foi obscurecido pelo escriba Elohista com a intenção de evitar o nome Baal e Ân (Anu). Em suma, o escriba Elohista fez aqui com o nome *Zebulom* exatamente o que o Jeovista fez com *Simeon*. Fica mais do que claro, destes exemplos, quão profundamente eles estavam envolvidos em paganismo baseado em relatos mitológicos, e tão enraizados estavam eles, que terminaram por passá-lo como herança, junto com seus conceitos e referências cifradas diretamente ao cristianismo e ao islã. Uma teologia com 100% de conteúdo mitológico e alegórico, jamais intencionada, como gênero, para ser lida em sentido literal. Eruditos se mostram agora bem mais abertos a reconhecerem o fato de que muitos nomes próprios no livro de Gênesis, que têm sido erroneamente considerados como puramente de origem hebraica, devem agora ser atribuídos às suas fontes acadiana, sumeriana e assíria. Eles foram introduzidos na Bíblia através do uso malicioso de calques, que mais uma vez; refere-se ao processo de se alterar as raízes originais de palavras, transferindo-as para o hebraico com suas novas formas, formas que são altamente enganosas para um leitor leigo, o qual, não está nem parcialmente familiarizado com essa sofisticada técnica linguista.

O profeta Isaías chama Jerusalém de a "cidade do deus trovão". O pensamento de deus acampando-se contra ela como uma tempestade, é visto no versículo 3, enquanto no versículo 5 e 6, deus se torna *um deus trovão* (Baal) contra os seus inimigos. Se lermos o mito original de Baal (Capítulo 3 e 4) veremos uma definitiva relação entre *Baal*, a *tempestade* e o *trovão*, como sendo marcas identificadoras dele.

A palavra Ba'l (ou Baal), é um nominativo semítico comum que indica "dono", "mestre", "senhor", "marido," e se tornou a designação usual do grande deus do clima, especialmente, para os semitas ocidentais. Indiferente do fato de que esta palavra, exerça um papel teóforo[85] em outros nomes pessoais, tais como Eshbaal, Merib-Baal, Jeru-Baal, e foi há muito crido que o termo permaneceu como uma apelação e que não se tornou um nome próprio, exceto no caso do deus mesopotâmico *Bel* e em posterior especulação teológica. A base para este conceito foi o fato de que no uso bíblico, a forma plural do termo com o artigo definido, "o Baalim," aparece como designação de deuses locais de menor importância (Juízes 2:11; 3:7; 8:33), enquanto a forma singular, em combinação com outros termos, aparentemente designava outros deuses locais, tais como Baal-Berith, Baal-Gad, Baal-Hamon, Baal-Hazor, Baal-Hermon, ou, na forma feminina, uma deusa, Baal-Beer, Baalat-Gebal e também a prática de conjurar os espíritos de pessoas mortas, chamada de Baalat-Ov. Assim, o termo "Baalins", envolvia os muitos aspectos da adoração de Baal.

Sendo ele o deus responsável pelo clima, fica patentemente claro o grande apelo que Baal tinha para os antigos hebreus e cananeus, visto que eles eram orientados para a produção agrícola. Eles precisavam de constantes fluxos de chuva para que pudessem semear suas terras.

Os três grandes deuses entre os acadianos, ou antes, os três grandes nomes para 'deus', eram *Bel, Ân e Êa*. Agora já sabemos

---

85 Invoque ou remeta a qualquer deus. Um nome que faça alusão a uma divindade específica.

que Lia (Leah) nomeou seu primogênito após o deus *Bel, Reubel;* seu segundo filho ela chamou após o nome de *Ân* (ou Ôn, segundo a pronúncia egípcia), *Simeon*. Consequentemente, quando Judá nasceu, poderíamos esperar uma alusão ao deus Êa. Se tomarmos todos os nomes destes três deuses principais e analisarmos suas raízes, certamente os encontraremos em quase todos os nomes próprios na Bíblia hebraica. Este aspecto é uma constante através de toda a Bíblia; *Samuel, Ezequiel, Daniel, Joel,* para o deus 'El', mas Obadias, Oseias, Neemias, Jeremias, Jonas, Zacarias, Sofonias, para o deus 'Ea', e finalmente Naum, faz uma alusão silenciosa ao deus 'Ân', o Anu sumeriano. Observe que todos os nomes terminados *-iah* são relacionados com o sacerdócio Jeovístico, uma importante facção de escribas hebreus. Portanto, vemos que os nomes pessoais carregam consigo uma frequência onomástica, que permite invocar certa energia, um certo poder, visto que muitos de nós sabemos que as palavras emitem poder. Ademais, os nomes pessoais também carregam significados simbólicos associados à numerologia.

Este é o significado que os eruditos veem como sendo de maior importância na escolha do nome da recém-nascida criança nos tempos clássicos. Existem, de forma vasta, dois exemplos nos quais os significados simbólicos de nomes pessoais podem ser considerados significativos indicadores de identidade social, cultural e religiosa. O primeiro caso é quando os indivíduos mudam os seus nomes, no curso de suas vidas, para refletirem novas circunstâncias em seu status social, cultural, político e marital, ou até mesmo adotam um segundo nome (assim como os patriarcas fizeram) pelas mesmas razões, uma prática muito conhecida no antigo mundo. O segundo caso é a tendência. Mas o fato de que um indivíduo leva um nome Jeovístico, não é necessariamente um reflexo de suas crenças pessoais, devemos lembrar que esses nomes adquiriram, com o tempo, um uso permanente na sociedade, e também visto que muitos também eram dados nomes após o nascimento, quando ainda não possuíam qualquer identidade própria. Este é o caso de 'Jesus', que significa 'Josué', na grafia arcaica, *"Yahweh é minha salvação."*

Mas este fato apenas não é suficiente para provar sua orientação religiosa, visto que todos sabemos que Jesus Cristo estava sempre em conflito com os preceitos da deidade judaica e, por isso, foi perseguido e morto (ver John 1:18; 8:42-44;). De fato, Paulo diz em Romanos 8:2 que *"...Cristo Jesus livrou-me da <u>Lei do pecado e da morte</u>."* Na passagem acima, podemos ver que Jesus, pela primeira vez, revela a chocante identidade do deus judaico; *um deus tribal, sanguinário e sectário.* Um que simplesmente não se qualificaria como modelo de universalidade e de divindade subjetivamente experimentada[86] *por seres que sejam minimamente inteligentes e críticos.*

---

86 Subjectivo, visto que claramente podemos participar com Deus, através das nossas mentes e ações. É isso exatamente que Paulo está dizendo em Colossenses 1:10. Desde que entendamos a sua mensagem, colaboramos com ele no mesmo espírito de comunhão.

A Significância dos Nomes

No pensamento judaico, um nome não é meramente uma designação arbitrária, uma combinação aleatória de sons. O nome transmite a natureza e a essência da coisa, ou indivíduo nomeado.

Este não é um conceito tão estranho assim, como possa parecer à primeira vista. Em português, frequentemente nos referimos à reputação de uma pessoa como seu "bom nome". Quando uma companhia é vendida, aquilo que se vende de fato é a "boa reputação da companhia," isto é, o direito de se usar o nome daquela companhia. O conceito hebraico de um nome é muito similar a estas ideias.

Um exemplo desse uso encontra-se em Êxodo 3:13-22: Moisés pergunta ao seu deus qual o seu "nome". Moisés não está perguntando "Como eu devo te chamar"; antes, ele está perguntando "quem és tu", "e como és", "o que já tendes feito." Isto fica ainda mais claro da resposta que lhe foi dada. Deus replica que ele é eterno, e que ele é *o deus dos vossos próprios ancestrais*. Assim, Jeová se identifica diretamente com *El*, o deus pai do panteão cananeu. Aquele que já havia mostrado o que é capaz de fazer.

Politeísmo Oculto e Idolatria

A evidência concernente a Moloch (Moloque) no antigo Israel é encontrada tanto na literatura legal, histórica, quanto na profética. O autor do Livro dos Reis fala de "passar o filho de alguém pelo fogo a Moloch". Alguns eruditos conservadores interpretam a frase *le-ha avir ba-esh* (לְהַעֲבִיר בָּאֵשׁ), como uma referência ao rito protetivo e divinatório no qual as crianças eram passadas pelo fogo, mas não eram fisicamente feridas. Contudo, a mesma frase *le-ha avir ba-esh* é encontrada em um contexto em que se exige a queima literal (ver Números 31:23) e isso acaba por entregar o seu real contexto e significado.

Outros textos se referem alusivamente ao sacrifício de crianças. O Salmo 106:37-38 fala do sacrifício de uma criança a um ídolo não mencionado de Canaã. Em fontes proféticas, Jeremias 7:31 e Ezequiel 20:25-26, falam de maneira reprovativa do sacrifício de crianças a Jeová/Yahweh. Jeremias 19:5 fala de sacrificar crianças a Baal; Ezequiel 16:21; 20:31; 23:37-39, fala de divindades não mencionadas, como faz Isaías 57:5. Devemos lembrar-nos de que todos estes profetas foram perseguidos e até mesmo foram mortos, devido a sua resoluta determinação em face dessas horríveis práticas. Mas a evidência infeliz mostra que eles estavam lutando contra um comportamento cultural tão profundamente enraizado na sociedade hebreia, que eles terminaram pagando com suas próprias vidas. O Apóstolo Paulo cita muitas dessas tragédias aos hebreus do seu tempo (ver Hebreus 11: 36,37.) De forma que a evidência textual, tanto quanto a tentativa de escondê-las, esteve sempre presente, no intuito de esconder de nós o fato de que eram muitos os deuses mencionados na Bíblia, e estes não eram bons, como fomos levados a crer. Infelizmente o principal deus da Bíblia não é tão amoroso ou cuidadoso como nos fizeram, inocentemente, acreditar.

Tendo estabelecido este fato, procedamos ao processo de identificar, exatamente, o que todos estes mitos realmente implicam e significam. Não apenas isso, mas o doloroso e contínuo esforço que foi exigido para ocultá-los de nós, os comuns. O desesperado esforço de escondê-los, foi tão prevalecente, que acabou produzindo muitas inconsistências no próprio texto hebraico original, imagine nas traduções!

Mitos da Bíblia Sobre a Criação,

O que Eles Realmente Estão Dizendo?

O mito da criação é certamente bem mais antigo do que o tempo de Moisés no Egito. Ele remonta a talvez milhares de anos no passado. Já era comum a todas as principais civilizações antigas, como os sumérios, babilônios, acadianos, assírios e egípcios. É interessante o que [101 Myths] Gary Greenberg, Presidente da Sociedade Bíblica Arqueológica em Nova York, escreve no prefácio do seu livro "101 Myths of the Bible" (Os 101 Mitos da Bíblia):

"Indiferente dos meus próprios conceitos, os hebreus descritos na Bíblia, nunca abraçaram um monoteísmo puro, nem havia uma única e universal forma de religião. Muitos dos personagens bíblicos nos tempos pós-Êxodo, por exemplo, tiveram nomes terminados em

"Baal", que era uma destacada deidade canaanita. Gideão, um dos mais famosos dos primitivos juízes, foi também conhecido com Jerubaal, e Saul, primeiro rei de Israel, tinha um filho chamado Esh-baal e este filho o sucedeu no trono." Preface p.XII (Prefácio, P. XII, em inglês).

Se as verdadeiras divindades fossem claramente mostradas para nós, considerando que elas foram escondidas na maior parte dos nomes próprios bíblicos, além de todas as suas ocorrências no texto, não restaria qualquer dúvida quanto ao flagrante politeísmo praticado pelos antigos hebreus. Em Gênesis, capítulo 1, existem realmente 4 deidades principais, que foram cuidadosamente ocultadas pelos escribas para justificar uma visão monoteísta da criação. Esses deuses podem apenas ser identificados por meio de um processo chamado de exame de raiz, junto com uma cuidadosa análise etimológica. Na primeira fase do texto, inspirada principalmente pela mais antiga versão sumeriana, esses 4 deuses são: *Anu* (Merodaque), Těhôm (Tiamat) *Eretz* (Ea) e *Maim* (Yam) o oceano primordial. Todos eles tinham nomes equivalentes em cada cultura antiga. Merodaque, por exemplo, é também chamado de 'Bel' pelos caldeus. E ao passo que a narrativa prossegue, mais deuses são apresentados, como *ha-Narash* (a serpente, dragão) e *Mot* (deus da morte). Houve de fato uma batalha feroz nos céus pela supremacia (veja Apocalipse 12:7.)

Ao tentarem esconder estes fatos chocantes, os escribas não foram capazes de reproduzir suas tentativas em todas as ocorrências textuais, e assim podemos detectar incoerências em outras passagens como, por exemplo, em I Samuel 4:8, na qual podemos pegar, como de surpresa, os filisteus fazendo a seguinte observação reveladora: "Ai de nós! *Quem nos livrará da mão <u>desses deuses poderosos</u>? Estes são <u>os deuses</u> que golpearam os egípcios com todas as pragas no deserto.*"

Portanto, era de conhecimento notório de que o "deus" por trás do Êxodo, eram realmente muitos, não apenas um como eles querem nos convencer. Pois se olharmos no texto hebraico, seremos capazes de ver o nominativo plural האלהים (ha-elohim) com o artigo definido ה para identificar 'os deuses,' e não apenas *um deus*.

Como foi dito antes, para que possamos realmente fazer sentido sobre o que lemos na Bíblia, temos que primeiro consultar o mito original ugarítico e contrastá-lo com a Bíblia, só para vermos quão surpreendentemente similares eles realmente são.

Análise Dos Textos - Baal e Yam

A estória sobre o conflito entre Baal e Yam é preservado em um grande fragmento chamado **CTA 2**[87], ele foi descoberto em 1931. E é surpreendente o quão frequentemente ele é reencenado na Bíblia hebraica por meio de muitas analogias

---

87 [Myths] ver "Canaanite Myths and Legends,"(Mitos e Lendas dos Cananeus) second edition by J.C.L. Gibson, published by T&T Clark International.

"inspiradas". Esta estória é parte do grande ciclo dos mitos de Baal editados por um escriba chamado Elimelek (Elimeleque). Um nome muito comum nos tempos bíblicos e que significa "meu rei é El," ou "meu deus é rei."

Quando lemos a Bíblia, obtemos a impressão de que a cultura cananeia deve ser completamente atacada e eliminada, pelos hebreus. Mas, após lermos o registro mitológico, vemos uma completa mudança de perspectiva. E começamos a vê-la como uma cultura que realmente forneceu a *maior contribuição* ao legado judaico e a formação da narrativa bíblica.

Coluna IV – LI. I-8.

"Enquanto El se senta em sua sala de banquete ele é abordado por outros deuses (uma das quais é Athirat sua consorte, aqui lhe é dado seu nome alternativo Elat, significando 'a deusa') que reclama que seu filho Yam está sendo envergonhado por uma razão não explícita (pois o texto encontra-se danificado) mas que se refere ao seu palácio; eles ameaçam que a menos que ele receba suas indumentárias reais ele provocará destruição na terra.

LI. 9-20.

"El, lhes oferece leite coalho para beber (um aparente sinal de estima) e convoca seu filho; ele declara que seu nome tem sido até então Yaw[88] e convida Elat e suas companheiras para

---

88 Aqui o autor menciona que este é seu nome pessoal, ao passo que Yam é apenas um título significando 'mar'. Este nome Yaw é

proclamar um novo nome para ele, que lhe seja mais apropriado à sua dignidade real. Elas respondem que essa é uma tarefa que pertence unicamente a El, sendo assim, El proclama o novo nome de Yam como sendo 'o querido de El'.

Aqui vemos a própria origem da ideia de se assumir um novo nome, uma nova identidade, um novo governo, como deus entronizado. A Bíblia repete continuamente o fato de que o "deus da Bíblia" terá um novo nome, um novo pacto (ver Jeremias 31: 31-35.) Este mito é tão poderoso que foi passado, sem questionamento, para a escatologia cristã, ver Apocalipse 21: 1-4.

LI. 21-27.

"Ele informa Yam, contudo, que, a fim de assegurar seu poder ele terá que expulsar seu arqui-inimigo Baal do seu trono e do entorno do seu domínio, e o avisa que, a menos que ele tome certas precauções, ele será derrotado por seu rival."

LI. 28-32.

"El então promove uma festa para celebrar a cerimônia de nomeação que acaba de se completar."

---

surpreendentemente similar ao grego *Ieuō*, que é mencionado por Eusébio quando cita Sanchuniathon (Praep. Evang. I.9, 21) uma antiga deidade de Beirute equivalente a Poseidon (I.10, 35). É digno de nota que a forma abreviada do nome Yahweh, o deus de Israel, seja também Yaw.

LI. 19-20

"Os enviados começam a sua viagem e chegam no monte Lel enquanto os deuses estão sentados para um banquete e <u>Baal está de pé ao lado de El</u>[89]. Os deuses ao perceberem sua presença enterram suas cabeças entre as pernas, mas Baal furiosamente os questiona, por que eles fazem isso e ordena-lhes que ergam suas cabeças; se eles estão com medo de responder ao desafio dos enviados, ele mesmo não está."

Então aqui, nestes relatos, podemos ver claramente as ideias originais que permeiam toda a Bíblia. Uma festa é muito frequentemente celebrada em grandes eventos, e também a ideia do filho de deus como estando de pé ao seu lado, junto ao seu trono, é claramente visto em toda a escritura. Esta é uma lembrança crua do que está escrito em Salmo 110: 1-7, que parcialmente diz; *"O Senhor disse ao meu Senhor. Senta-te à minha mão direita, até que eu ponha os teus inimigos como escabelo para os teus pés."* No original hebraico, são usados dois nomes distintos para os deuses mencionados, יְהוָה e אדני (Jeová e Adoni) e que são ambos simplesmente traduzidos por 'senhor' (meu senhor). Davi está aqui fazendo referência a este evento principal, mencionado na mitologia, quando El (Yahweh), enquanto tendo a Baal (adonai) sentado à sua direita, subjuga seus inimigos, garantindo-lhe o trono. Este imaginário é reinterpretado mais

---

89 Esta observação é também bastante comum na Bíblia, ao mencionar a imagem do filho como de pé ao lado do pai. Certamente o imaginário cananeu sobrevive até os nossos dias, especialmente, na iconografia cristã.

tarde, e alcança a "teologia cristã", veja Atos 7:56; I Coríntios 15:25,26. Assim fica patente que o cristianismo recebeu muito da antiga narrativa mitológica. Existe também um aspecto histórico do cristianismo, e nós o consideraremos mais tarde, nos capítulos 5 e 6.

Vejamos um outro exemplo, para nos ajudar a elucidar ainda mais esta questão.

LI. 30-48.

"Estes entram na assembleia, fazem homenagem a El, e erguendo-se com línguas que parecem espadas chamejantes, entregam a mensagem palavra por palavra conforme instruídos previamente. El (interceptando Baal) responde que Baal é o escravo de Yam-Nahar e o trará tributo como os outros deuses, ao passo que Baal, perdendo seu temperamento, intenciona atacar os enviados com armas terríveis. A deusa Anat e Athtart apoderam-se de suas armas e o detêm, lembrando-lhe que a pessoa de um mensageiro é inviolável. Baal, aqui chamado de Hadah e ainda furioso, se contenta em dirigir-se aos enviados usando <u>a palavra de sua boca</u>."

Uma vez mais somos capazes de ver o aspecto mítico de uma narrativa cristã. Quando lemos em Atos 2:2-4, vemos línguas como que de fogo como um perfeito exemplo de um evento real sendo apresentado em linguagem mitológica, por assim dizer, a fim de explicar um fenômeno que não seria tão creível para uma pessoa que não fosse testemunha ocular. Muitas narrativas cristãs são escritas em linguagem alegórica, analógica, e portanto, mitológica. Isso não quer dizer que estes eventos não tenham ocorrido, mais que a linguagem cultural da época, era, indubitavelmente, de carácter mitológico.

Os mais reveladores são os fragmentos LI. 17-30 a LI. 31-44. Os quais relatam como a deusa Anat ajuda na causa por eliminar os inimigos de Baal para assegurar sua dominação absoluta. Vejamos.

LI. 17-30.

"Procedendo dali para o seu palácio, ela arruma as mesas e cadeiras para os guerreiros e guardas, que conseguiram escapar, e os entregam à morte e até deita-se sobre eles, rindo de forma sarcástica, até que o palácio se encontra como uma piscina de sangue, e ela encontre-se, finalmente, satisfeita com sua obra selvagem"

LI. 31-44.

"Limpando o sangue do palácio e dela mesma, Anat realiza um ritual no qual uma oferta pacífica é derramada; ela substitui a mobília e se expõe ao sereno da noite, por coletá-lo, lava-se com ele e refaz seu toilete."

Agora, compare esta narrativa com Salmo 68 e veja quão similares eles realmente são! Interessantemente, a versão KJV (Rei Tiago, em inglês) é a única que inclui o pronome 'ela' no seu verso 12. Uma óbvia menção de Anat, a deusa da guerra, que mais tarde seria associada com Al-*Minat* e Al-*Uzzá*, formando a tríade árabe; *Al-Anat, Al-Minat* e *Al-Uzzá*, tão claramente mencionadas no Santo Alcorão[90]. Isto prova que, aquelas que consideramos como as três principais religiões monoteísticas do mundo, judaísmo, cristianismo e islã; são realmente produtos de relatos mitológicos de um passado, incalculavelmente, remoto. E, a fim de chegarmos à verdade sobre elas, temos de ser capazes de extirpar a verdade por trás do mito, e reconstruí-los sem mais quaisquer alusões aos feitos sobrenaturais e lendários.

Se nós, como cristãos, não somos capazes de ler um texto inteligentemente, não poderemos, consequentemente, fazer uma forte defesa da nossa fé (veja Atos 17: 22-25).

O aspecto mitológico da Bíblia, como um todo, é inegável. Já está lá, quer sejamos capazes de suportá-lo ou não! Mas, temos que nos educar a um grau muito mais elevado do que o que possuímos presentemente, pelo menos se quisermos ser levados a sério por outras pessoas inteligentes. A educação cristã que obtivemos até agora, é claramente insuficiente e superficial, e isso inclui os seminários teológicos. Este projeto não se origina de mero acidente, mas foi projetado para este fim. Portanto, este modelo educacional simplesmente não é capaz de produzir qualquer bem durável, se fosse, esses fatos já teriam, há muito, sido expostos. Sabemos que os antigos não eram os únicos a

---

90 A menção dessas deusas no Santo Alcorão está na Suratu an-Najâm 53:19-20.

lerem a narrativa bíblica sem qualquer contextualização. Nós fazemos o mesmo!

Os Elementos Babilônicos no Ritual Levítico

O código massorético sacerdotal é também pesadamente influenciado pelos protótipos babilônicos, não só para certos ritos judaicos, mas também para muitos termos técnicos usados na cerimônia levítica. O termo *qorbân* 'dádiva' ou 'oferenda', é uma palavra emprestada da Babilônia (um calque), e que os eufemismos 'lugar limpo' para 'solo úmido,' é encontrado nas encantações cuneiformes babilônicas chamadas de *šurpu*[91]. Existe evidência de que havia três classes de sacerdotes babilônicos: *barûti, âšipe, e zammare*, isto é, adivinhadores, encantadores e cantores.

A especialidade do *barûti* era chamada de *haruspicia*, uma prognosticação, feita por inspeção, a partir das entranhas da vítima morta em sacrifício, alcançando um clímax com a prática chamada hepatoscopia, i.e., adivinhação por inspecionar o fígado de animais (ou humanos), oferecidos sobre o altar, aos deuses. Esta prática babilônica recebe alusão no capítulo 21 do Livro de Ezequiel. O versículo 21 reza:

"Pois o rei de Babilônia ficou em pá na encruzilhada, na cabeça dos dois caminhos, para usar de adivinhação: ele fez suas flechas luzirem, ele consultou através de imagens, ele olhou no fígado."

---

91 [Bibliothek]Assyriologische Bibliothek, edited by Friedrich Delitzsch and Paul Haupt.

Ocasionalmente, o *barûti* babilônico recorria a outros métodos de adivinhação, especialmente a hidromancia, incluindo a sicomancia e lecanomancia, que é a adivinhação pelo uso de copos e bacias; óleo era derramado em um copo cheio com água ou vice versa; e quando o óleo afundava, alcançando o fundo do copo, e reacendia, possuía um significado especial. Também quando ele permanecia compacto, ou, dividia-se, tocava o copo à direita ou esquerda, na frente ou atrás, *etc.*

Esta prática nos é revelada em Gênesis 44:5-15. Onde no versículo 15, uma palavra é sucintamente mencionada, que é,' 'כָּמֹנִי' (kamoni), "eu adivinho," e ela vem de 'כֹּמֶר' [92](komer) e refere-se a um *sacerdote de ídolos*. Alguém que pode consultar os deuses. Na tabletas *Tel Amarna* esta prática é chamada de *kamiru*, sendo sua versão aramaica כּוּמְרָא (kumrah) de onde vem o substantivo *kumram (qumran;* um calque, referindo-se ao deserto de Qumran), o nome dado à região onde se encontraram os Rolos do Mar Morto em 1947, em Israel. Mas, com uma ortografia levemente diferente (calque ortográfico), naturalmente devido a longa passagem do tempo. Assim, a habilidade de José em usar mágica, fez dele um homem bem sucedido na corte de Faraó, e não algum deus específico, como suposto até os dias de hoje.

Todas estas tradições foram, sem dúvida, mantidas e mais

---

92 The Brown-Driver-Briggs Hebrew and English Lexicon p. 485, Strong's code is 3649.

tarde incluídas no sistema mosaico de adivinhação, que incluía os famosos 'Urim' e 'Tumim'.

Barû, ou mais exatamente *bârû,* é o particípio de *barû* 'olhar', 'inspecionar', originalmente 'discernir'. Este termo está entre os muitos que jazem em obscuridade devido às constantes alterações feitas ao texto. Mas nós os encontramos após cuidadoso exame. Por exemplo, Isaías 47:13 o verbo hebraico הָבַר (havar) significa 'dividir, *cortar em pedaços, um pedaço de carne,*' e aqui é usado com referência aqueles que dividem os céus, que observam as estrelas. O Léxico hebraico, *The Brown-Driver-Briggs Hebrew Lexicon* novamente comenta que: "הָבַר então se refere ao processo de distinção dos sinais do zodíaco, *ou outras divisões astrológicas do céu.*" p. 211 (Código de Strong número 1895.) Na Versão Americana, ela diz 'os astrólogos'; Já a Versão Revisada (em inglês), na margem, lê-se 'adivinhadores dos céus,' a LXX (Septuaginta. οἱ ἀστρολόγοι τοῦ οὐρανοῦ, (os astrólogos do céu) na Vulgata Latina *augures caeli.* Depois de tudo, parece certo que temos o nome original dos adivinhadores babilônicos em Isaías 44:25 e em Jeremias 50:36, onde o Textus Receptus (a base para a Versão Rei Tiago ou "The King James Version") tem בַּדִּים 'mentirosos' ao invés de בָּרִים 'adivinhadores.'

O que é chocantemente interessante é, que este verbo é usado sempre que está envolvido uma vítima sacrificial. E seria sábio concluirmos que esta era a prática diária do *ha-cohen,* ou sumo sacerdote no antigo Israel.

Antes do *barû* babilônio tomar uma decisão quanto a viabilidade de qualquer ato a ser empreendido pelo inquiridor, ele se sentava em um *kussî da 'ânuti*, ou assento. Sua principal função é a de šakânu ša âdani, determinar o tempo correto para qualquer trabalho. A indicação da vontade divina, de onde o oráculo se origina, é chamada de *tertu*, e é idêntica ao termo etíope *temhért* 'instrução', bem como ao hebraico תורה (torá, i.e. Os primeiros cinco livros de Moisés), enquanto o aramaico אריתא e o etíope *ôrît* correspondem ao assírio pela forma *tertu*, *versus. ûrtu*.

Tanto *ûrtu* e *tertu* remontam à mesma raiz מהר־אאר. Portanto a palavra אורים refere-se ao אורים ותמים (urim ve-tummim) e pode não estar conectada ao assírio *ûrtu=tertu*. Mas pode ser combinada com אָרַר 'amaldiçoar' enquanto תְּמִים significa 'inculpável, inocente'. Assim, quando o sacerdote hebraico pronunciava o julgamento, favorável ou não, isso não era produto de exclusiva revelação divina, como uma vez pensado, inocentemente, por tantas pessoas.

Assim, segundo o código sacerdotal (Êxodo 28:30) e (Levítico 8:8) o urim e o tumim, eram mantidos no éfode vestido pelo sumo sacerdote. E Dessa forma podemos provar que os rituais sacerdotais elaborados, conforme encontrados na Torá hebraica, eram fortemente influenciados pelas instituições babilônicas. O estudo comparativo da religião pré-islâmica dos árabes, sem dúvida, lança muita luz sobre certos aspectos ocultos da adoração hebreia e o que ela originalmente envolvia. Certamente, se quisermos conhecer os antigos hebreus de fato, seria de grande ajuda dar uma olhada nos textos cuneiformes rituais dos assírios e babilônios.

O Mito da Deusa Mãe Virgem

A deusa mãe virgem é talvez a mais comum e multiforme dentre as deidades do antigo Oriente Médio (ou Próximo). Porque a deusa canaanita Asherah, que também era adorada como a "Rainha dos Céus", não é desconhecida da tradição do Velho Testamento, os eruditos encontraram referências a ela no imaginário popular e no seu papel místico, particularmente como uma real inspiração por trás da pessoa de Eva, a mãe de todos os seres vivos (Gênesis 3:20). Muitos eruditos supõem que o título *'êm kol hay* originalmente se referia quer à mãe terra, ou à primordial deusa mãe. Sua adoração pode ser considerada a de maior duração dentre todos os deuses antigos. Visto que ela foi incluída na teologia cristã, através de cuidadosa semiologia, como sendo 'Maria' a mãe de Jesus, ou mãe de Deus. Visto que o Novo Testamento raramente menciona Maria, e Jesus não a deu qualquer papel especial (veja Mateus 12:47-49.), podemos certamente afirmar que toda a atenção dada a ela não é nada mais do que a perpetuação do mito da "Rainha dos Céus," usando Maria para disfarçar a real identidade da entidade Asherah. A palavra original usada no texto de Isaías 7:14 é digna da nossa atenção, o substantivo feminino עַלְמָה (*almah*), que significa simplesmente "jovem mulher," mas que a

Septuaginta grega, lê, ao invés, "παρθένος," (parthénos, *virgem*) que não apenas significa 'virgem', mas é realmente uma alusão ao Pártenon, santuário da grande deusa grega Atena, dedicado a ninguém mais do que "A Virgem Deusa Mãe." Coincidência?

Assim, nós podemos ver de onde surgiu a crença errônea e *anticientífica* de Maria concebendo ainda virgem. Os 70 anciãos judeus que traduziram a Septuaginta no Egito, do hebraico para a língua internacional, o grego, mudaram a palavra original, cometendo um calque de parônimo (de origem distinta), no intuito to impressionar ao rei Ptolomeu Filadélfeos II, o monarca grego do Egito, quem de fato autorizou e financiou a tradução, e que, obviamente, ficou extremamente feliz pela referência à iconografia grega, para ele, sagrada. Pois a palavra hebraica não é בְּתוּלָה (bethulah), "virgem". Os altamente educados gregos, não aceitariam uma virgem que dá filhos à luz literalmente, pois sabiam tratar-se de uma iconografia, de um símbolo, correspondente à mais antiga divindade Asherah. Isso não faria sentido para eles, quanto para qualquer povo, verdadeiramente, educado. Mas, assim como é, eles entenderam o fato de que essa era uma direta alusão à "Deusa Mãe Virgem", Atena, que se encontrava, convenientemente, exposta no Pártenon, ou 'virgem'. Dessa palavra, vem as palavras portuguesas "parteira", "parto".

Alguns insistem que a palavra 'עַלְמָה' (almah) significa virgem, e que portanto, a tradução de Isaías 7:14 está correta.

Observe esta nota de rodapé, na versão inglesa "English Standard Version" (ESV):

"Alguns, sugerem que 'almah' não significa "virgem"e que Isaías teria usado a palavra hebraica bethulah tivesse ele intencionado uma "virgem". O fato é que almah é a mais clara palavra que Isaías poderia ter usado para transmitir a ideia de virgindade. Não <u>existe aparição de almah no Velho Testamento onde o significado de "virgem" não possa ser usado</u>..."

No entanto isso não é inteiramente verdade. Pois observaremos apenas uma ocorrência, para efeito de brevidade, onde se faz claramente a devida distinção entre os substantivos femininos citados.

Quando estamos a tratar de palavras usadas em tempos idos, distantes, tanto cultural quanto historicamente, a melhor forma de decifrá-las é por analisarmos o seu contexto imediato, "texto e contexto", caminham juntos. Em apenas uma de suas muitas ocorrências no texto hebraico, podemos claramente distinguir seus reais significados, visto que as duas ocorrem com conotações distintas em um mesmo versículo (existem muitas outras ocorrências similares), em Gênesis 24:16a, se lê o seguinte; observe o *jogo de palavras* entre duas traduções:

" E a <u>donzela</u> era de um aspecto muito formoso, <u>virgem,</u> a quem varão não havia conhecido;..." (Versão Textual Expositora). Agora, observe a English Standard Version:

"A jovem mulher (almah) era muito atraente em aparência, uma virgem (bethulah) a quem nenhum homem havia conhecido."

Na primeira versão, para evitar constrangimento, decidiu-se por traduzir os substantivos por palavras sinônimas, em português, mas na segunda, bastante literal, observamos uma clara distinção na tradução. Pois, em nenhum lugar, se subentende que jovem mulher seja necessariamente "virgem", ou vise versa, que "virgem" seja apenas uma jovem mulher. As ideias não são correlatas! Mas na tentativa de esconder esse fato, e de se perpetuar uma crença sem qualquer sentido prático, eles utilizam de todas as formas de zigue-zague.

Até porque, a própria raiz da palavra *bethulah,* indica seu significado. Após removermos a raiz dos seus afixos, sejam sufixos ou prefixos, que indicam pessoa, número, e conjugação, etc, o que sobra, é a verdadeira e pura raiz. Neste caso, observe a palavra (substantivo feminino) conforme a escrita hebraica pictográfica, mais clara do que a escrita babilônica, cifrada, usada hoje em dia. Vejamos, ⚏⚏ *(bethulah)* a letra ⬓ (b) indica a casa, ou tenda, típica dos habitantes nômades que eram os primitivos hebreus, e a ideia é que, a mulher, especialmente a jovem virgem, ficasse na parte mais recôndita da casa, protegida por seus irmãos e pais, de interesses não puros. A raiz *beth* (⬓) aponta para o lar como algo sagrado, fora do alcance de estranhos.

Temos muito a ganhar da literatura mitológica clássica,

principalmente em termos de habilidades literárias, e isso só foi tornado possível, depois da publicação dos textos antigos. Sua publicação deve ter sido uma manifestação aterrorizante para aqueles que desejam nos manter sempre envoltos em ignorância e superficialidade, pois veja que, não basta ser um céptico sem causa, devemos ter argumentos, argumentos que procedem de conhecimento. Pois, quando se trata de conhecer a verdade em primeira mão, temos, até agora, perdido bastante neste respeito. É tempo para uma reforma impactante das nossas ideias teológicas a fim de confrontarmos as ondas de ignorância que têm se espalhado através do mundo, seja qual for a doutrina – teológica, política, ou filosófica –, nenhuma ideia merece uma adesão cega! Seja qual for.

No próximo capítulo, teremos acesso a um dos mais importantes testemunhos já produzidos na história. A produção da Septuaginta Grega foi, não apenas crucial, por ter sido a primeira grande tradução do texto hebraico, mas também porque ela ajudou a fundir a tradição hebreia e a filosofia grega e, ao fazê-lo, ajudou a pavimentar o caminho para o cristianismo do primeiro século. Nascido em um mundo helenizado, ele levaria consigo a mais poderosa e influente filosofia que certamente deu forma ao nosso mundo. E esta análise é certamente muito útil para nos ajudar e entender melhor o nosso mundo, desde sua própria concepção. É tempo de revermos velhos paradigmas.

"O Rei Ptolomeu uma vez reuniu 72 anciãos. Ele os colocou em 72 câmaras, cada um deles em uma separada, sem revelar-lhes o porquê que eles foram reunidos. Ele entrou na sala de cada um deles e disse: 'Escrevei para mim a Torá de Moisés, vosso instrutor.' Deus pôs no coração de cada um traduzir de forma idêntica a todos os outros, conforme eles o fizeram."

Tractate Megillah, pages 9a-9b.

CAPÍTULO V

O TESTEMUNHO DA SEPTUAGINTA

A Septuaginta é uma obra prima da literatura mundial. O próprio termo 'Septuaginta' significa "setenta", é frequentemente abreviado como **LXX** e algumas vezes também chamada de **Velho Testamento Grego**. É de longe, a mais antiga tradução em grego das Escrituras Hebraicas, feita com base em um texto hebraico muito mais antigo. Pelo menos, bem mais antigo do que o Texto Massorético, que é produto do sexto século A.D., portanto, seis séculos depois de Cristo. É estimado que os primeiros cinco livros do Velho Testamento, conhecido como Torá (instrução) ou Pentateuco (os primeiros cinco livros de Moisés), foram traduzidos na metade do 3º século A.E.C. Foi considerada por séculos após, como a tradução primaz em grego do Velho Testamento e é citada um número de vezes no Novo Testamento, particularmente, nas epístolas paulinas, também pelos Pais Apostólicos, e mais tarde, pelos Pais da Igreja Grega.

A tradução grega circulou especialmente entre os judeus alexandrinos, que eram fluentes em grego, a língua comum no Egito durante este período, mas não em hebraico. Separada do cânon hebraico no judaísmo rabínico, as traduções da Torá em grego, feitas pelos antigos escribas judeus, sobreviveu na forma de fragmentos raros.

Seu pleno título, em grego, é: ``H τῶν Ἑβδομήκοντα μετάφρασις (literalmente "A Tradução dos Setenta," e deriva da história tradicional conforme relatada pela Carta de Aristeia, que declara que a Septuaginta foi traduzida, a pedido de Ptolomeu Filadelfo, por 70 ou 72 eruditos judeus (6 de cada uma das 12 tribos de Israel), que, independentemente, traduziram versões idênticas do inteiro cânon hebraico.

A Septuaginta é, algumas vezes, confundida com outras versões gregas do Velho Testamento, muitas das quais, interessantemente, não sobreviveram, exceto em fragmentos (algumas partes destes, bem conhecidos, como a Hexapla do Orígenes, que oferece uma comparação de seis traduções em colunas adjacentes, agora já quase inteiramente perdida). Destas, as mais importantes são as produzidas por Aquila, Símaco, e Teodósio. Eles foram judeus convertidos, cuja ascensão veio como resposta judaica ao rápido crescimento do cristianismo, especialmente devido ao fato de que os cristãos do primeiro século, imaginaram quão poderosa ferramenta era a Septuaginta para se provar o papel profético de Jesus, algo extremamente desagradável para os *líderes judeus*.

Temos um claro registro, como exemplo, no Livro de Atos dos Apóstolos 17:1-14, que declara parcialmente: *"E Paulo, como era seu costume, entrou até eles, e por três sábados raciocinou com eles à base das escrituras."* Bem, por razões que serão apresentadas à frente, temos todos os motivos para crer que estas "escrituras", eram de fato a própria Septuaginta, visto que esta comunidade judaica estava localizada em terras gregas, próxima a Tessalônica, e portanto, usavam o grego como língua litúrgica em sua sinagoga. Ser capaz de ler do Velho Testamento grego (Septuaginta) era um fator extremamente determinante na sua conversão ao cristianismo, visto que toda a referência ao Messias confere perfeitamente com o texto da Septuaginta, especialmente os profetas.

O mesmo fenômeno não ocorre quando checamos as referências do texto Massorético, o qual data do sexto século

E.C., depois de Cristo. Assim, a passagem faz completo sentido agora, quando diz, no versículo 4: *"E alguns deles (os judeus) creram, e juntaram-se a Paulo e Silas; e dos devotos gregos uma grande multidão, e não poucas das mulheres de destaque."* E uma vez que Paulo, após ser parcialmente rejeitado em Tessalônica, foi para Bereia, ele encontrou em sua sinagoga uma recepção bem mais calorosa. No versículo 11, lemos o seguinte: *"Estes, eram de mentalidade mais nobre do que os em Tessalônica, visto que receberam a palavra com todo anelo mental, e examinavam as escrituras (Septuaginta) diariamente, quanto a se estas coisas eram assim."*

Como a Septuaginta se Tornou tão Influente

Podemos começar por brevemente recapitularmos os três principais estágios na complexa história do primitivo texto grego. Temos a primeira tradução alexandrina datada de cerca do terceiro ao primeiro século A.E.C. Depois, as versões rivais da escola asiática no segundo século de nossa era, e por fim, os titânicos esforços de Orígenes, no século seguinte, ao buscar estabelecer um texto uniforme por fazer uma fusão das obras produzidas pelas duas principais escolas.

Bem antes da fundação da grande cidade, no lado ocidental do Delta, o Egito tinha se tornado uma forte colônia judaica. Quando o profeta Jeremias foi expulso de Israel contra sua vontade, sabemos, pelo relado de sua saída, que já havia comunidades judaicas estabelecidas em Migdol, e em Tafnes, e em Nofe, na região de Patros (ver Jeremias 44:1.) Foi apenas em anos recentes que conseguimos aprofundar nosso conhecimento sobre estas destacadas colônias existentes lá, tão cedo quanto no sexto século A.E.C., até acima do nilo em Zoã. Mas foi a expedição de Alexandre, o Grande, e a subsequente fundação de Alexandria 332 A.E.C., que marcou o princípio de uma nova era para os judeus da dispersão egípcia. Como o esquema ambicioso de Alexandre de conquistar um império mundial terminou, como muitos outros, em fracasso, sua carreira meteórica teve, pelo menos, um efeito duradouro e beneficiante; o de difundir o conhecimento da língua e da cultura grega através de uma grande porção do mundo oriental. O Baixo Egito, em particular, fortaleceu-se através do uso desta complexa língua, agora internacional, e Alexandria se tornou, não apenas a universidade do aprendizado da língua grega, mas também mercado e centro mundial de comércio, tendo a língua grega como *lingua-franca* para todos os negócios e atividades intelectuais, foi certamente um período de luz.

Entre os colonos desta recém-formada cidade, os judeus formavam um elemento considerável. Estimados como amigos, pelo próprio Alexandre[93], eles foram recompensados por seus

---

93 [Antiquities of the Jews] Segundo Flávio Josefo, quando Alexandre veio ao templo em Jerusalém teve a seguinte surpresa, *"E quando o livro de Daniel lhe foi mostrado, onde Daniel declarou que um dos gregos destruiria o império dos persas, ele supôs que ele mesmo era a pessoa intencionada; e visto ter ficado feliz com isso, ele dispersou a multidão naquele momento, mas no dia*

serviços ao seu exército e garantidos o direito de plena cidadania, e até o direito a um bairro próprio em Alexandria. Tão rapidamente cresceu esta colônia que, por volta do princípio de nossa era, os judeus egípcios somavam um milhão de almas[94], ou seja, um oitavo da população egípcia naquele tempo.

Podemos estar plenamente certos de que foram as necessidades religiosas desta crescente comunidade, que estimulou o projeto ambicioso de traduzir as escrituras do hebraico para o grego. Este fato também indicou que, embora o hebraico fosse falado livremente em Jerusalém, o mesmo não era o caso no resto do mundo helenizado como o Egito, Grécia, Síria e Mesopotâmia, os quais, sem exceção, se tornaram fortemente baseados na língua grega. No Egito, por exemplo, até mesmo as paráfrases aramaicas que serviram às necessidades das sinagogas palestinas, tiveram, pelo menos até a segunda ou terceira geração de imigrantes, cessado de serem compreendidas. Apegando-se tenazmente à sua fé, mas forçados pelas circunstâncias a abandonar o uso do aramaico, esta resiliente colônia judaica decidiu que sua lei deveria ser lida em uma linguagem compreensível pelo povo (עַם, povo). A Bíblia grega, ao que parece, deve sua origem à demanda

---

seguinte ele os convocou de volta: e fez assim como o sumo sacerdote desejava para que pudessem usufruir as leis dos seus antepassados, e nõa pagassem qualquer tributo no sétimo ano." As Antiguidades dos Judeus, 11.8.5 página. 307, Traduzida por William Whiston. Hendrickson Publishers. (inglês)

94 Philo, *In Flaccum, 6 (43 Cohn).*

popular por uma versão em grego vernáculo chamado koiné, ou, dialeto comum. Desenvolvido pelos muitos grupos gregos étnicos que lutaram ao lado de Alexandre em suas campanhas militares.

Deve-se admitir que esta não foi a principal motivação almejada pela antiga tradição, uma tradição que não se mostrava contente com um começo tão humilde, se não piedosa. Na Carta de Aristeia, encontramos que Ptolomeu Filadelfo II, às instâncias de seu bibliotecário Demétrio, reuniu, desde de Jerusalém, setenta homens doutos para traduzir a Lei, a fim de preencher uma lacuna na coleção real da famosa Biblioteca de Alexandria.

A Bíblia grega do terceiro século A.E.C., compreendia, originalmente, apenas a Lei (תּוֹרָה). A tradução dos Profetas, em hebraico (נְבִיאִים) e os Escritos (כְּתוּבִם), a seguiram no curso dos próximos dois séculos. Assim, ao que parece, foi a Bíblia alexandrina gradualmente construída. O segundo estágio na sua história, começa no final do primeiro século de nossa era. Este é o período que provocaria a revolta da escola palestina contra, a assim chamada, laxatividade de inadequação das versões alexandrinas, especialmente devido às embaraçantes evidências que apontavam para Jesus Cristo, como sendo o Messias. A princípio, até mesmo os palestinos tinham dado à LXX uma recepção amigável. Ela foi livremente usada por Flávio Josefo, bem como pelos primeiros convertidos ao cristianismo. O grego, segundo o rabino Simon ben Gamaliel, era a única língua, além do hebraico, na qual as Escrituras poderiam ser escritas[95].

Em breve, contudo, esse trabalho veio a ser encarado pelos judeus ortodoxos com suspeita. A comunidade certamente ainda precisava de uma Bíblia em grego, e a demanda por uma maior exatidão e uma estrita aderência ao hebraico revisado, criou uma profusão de novas traduções. Nós já sabemos os nomes de três destas traduções e possuímos um número considerável de fragmentos de sua obra. A tendência ao literalismo culminou no glossário usado por Áquila de Ponto (na região do Mar Negro), que, não por falta de conhecimento da língua grega, mas de um desejo arrogante de apresentar um reflexo exato de cada *iota* ou título, encontradas no original hebraico, e terminou por criar o que pode ser chamado de 'versão colossal.' A obra de Teodósio de Éfeso foi um pouco mais do que uma revisão da LXX ou de outras versões já perdidas. Um plagiador bem sucedido, ele é melhor conhecido por suas transliterações, em outras palavras, por evadir da função de tradutor. A Ásia era o lar de dois desses tradutores, e talvez, do terceiro, enquanto a Palestina supriu textos e cânons de interpretação, podemos chamar esta escola de Asiático palestina.

Finalmente, a terceira marca na história da Septuaginta é considerada a *opus magnum* (a grande obra) do mais eminente erudito da antiguidade, a Hexapla, produzida por Orígenes de

---

95 T.B. *Megillah*, I.8 (citado por Bentwich, *Hellenism, 253*).

Alexandria. Designada para trazer a Septuaginta (LXX) em linha com o texto hebraico revisado com a ajuda das traduções asiáticas, ela exibia o texto hebraico e grego em colunas paralelas, outras três versões posteriores, e a LXX. A base para a LXX era o texto corrente alexandrino, do terceiro século; esta foi suplementada, ou corrigida, quando necessário, por meio de versões posteriores, a matéria interpolada era indicada por asteriscos.

Desde a antiguidade tardia, uma vez atribuída ao Concílio de Jamnia, o predominante judaísmo rabínico rejeitou a Septuaginta como sendo válida para qualquer texto judaico. A Igreja Católica Romana e as Ortodoxas Orientais, incluíram muitos dos livros que estão na Septuaginta em seus cânons. As igrejas protestantes, *surpreendentemente*, contudo, usualmente não o fazem. Veremos agora, por que esta posição representa um grande erro por parte dos cristãos protestantes e pode-se considerar um *contra senso* por parte deles. Vamos fazer uma apanhado geral não apenas das maiores diferenças entre os dois textos (A Septuaginta e o Texto Massorético), mas também das citações mais relevantes feitas pelos escritores do Novo Testamento e assim buscarmos detectar as discrepâncias entre a LXX e o Texto Massorético. Olhemos sobre a evidência no espírito do conselho de Paulo aos cristãos do primeiro século: *"Examinai tudo. Retende o bem;"* I Tessalonicenses 5:21.

Diferenças Entre o Texto Massorético E a Septuaginta

Ao passo que a tradução progredia, o cânon da Bíblia Grega expandia. A Bíblia Hebraica, também chamada de Tanakh, possui três principais divisões: a Torá (Law), a Nevi'im (Profetas), e os Ketuvim (escritos). A Septuaginta possui quatro: lei, história, poesia, e os profetas, junto com os livros Apócrifos (ἀπόκρυφος, *ocultos, escondidos, secretos.*) inseridos onde apropriado. Seja notado, contudo, que este é um desenvolvimento natural de qualquer tradição literária, a de ter subtrações ou adições de diferentes livros. De forma que, não é uma surpresa vermos adições feitas à LXX e subtrações feitas ao texto Massorético. Todas elas feitas, a fim de se avançar suas respectivas agendas e necessidades. Enquanto o texto Massorético contém 39 livros, a Septuaginta contém 62. Os livros adicionais na Septuaginta são I Esdras, que é composto de II Crônicas 35-36; Esdras 1-10; Neemias 7:73-8:12 e I Esdras 3:1-5:6 (520 A.E.C). Esta última porção descreve a história de Zorobabel e como ele foi, de ser apenas um guarda-costas, ao ponto de representar o rei persa, Dario, como governador em Jerusalém.

Então vem o livro de Tobit (680 B.C.E) que relata a estória de Tobit, Tobias (seu filho), Rafael (um anjo), e Sara (esposa de Tobit). Este livro foi citado pelos primitivos cristãos, como

Policarpo de Esmirna, que estudou com o próprio Apóstolo João. Ele realmente citou duas passagens em sua Epístola aos Filipenses. O outro livro é Judite, este livro apresenta alguns problemas, visto que ele não é datado, e além do mais, suas próprias primeiras palavras apresentam um problema cronológico; *"Foi no décimo segundo ano do reinado de Nabucodonosor, que governou sobre os assírios na grande cidade de Nínive."* Judite 1:1 (NRSV, Nova Edição Padrão Revisada). Não existe evidência de que Nabucodonosor tenha jamais governado em Nínive (hoje, norte do Iraque). Assim, esta falta de exatidão, nos faz acreditar que seja uma obra de ficção, a qual tenta transmitir certos valores, e que a propósito, nunca foi citada por qualquer escritor cristão. Após isso, temos Macabeus (170-134 A.E.C), um livro histórico que relata o episódio da revolta judaica contra o rei selêucida, Antíoco Epifânio IV, que veio ao templo judaico e o profanou.

Assim que, Judas Macabeus, um levita, levantou-se contra os gregos e de forma bem sucedida os derrotou de uma maneira miraculosa. Este importante evento se tornou uma celebração chamada "Hanukkah." Esta é a celebração mencionada no texto grego de João 10:22, como a "ἐγκαίνια" (eykínia, *renovação*) na qual, providencialmente, Jesus tomou a oportunidade de ensinar no Templo e foi perguntado, de forma direta pelos judeus, se ele era de fato o profetizado Messias. Os Macabeus governaram Jerusalém como a dinastia Hasmona até que, Herodes, o Grande, lançou sítio e tomou a cidade por volta de 35 A.E.C., dando um fim à dinastia Hasmona. O livro de II

Macabeus (185-160 B.C.E) nos dá detalhes sobre a perseguição sofrida pelos judeus sob Antíoco Epifânio IV, I Macabeus 1-7. Declara-se que este livro é um resumo de uma obra de cinco volumes por Jason de Cirene, possivelmente um judeu helenizado. Este livro é citado mais frequentemente do que I Macabeus, especialmente, os capítulos 6 e 7. Durante o ano de 167 A.E.C., Antíoco Epifânio IV assassinou muitos judeus, entre eles, o ancião Eleazar e outros sete irmãos não mencionados e sua mãe. Os cristãos, sob perseguição, tanto por judeus opositores, e mais tarde pelos romanos, iriam ter em alta estima estes mártires.

O livro de Macabeus III (215-205 A.E.C.) é mais do que um precursor, ao relatar eventos que aconteceram cerca de 54 anos antes de I e II Macabeus. Ele descreve como, durante o tempo de Ptolomeu IV Filopator, rei de Egito, os judeus sofreram um brutal genocídio, e como eles conseguiram superá-lo. Dessemelhante de I e II Macabeus, os primitivos cristãos nunca se referiram a III Macabeus. Nas Constituições Apostólicas, uma obra Pré Niceiana, diz que a escritura deveria "conter três [livros] dos Macabeus." Consequentemente, esta obra exclui IV Macabeus (160 A.E.C. – 70 E.C). Por causa da cronologia dos primeiros três Macabeus, devemos lê-los em ordem reversa.

Um outro livro que é incluído na Septuaginta é o Salmo 151. Ele declara, em suas palavras introdutórias, o seguinte; *"Este é um salmo genuíno de Davi, embora exceda o número original, composto quando ele lutou, no seu combate, contra Golias."* Salmo

151:1. Ele possui apenas 7 versículos.

A oração de Manassés (II Crônicas 37), apresenta o momento do seu arrependimento e a súplica que ele ofereceu ao seu deus (ou deuses), ver II Crônicas 33:1-16. Esta oração é também incluída nas Constituições Apostólicas, Livro II, que data de 200 da E.C. Ela é incluída após as Crônicas, capítulo 36, como 37º capítulo daquele livro.

Tendo uma natureza poética e profética, a Septuaginta também contém o Livro da Sabedoria, o qual dá grande ênfase à obediência, além de ser rico em seu ensino sobre a imortalidade da alma. Segundo o Fragmento Muratório, um documento cristão de cerca de 870 da E.C., este livro foi escrito por amigos de Salomão, em uma óbvia tentativa de reafirmar a esperança na vida pós-morte, especialmente, devido ao fato de que Salomão havia se cercado de filósofos materialistas, durante a sua vida como rei de Israel (ver Eclesiastes 9:10), e por isso, foi chamado erroneamente de "A Sabedoria de Salomão". Ele foi citado uma vez por Clemente de Roma[96], que foi um estudante tanto de Paulo como de Pedro. O livro possui passagens que ecoam no Novo Testamento, o qual, a propósito, é bastante intenso sobre a imortalidade da alma, e se refere à "armadura de Deus", bem antes que Paulo o tivesse feito (ver Efésios 6:11).

---

96 Clemente de Roma estudou com os apóstolos Paulo e Pedro, e é também mencionado na Epístola aos Filipenses, 4: 3. Ele também compôs uma epístola aos Coríntios, encorajando-os a se unirem na fé. Essa é talvez, uma das mais importantes obras para a historicidade do cristianismo.

Seu fator mais surpreendente são as profecias sobre Jesus Cristo e seu ministério. Por exemplo, Sabedoria 8:10-11, predisse que: *"Por causa dela [sabedoria] eu terei glória entre as multidões e honra na presença dos anciãos, mesmo que ainda jovem. Serei achado jurisprudente no julgamento, e à vista dos governantes, serei admirado."* Compare com Lucas 2:42-52.

E novamente, em Sabedoria 2:17-20, se pode ler, segundo a NRSV (New Revised Standard Version): *"Vejamos se suas palavras são verazes, e deixe-nos por à prova o que ocorrerá ao fim de sua vida; pois se o homem justo é filho de Deus, ele [Deus] o ajudará, e o livrará das mãos dos seus adversários. Deixe-nos provar por insultos e tortura, de forma que saibamos quão gentil ele é, e assim testarmos sua resiliência. Deixe-nos condená-lo a uma morte vergonhosa, pois, segundo o que ele mesmo diz, ele será protegido."* (Ver Mateus 27:39-44.)

O livro de Siraca (~195 A.E.C.) é de Jesus filho de Siraca (Yehoshua ben Sira), um culto instrutor em Jerusalém, que data de antes dos Macabeus. Ele foi traduzido desde o hebraico para a língua grega por seu neto, e mais tarde acrescentado à Septuaginta. Possui uma grande semelhança com o Livro de Provérbios. Contém também muitos ensinos encontrados no Novo Testamento, especialmente, o sermão de Jesus na montanha, por exemplo: *"Não busqueis vos tornar um juiz."* -Siraca 7:6. Similarmente, Mateus 7:1 diz: "Não julgueis." De forma similar, *"Não balbucieis na assembleia dos anciãos, e não vos repitais ao orardes."* -Siraca 7:14. Novamente, muito similar ao que está escrito em Mateus 6:7: *"Quando orardes, não useis de frases vazias como fazem os gentios; pois imaginam que serão ouvidos por causa das suas muitas palavras."*

Siraca também escreveu que: *"O fruto revela a cultivação de uma árvore; assim o discurso por parte de uma pessoa revela a cultivação de sua mente."* (Siraca 27:6). Agora, compare isso com as palavras de Jesus: *"Não pode a boa árvore produzir maus frutos, nem a árvore má produzir frutos bons... Portanto, pelos seus frutos os conhecereis... Mas o que sai da boca procede do coração, e isso sim contamina o homem."* Mateus 7:18; 7:20; 15:18. (Versão Textual Expositora). Existem muitas outras similaridades como estas. Estas similaridades mostram que os ensinos de Cristo Jesus eram baseados em conhecimento comum, embora tivessem uma forte aplicação revolucionária, visto que ele viveu aquilo que ensinou (ver I João 1: 1).

O livro de Baruch (Baruque) (582 B.C.E) foi escrito por um oficial escriba do profeta Jeremias. E coloca Baruch em Babilônia cerca de cinco anos após o cativeiro, em 582 A.E.C., depois que Jeremias e Baruch, tinham fugido para o Egito. Não muito depois, Baruch foi para Babilônia em uma missão especial. A primeira metade do livro relata a oração de Baruch em prol dos judeus em Jerusalém. Existem declarações que levantam suspeitas quanto à autenticidade do livro, e interessantemente, ele não é citado em nenhum dos escritos cristãos. Mas a segunda metade do mesmo livro lê diferentemente e soa como as palavras de um profeta (talvez Jeremias). Cerca de seis escritores cristãos citaram a segunda metade do livro, tornando-o em um aceitável escrito cristão. Existe contudo, uma forte relação referencial ao Novo Testamento. Em Baruch 4:7 se declara: *"Vós provocastes aquele que vos criou por sacrificar a demônios e não a Deus."* E Paulo cita esta mesma passagem com palavras levemente distintas: *"Eu implico que aquilo que os pagãos sacrificam, eles sacrificam aos demônios e não a Deus. Eu não quero que sejais parceiros de demônios."* I Coríntios 10:20 (NRSV).

É interessante que a KJV (King James Version), em sua edição de 1947, acrescenta o qualitativo 'gentios', para soar como se ele, Paulo, estivesse excluindo os judeus desta horrível prática. Mas observe que Baruch está escrevendo *à nação judaica*, e não aos *goyim* (gentios). Vamos dar uma olhada na passagem original e vermos o que ela realmente diz: "ἀλλ ' ὅτι ἃ θύουσιν, δαιμονίοις καὶ οὐ θεῷ [θύουσιν]·"

"Mas eu digo que eles sacrificam aos demônios e não a Deus [eles sacrificam]." I Coríntios 10: 20 em grego original, segundo o Novo Testamento Grego, quarta edição 2001, pela United Bible Societies (Sociedades Bíblicas Unidas). A palavra grega usada aqui é θύος, conjugada na terceira pessoa do plural 'θύουσιν' ,"eles sacrificam," usada para mostrar alguém ou algo que não o sujeito ou objeto direto da sentença, afetado por, ou interessado em, uma ação ou estado de ser. Como podemos ver aqui, não existe qualquer menção sobre 'gentios', mas apenas 'eles sacrificam'. Assim, quando comparamos esta passagem com aquilo que Baruch diz, ela claramente indica que tanto

Baruch, quanto o Apóstolo Paulo, estavam de fato se referindo *originalmente* aos judeus. Uma clara alusão à sua velha prática pagã sobre a qual já sabemos muto bem. Não existe surpresa nisso tudo, visto que podemos checar outras passagens do Novo Testamento e ver por nós mesmos que Paulo, embora com pesar, era muito franco ao se referir aos judeus (veja Romanos 10:1). Em sua carta aos Tessalonicenses, capítulo 2:14, Paulo confessou que:

"Pois vós, irmãos, *vos tornastes seguidores das igrejas de Deus que estão na Judeia e que estão em Cristo Jesus: pois vós também tende sofrido as mesmas coisas dos vossos próprios compatriotas, assim como eles têm [sofrido] dos judeus: Os quais tanto mataram o senhor Jesus Cristo, e seus próprios profetas, e têm nos perseguido; e eles não agradam a Deus, e são contrários a todos os homens."* KJV (King James Version, em inglês).

Um outro importante escrito é a Carta de Jeremias (~590 A.E.C) que declara seu propósito desde o início quando declara: *"Uma cópia da carta que Jeremias enviou àqueles que foram levados a Babilônia como exilados pelo rei dos babilônios, para dar-lhes a mensagem que Deus o havia mandado."* Carta de Jeremias 1:1 (NRSV)

Jerônimo, que criou a Vulgata Latina, colocou este livro logo após o Livro de Jeremias, ao passo que Orígenes disse que este era o último capítulo de Lamentações, e também acrescentou que, "este livro nos foi entregue pelos antigos hebreus"[97], confirmando assim sua canonicidade.

A Carta de Jeremias consiste em um capítulo e é considerado uma sátira contra a idolatria. Esta carta é definitivamente digna de se considerar. Pois, ela nos dá argumentos satíricos contra aqueles que ainda preferem buscar a Deus externamente, através dos sentidos e não internamente através da razão, conforme orientado pelo senhor Jesus Cristo e Paulo (ver Lucas 17:21 e Atos dos Apóstolos 17: 24).

Os Salmos de Salomão são ainda um outro exemplo de um livro que não é encontrado em nenhum cânon cristão hoje, mas que é parte tanto da Septuaginta como da Peshita Aramaica. O autor dos Salmos é desconhecido, embora em seu salmo 17 possamos encontrar uma remarcável similaridade ao mais conhecido salmo 72 no Livro dos Salmos, que é atribuído ao próprio Salomão.

O Livro IV de Macabeus (160 B.C.E to 70 C.E) tampouco é parte de qualquer cânon cristão conhecido hoje. Em suas páginas podemos escavar um verdadeiro tesouro filosófico, o qual põe grande ênfase na grandeza da razão sobre as emoções erráticas. Nas próprias palavras do autor: *"Ora quando Deus formou os seres humanos, ele plantou neles emoções e inclinações, mas ao mesmo tempo ele entronizou a mente (νοῦς) entre os sentidos como governante sagrado sobre todos eles. Para a mente ele deu a lei(ou*

---

97 A Filocália de Orígenes.

logos); e aquele que vive sujeito a esta vontade governa um reino que é temperado, justo, bom, e corajoso." IV Macabeus 2:21-23 (NRSV).

Este clássico apelo grego à mente, como sendo o próprio 'assento da misericórdia' de Deus, é indicativo de quão fortemente o homem sábio de Deus é urgido a edificar a sua mente acima de tudo mais. Sabendo que na criação de Deus, encontramos tanto os padrões geométricos como as proporções matemáticas que testificam à *mente* do *cuidadoso observador* da natureza.

Aqui também, temos uma poderosa ressonância nos escritos e valores cristãos, visto que o próprio Paulo diz que: *"Possais ser capazes de compreender junto com todos os santos qual é a largura, e o comprimento, e a profundidade e a altura."* Talvez Leonardo de Pisa (a sequência Fibonacci) tenha lido estas palavras divinamente escritas para se inspirar em sua obra. A evidência para a existência de Deus (o Deus de luz, em oposição ao deus das trevas e da ignorância) está em toda parte que olhemos com inteligência; em nossas mãos, olhos, árvores, planetas, animais, em nosso senso de justiça (à parte de interesses egoístas), em nossa habilidade de criar. Exceto, infelizmente, na perspectiva de algumas pessoas incapazes de alcançar a racionalidade.

A mesma rejeição de emoções em favor da vontade humana é também característico do estoicismo. Mas, ao invés de tentar oferecer argumentos seculares, como um estoico teria feito, o autor decide fundir o estoicismo com o melhor da filosofia judaica no IV Livro dos Macabeus.

Algumas Discrepâncias Encontradas nos Livros

O leitor deve considerar que existem muitas outras discrepâncias entre o texto Massorético e a LXX. E este fato, já é em si mesmo, suficiente para provar que o texto Massorético, de origem tardia, foi alterado, enquanto a LXX se baseia em um texto bem mais antigo e relevante, e preserva, além disso, sua íntima relação com a tradição grega. Nós consideraremos algumas dessas principais discrepâncias agora. Elas são suficientes para demonstrar, de forma indisputável, a superioridade do texto da Septuaginta para a causa cristã.

A primeira e importante discrepância que podemos encontrar se encontra no Livro de Gênesis. Segundo Orígenes, "em Gênesis, as palavras, *"Deus viu que era bom,"* *quando o firmamento foi criado, não são encontradas no texto hebraico. E existe uma grande disputa entre eles [os judeus] sobre isto."* ~Orígenes, E.C 235. ANF, vol 4, página 387[ANF].

Em hebraico, a sentença lê, conforme traduzido pela NRSV (New Revised Standard Version):

"Deus chamou o domo de Céu. E houve tarde e manhã, o segundo dia." Gênesis 1:8.

Mas a Septuaginta, conforme traduzida por Brenton, reza:

"E Deus chamou o firmamento de Céus, e Deus viu que era bom, e houve tarde e manhã, o segundo dia." Gênesis 1:8

Então temos a segunda e surpreendente discrepância de narrativa no Livro de Ester. No texto Massorético, o nominativo 'Deus' não é uma só vez encontrado. Mas, quando lemos o mesmo na Septuaginta, 'Deus' é mencionado muitas vezes. O livro contém todas as transcrições de Haman e Mordecai (Mardoqueu) referente ao lícito genocídio dos hebreus, e à consequente defesa dos judeus no Império Persa. A versão Massorética de Ester o faz parecer mais uma *estratégia política,* do que uma *intervenção divina.* Enquanto, conforme foi notado, a Septuaginta apresenta o relato como um ato da providência. Orígenes teve isso a dizer sobre isso: *"Do Livro de Ester, nem a oração de Mordecai nem a de Ester, que são apropriadas para edificar o leitor, são encontradas no texto hebraico. Tampouco as cartas: uma escrita para Amman (Haman) sobre como desarraigar a nação judaica, nem a de Mordecai em nome de Artaxerxes libertando a nação [judaica] da morte."* ~Orígenes AD 235. ANF, vol 4, página 387.

Existe um problema com a narrativa de Saul e Davi, segundo apresentada pelo texto Massorético, que diz, em I Samuel 16:14-23 que Davi se aproxima de Saul e pergunta se ele poderia lutar contra Golias. Então, Saul veste a Davi em sua própria armadura mas ela não lhe cabe, I Samuel 17:38-40. Mas, antes da luta se quer começar, Saul pergunta ao seu general quem é Davi

(I Samuel 17:55-56) e então, após a luta ter terminado, Saul pergunta a Davi quem é o seu pai? Por que razão Saul se esqueceria, tão repentinamente, daquele que tocava harpa para ele?, Por que ele se esqueceu que, ele mesmo, tinha tentado vestir a Davi em sua própria armadura?, e finalmente, por que ele se esqueceu completamente quem era o pai de Davi?

Esta é uma clara indicação de que o texto Massorético foi submetido a muitas edições e reedições, e portanto, não pode oferecer informação confiável, muito menos inspirada. Sendo um produto do tardio período do sexto século da E.C., ele é bem menos confiável do que o mais antigo texto da Septuaginta, o qual, a propósito, confirma cada citação do Novo Testamento com exatidão e constitui um importante testemunho em prol do cristianismo; tanto é verdade que, nós pudemos ver quão fácil foi converter os judeus que liam o texto grego, em contraposição aos que ainda leem e confiam no texto Massorético. E isso porque as citações que se referem a Jesus como sendo o Messias, foram _completamente erradicadas do texto Massorético hebraico_[98].

Um outro enorme engano cometido (propositalmente) pelos assim chamados "tradutores da Bíblia" é que o Velho Testamento nas bíblias cristãs são, quase universalmente, baseados sobre o texto Massorético. Enquanto a Septuaginta, com seu bem mais rico e poderoso conteúdo, além de inquestionável valor histórico para o cristianismo, foi

---

98 E, no entanto, esse é o texto usado pelos cristãos para traduzir suas Bíblias, ao invés do mais exato texto da Septuaginta.

completamente deixado de fora do processo tradutório. Por que? Talvez o estabelecimento (religioso) não quisesse ter cristãos protestantes provando, de forma indisputável, não apenas a natureza profética do cristianismo, mas também, sua evidência histórica inquestionável. Evidência que, agora mesmo, enquanto respiramos, está sendo provada, cientificamente, pelos arqueólogos israelenses, em diversos sítios arqueológicos através daquele país! Enquanto o atual Papa, rejeita a Jesus como sendo "o fracasso de Deus" e escolhe, ao invés, render culto ao comunismo.

Agora, vamos nos voltar para aquilo que é chamado de evidência textual, as muitas citações do Novo Testamento, que são tão contundentes, que elas puderam converter os judeus do primeiro século, incluindo alguns dos mais radicais zelotes, como o próprio Paulo, em zelosos missionários cristãos. Os quais também foram capazes de fazer tremer o mundo onde quer que fossem. De fato, seu duradouro legado e exemplo missionário, ainda nos serve de exemplo vivo, mesmo hoje, dois mil anos depois! Um cristianismo que cresceu vigorosamente em face da mais incansável e brutal perseguição. Vamos prosseguir em nossa viagem, em busca da verdadeira identidade histórica do cristianismo. (ver Gálatas 1: 11-14; Atos 9: 11-16; I Coríntios 9:16.)

As Citações do Novo Testamento

Se havia um conjunto de escrituras que Jesus, e seus apóstolos usaram, ela certamente incluía a versão Septuaginta, e não o texto Massorético usado hoje. Especialmente em vista do fato de ele só ter surgido seis séculos após Cristo Jesus! Para um cristão capaz de pensar racionalmente (algo raro de se encontrar hoje!) existe uma fórmula fácil de saber qual texto é tanto, o mais relevante, como o mais confiável.

Quando se comparam as citações feitas ao Velho Testamento desde o Novo Testamento, descobrimos que 20% delas se encaixam perfeitamente tanto na Septuaginta como no texto Massorético. Enquanto que 80% das que diferem, 90% seguem a Septuaginta sendo apenas 10% seguindo o texto Massorético. Esse dado representa uma enorme vantagem em favor da Septuaginta. Visto que demonstra que os cristãos não deveriam esperar encontrar Jesus onde ele não pode ser encontrado, em primeiro lugar. E também mostra que, os apóstolos e os cristãos do primeiro século, citaram e deram bem mais importância à Septuaginta do que ao texto Massorético, hoje usado para a maioria das traduções, mesmo que contrariando a evidência histórica e profética. O cristianismo se encontrava, na época, em sua plena expansão. Ele, como movimento, não poderia se arriscar a usar um texto em hebraico, visto que todo o mundo civilizado falava e escrevia em grego koiné (ver Gálatas 2:7-9.) A língua hebraica, até mesmo entre os judeus da dispersão (diáspora), se encontrava limitada a poucos verdadeiramente educados, em sua maioria eruditos e rabis. E, quanto à alta qualidade da tradução da Septuaginta, temos o judeu alexandrino, Filo, o qual registrou o seguinte, ao explicar como uma língua rica como o grego, poderia também ser submetida a paráfrases e diferentes formas de expressão, na tentativa de corromper a ideia original. Ele escreveu:

"E, ainda que exista aquele que não saiba que toda língua, e a língua dos gregos acima de todas, é rica em uma variedade de palavras, e que é possível variar uma sentença e parafrasear a mesma ideia, de forma a estabelecê-la em uma grande variedade de maneiras, adaptando-a a muitas diferentes formas de expressão em diferentes ocorrências." Sobre a Vida de Moisés II, VII, 38 [Vida de Moisés].

Mas, quanto à qualidade da tradução feita na Septuaginta, ele diz o seguinte:

"Mas isto, dizem eles, não aconteceu em absoluto no caso desta tradução da Lei, mas isto, em todo caso, ao serem exatamente correspondentes às palavras empregadas para traduzi-la literalmente segundo as palavras caldaicas, sendo adaptadas com excelente propriedade às questões que foram explicadas; (39) pois assim como eu suponho que as coisas que foram uma vez provadas em geometria e lógica não admitem variedade de explicação, mas as proposições que foram estabelecidas desde o princípio permanecem as mesmas e são inalteradas, da mesma forma eu concebo que estes homens encontraram palavras que fossem precisas e que literalmente

correspondessem às coisas traduzidas, as quais eram em si mesmas, ou no maior grau possível, destinadas a explicar de forma cuidadosa e com força, as matérias as quais estavam destinadas a serem reveladas." On the Life of Moses II, VII, 38-39 (Sobre a Vida de Moisés).

Quem mais poderia nos dar um registro digno de confiança sobre a Septuaginta, do que um erudito judeu, altamente educado e helenizado, que realmente viveu durante aqueles tempos?! Devemos acreditar nas opiniões de hoje, expressas por religionários e sua duvidável erudição, do que no próprio Filo? Bem, a cada um de nós é permitido um julgamento sobre isso. Mas os fatos, ainda assim, são claros como o cristal!

As mais significantes citações do Velho Testamento, feitas pelos escritores originais do Novo Testamento, serão analisadas e discutidas nesta seção conclusiva.

No evangelho de Lucas, lemos sobre uma das mais importantes profecias do Velho Testamento, e que é encontrada em Isaías 61:1-2. Vamos ver quão acurada é esta profecia ao considerarmos tanto o texto Massorético como a Septuaginta. Lucas, que a propósito, é o primeiro dos evangelhos a fazer um arranjo histórico dos eventos em torno da vida de Jesus, cita o profeta Isaías nas seguintes palavras:

"O espírito do senhor está sobre mim, porque ele me ungiu para pregar boas novas ao pobre. Ele me enviou para proclamar liberdade aos mantidos cativos e recuperação da vista, ao cego, para libertar o oprimido, para proclamar o ano do favor do senhor." Lucas 4:18-19.

Na Septuaginta, se corrobora esta profecia:

"Ele me enviou para pregar boas novas ao pobre, para curar o quebrantado de coração, para proclamar liberdade aos cativos, e recuperação da vista, ao cego; para declarar o ano aceitável do Senhor." Isaías 61: 1-2. (Traduzido por Brenton.)

Também Hebreus 10:5, apresenta o mesmo problema quando nos voltamos para checar o Velho Testamento.

"Não quisestes sacrifício ou oferta, _mas preparaste-me um corpo_."

Este texto é fundamental para a teologia cristã. Ela é o indicativo de que Jesus veio para abolir a velha prática barbárica e introduzir algo novo, tanto para a nação judaica quanto para o mundo, algo sem precedentes na história. Nossas Bíblias nos falham mais uma vez, em defender a fé cristã, ao omitirem a frase crucial do texto.

"Sacrifício e oferta não quisestes; mas abristes meus ouvidos: oferta queimada e oferta pelo pecado não requerestes." Salmos 40:6

Onde está a importante profecia sobre a oferta do corpo do messias, como sacrifício por todos? As Bíblias inglesas, a despeito da evidência histórica ao contrário, escolheram se apegar ao corrompido texto judaico, e negaram o Cristo. Quem são as pessoas por trás dessas traduções, e qual a agenda política que defendem? Toda _ação_ na arena religiosa, possui sua direta *repercussão* nas arenas política e econômica.

Mas, quando lemos a mesma passagem na Septuaginta, conforme traduzida por Brenton, temos então o pleno espectro dela.

"Sacrifício e oferta não quisestes; mas um <u>corpo preparastes para mim</u>." Salmo 40:6 (LXX). Estas são as próprias palavras usadas originalmente por Paulo em sua Carta aos Hebreus.

Paulo cita do Velho Testamento em Gálatas 3:13, dizendo:

*"Está escrito, **Todo** (generaliza) pendurado em um madeiro <u>é algo amaldiçoado</u>."*

Esta passagem aponta diretamente para a crucificação de Jesus. Mas, ao invés de fortalecê-la no texto, a NKJV por exemplo, nos presenteia com isso:

*"**Aquele** (especifica) que é pendurado é algo amaldiçoado por Deus"* Deuteronômio 21:23. Se você tem uma Bíblia que diz *"pendurado num madeiro <u>é algo amaldiçoado</u>,"* isso é porque os tradutores decidiram usar Paulo como autoridade ou a Septuaginta. Toda tradução baseada no texto Massorético não terá esta importante sentença. A Septuaginta vem, mais uma vez, em nosso favor, por declarar:*"Todo aquele pendurado em um madeiro é amaldiçoado por Deus."* (Brenton)

Estas profecias representam a própria fundação do cristianismo, e assim, o cristianismo não pode sobreviver sem elas. Elas mostram que a adoração original do judaísmo veio ao seu fim, e rapidamente submergiu em decadência, desde que perdeu, através dos milênios, muitos dos seus aspectos originais incluindo um templo, um sacerdócio levita, o sacrifício de oferta constante, seus utensílios originais, e acima de tudo, devido à endêmica corrupção dos seus líderes religiosos; os quais, antes preferiram vender o seu país aos romanos por motivações materialísticas, só para que pudessem gozar de um status social (temporário) bem acima dos seus contemporâneos. Tome por exemplo, os Fariseus, cuja ganância e apego material lhes foi constantemente lembrado pelo bem mais sóbrio Jesus Cristo.

De fato, ambos os partidos judaicos do primeiro século, Saduceus e Fariseus, estavam bem mais preocupados em perderem seu alto status social do que em preservar a Lei, visto que como todos sabemos, eles arranjaram o julgamento de Jesus no meio da noite, quebrando assim a Lei de Moisés, quando isso lhes pareceu conveniente. Após ser levado como prisioneiro, Jesus foi subjugado a um procedimento judicial que mais pareceu um circo, do que um verdadeiro julgamento. Estas foram as principais violações cometidas pelos líderes judaicos antes e durante os procedimentos. (1) Os anciãos judeus deliberaram entre si mesmos matar a Jesus antes mesmo do julgamento, e por assim fazerem, eles demonstraram um claro preconceito para com ele (veja Mateus 26:3-4). (2) Eles subornaram a Judas, Iscariotes, para traí-lo (veja Lucas 26:1-6). (3) Devido à sua trama ilícita, eles esperaram até à noite para prendê-lo (veja Lucas 22:52-53.) (4) Jesus foi então conduzido para casa de Anás, um ex-sumo sacerdote, o qual ainda tinha grande influência entre os judeus e, uma vez lá, ele foi interrogado e espancado. Só então, ele foi ao sumo sacerdote oficial, Caifás, o qual buscou falsas testemunhas que deram testemunhos conflitantes (ver João 2:19; Mateus 26: 59-61; Marcos 14: 56-59.)

A coisa interessante é que o sumo sacerdote, Caifás, lhe pede para confirmar se ele é ou não, o messias. Jesus cita a profecia de Daniel 7:13, e o sumo sacerdote então rasga suas roupas de maneira teatral e o acusa de blasfêmia. E lá mesmo o golpeia, cospe, e mofa dele. Um comportamento que não era permitido sob a Lei (ver Mateus 26:57-68; Lucas 22:66-71; compare com Deuteronômio 25: 1-2).

O fato de ser Jesus trazido a Pôncio Pilatos, faz do ocorrido um evento histórico. Mesmo considerando que, por muitos anos, não houve evidência arqueológica de que Pôncio Pilatos tinha sequer existido, o que só viria a confirmado, cientificamente, no século XIX.

Portanto, estas são as principais violações cometidas pelos líderes judaicos contra sua própria Lei: suborno (Deuteronômio 16:19;27:25), conspiração para manipular os procedimentos judicias (Êxodo 23:1-7; Levítico 19:15, 35); empregar o uso de falsas testemunhas, em coluio com os juízes (Êxodo 20:16), permitir que um assassino fosse solto impunemente (Barabas), trazendo assim culpa sobre si mesmos e sua nação (Números 35:

31-34; Deuteronômio 19:11-13) seguir após a multidão para propósitos iníquos (Êxodo 23:2-3), ao requererem que Jesus fosse crucificado. Violaram a lei que requeria que o "criminoso" estivesse morto antes de ser erguido num madeiro (Levítico 18:3-5; Deuteronômio 21:22). Eles aceitaram um estrangeiro como seu rei, César, (Deuteronômio 17:14-15); e finalmente foram culpados de assassinar uma vítima inocente das acusações (Êxodo 20:13).

O mais chocante de tudo isso é o fato de que, até este dia, a mais poderosa profecia sobre Jesus nunca foi seriamente considerada pelos judeus. No Livro de Daniel, ela claramente prediz:

"Sabe portanto e entende, que desde a saída do mandamento para se restaurar e construir Jerusalém até o Messias, o príncipe, haverá sete semanas: as ruas serão edificadas novamente, e a muralha, mesmo em tempos tempestuosos. E após sessenta e duas semanas, o Messias será decepado, mas não por si mesmo: e o povo dum príncipe que virá destruirá a cidade e o santuário; e o fim será com inundação e no fim haverá guerra, e desolações são determinadas." Daniel 9:25-26.

Que esta profecia é legítima é algo inquestionável, visto que é claramente descrita por Flávio Josefo, ele mesmo um Fariseu, em sua grande obra chamada, "Antiguidades dos Judeus," Livro II Capítulo 8. 5. 337-339 (inglês). Ele menciona que quando Alexandre, o Grande, veio a Jerusalém, lhe foi mostrada a profecia de Daniel 9, e ele ficou convencido de seu lugar na história. Provando que essa profecia foi escrita bem antes do seu tempo, na antiga Babilônia.

Temos agora mais do que suficientes razões para questionar muito do que aprendemos e consideramos verdadeiro. Visto que, como vimos, o "deus judaico" não é o que pensávamos ser. Existe ainda uma razão para acreditarmos em Deus, sua criação, em Jesus, o messias, na esperança futura para os mortos e assim por diante?

Estas e outras questões filosóficas serão discutidas no próximo capítulo. Incluiremos também nesta consideração o que os filósofos gregos, do período clássico, tinham a dizer sobre a natureza de 'θεός', a palavra usada no Novo Testamento para 'Deus', bem como as tão comumente usadas ideais de 'ateísmo' e 'agnosticismo'; e se existe qualquer conexão conceitual entre nossa "teologia" e a clássica. Traremos também à mesa de discussão, alguns dos mais recentes tópicos científicos concernentes ao cenário teísta hoje, a Teoria do Big Bang, a Teoria da Evolução, o status ontológico de entidades como o amor, o bem e o belo, a série Fibonacci e as mais novas descobertas da física quântica, comparando-as ao teorema matemático de Kurt Gödel. Qual o status filosófico do cristianismo? É ele simplesmente uma especulação filosófica ou possui ele de fato uma natureza mais universalmente axiomática (alegorizada) para suas conclusões, e se for o caso, como elas podem ser demonstradas?

Para aqueles que possuem olhos para observarem, a natureza demonstra possuir proporções matemáticas que são a própria definição de beleza e perfeição. Foi em busca dessa regularidade oculta, que se empenharam todos os verdadeiros homens da ciência.

"Eles, observaram a verdade sobre os seres, mas eles acreditaram que os seres podem ser apenas percebidos pelas sensações."
Aristóteles (Metaphysics 1010a, em inglês)

CAPÍTULO VI

AS QUESTÕES FILOSÓFICAS

Sempre que falamos dos princípios da filosofia europeia, nós pensamos nos gregos; e qualquer tentativa de traçar as origens da teologia, seja natural ou filosófica, deve semelhantemente começar com eles. O conceito de *theologia naturalis* tem sido sempre associado com a obra de Santo Agostinho, *De civitate Dei* (A Cidade de Deus). Após atacar a crença nos *deuses pagãos*, como representando uma ilusão percepcional (imputada dos cinco sentidos), em seus primeiros cinco livros, ele então procede em seu sexto livro, a expor a doutrina cristã do Deus único (representado pelo sexto sentido) e empreende elaborar a ciência cristã e a aplicar a si mesmo (do grego χριστός[99]) a missão de explicar a perspicácia oculta 'esotérica' (visão interna) da *philosophia* grega. Este exuberante conceito da teologia cristã é então apresentada como uma confirmação da verdade axiomática do pensamento pré-cristão e sua influência gnóstica no verdadeiro movimento de Jesus. Ele também explica, conforme será demonstrado, a relação que existe entre a nova philosophia[100] e a antiguidade pagã, carente de uma abordagem racional.

Este fenômeno, a transição dos deuses pagãos para o verdadeiro Deus de luz, é uma alegoria que exibe a real condição percepcional humana através da história; desde a mais selvagem e cega forma de relação ontológica, para uma epistemologia mais iluminada. Isto quer dizer, falando esotericamente, que o cristianismo, conforme descrito no Novo Testamento grego, é uma analogia maravilhosa, diversa, intensa e reveladora, para a nossa glândula pineal e seu poder curativo, o qual é capaz, após ser desintoxicada, de libertar os humanos da ignorância e do sofrimento. E este fato é claramente representado nos eventos que cercam o Jesus histórico mas com forte expressão alegórica. E assim, essa análise não necessariamente concerne se Jesus existiu ou não (como figura

---

99 As defined by Liddell & Scott's Greek English Lexicon, χριστός *to be rubbed on, φάρμακα χριστα*, Aischylos, Euripides. II. Of persons, anointed: ΧΡΙΣΤΌΣ...the Christ, as a translation of the Hebrew Messiah, N.T. Page 895.

100 Por razões históricas e hermenêuticas, este livro usará o termo mais acurado 'philosophia' ao invés de 'religião' para se referir ao cristianismo.

histórica), mas que ele é apresentado em uma mistura de linguagem histórica e figurativa. Um esquema altamente educado, não facilmente acessível a todos, e mantido em segredo pelas *sociedades esotéricas* deste mundo.

Ora, não apenas para Santo Agostinho, mas também para todos os neoplatonistas do seu tempo, o supremo representante da "philosophia" grega foi Platão e seu homem real e ideal, Sócrates.[101] Durante a Alta Idade Média, esta posição de comando, foi gradualmente usurpada por Aristóteles, e apenas com a Renascença é que Platão ressurge com plena força. Estes dois filósofos também representam o conflito dual entre fisicalismo, que tudo está confinado apenas ao domínio material, e a concepção metafísica, que tudo que vemos possui suas raízes no mundo não observado pelos sentidos. E assim os empiricistas, e por extensão, os materialistas, representam a ideia de que as nossas vidas são puramente sustentadas pela realidade material simplística e observável. Ao passo que os verdadeiros metafísicos, olham para além da matéria, como sendo a verdadeira origem e destino da vida. E esta dicotomia conceitual surgiu gradualmente, ao passo que um crescente número de textos gregos foram "traduzidos" para o latim. Tudo que restava então da alta cultura grega era o conhecimento da própria língua grega. Se não fosse por essa razão, este precioso

---

101 *Real*, visto que ele teve muitos dos dilemas que todos nós temos, os quais parecem insolúveis, ἀπορία (aporia, impasse) *e ideal*, porque ele abraçou a virtude como norma, segundo a qual, todos nós devemos viver fim de alcançarmos a sabedoria.

conhecimento teria sido perdido em meio ao declínio cultural generalizado que se desenvolveu desde então. Se a continuidade da antiga tradição grega, nunca foi inteiramente quebrada na Europa, isso se deveu ao fato de que a filosofia grega a manteve viva. Este fato apenas, deveria despertar muitos cristãos; o conhecimento da cultura e da língua grega é *fundamental* para que se possa compreender a verdadeira natureza da teologia cristã supernatural, sem tal conhecimento, nada nos sobrará, além de puras especulações.

Mas, originalmente, contudo, o conceito de teologia natural não surgiu em oposição à teologia supernatural, tal aparente dicotomia era algo sem precedentes no antigo mundo, o mesmo é verdade para o resto das ciências. Nunca houve uma separação entre 'física' e 'biologia,"química' e 'física' ou 'matemáticas', mas elas se encontravam todas atadas pelo fio dourado do princípio *phi (fi, ϕ)*. Em um conjunto sagrado de conhecimento chamado de *philosophia natural*. Se quisermos entender o que era o conceito de *theologia natural,* para os que primeiro a conceberam, devemos vê-la em seu *real contexto*. Uma espécie de; se queres realmente conhecer uma ideia, busque-a em seu ambiente histórico e ela te será revelada.

O conceito de teologia natural vem, como até mesmo Santo Agostinho confirma, da massiva obra de M. Terentius Varro, um prolífico escritor romano. Sua obra foi chamada, [Varro] *"Antiquitates rerum Humanarum et Divinarum,"* (Antiguidades Raras, Humanas e Divinas) dos últimos dias da república (116-

27 A.E.C). Na segunda parte da sua obra, que foi intitulada *Antiquitates rerum Divinarum*, Varro construiu uma teoria (do grego θεός Deus) sobre os deuses romanos com detalhes de consistência, característica da antiga erudição. Segundo Santo Agostinho, ele distinguiu entre os três tipos de *teologia*: a mítica (como os cinco livros de Moisés), a política (como os Juízes e Profetas), e a natural (como o Novo Testamente). A teologia mítica, tem sua principal característica no domínio dos deuses, conforma descrito pelos poetas (escribas judeus, Homero, Hesíodo, etc); a teologia política, incluía a religião estatal oficial do Estado Romano, bem como suas instituições e cultos; a teologia natural, era o campo dos filósofos – a natureza teórica (Deus) e do divino, conforme revelado na própria realidade natural, pelos fenômenos naturais, e demonstrados pelas leis da física (soa como Física Quântica!). E apenas a teologia natural, poderia ser chamada de *religião* no seu sentido mais verdadeiro. A teologia mítica dos poetas, apresentava meramente um mundo de fantasia, apartada da realidade natural, transcendente e restrita ao mundo da impossibilidade subjetiva. No tempo de Varro, a religião do Estado, que era essencial para se manter o *status quo* político e social, já mostrava claros sinais de declínio. Ele esperava salvá-la, por insistir que a religião deriva sua própria validade da autoridade do Estado, como representando suas mais primitivas instituições. A religião era para ele, primariamente, uma das formas básicas de vida social na comunidade humana. Esta é a versão de teologia que Santo Agostinho se opôs *veementemente*.

Ele olha para os deuses estatais de Varro como não sendo nem um centímetro, melhores ou mais verdadeiros, do que os infames mitos dos poetas (como Moisés, por exemplo). Ele então escusa a atitude reacionária de Varro – pois lhe parece como fundamentalmente falsa –, ao tentar abordar o inteiro problema da religião estatal, por destacar que Varro vivia, ele mesmo, em meio a uma geração que possuía precária liberdade política, assistindo ao velho sistema, enquanto este colapsava em sua própria face, de forma que ele estava sim, sendo motivado pelo seu próprio conservadorismo a defender a religião nacional romana, como sendo a própria alma da República. Mas mesmo este sendo o caso, ainda sim por alguma razão, a velha religião romana era inapta para se tornar a religião imperial, no qual tantas diferentes nações participavam, supostamente, unidas. Para Santo Agostinho era inconcebível que qualquer religião, que tivesse aspirações universais, devesse estar restrita a uma única nação (ver Gálatas 3:28). Para ele, que ainda é considerado um dos mais eminentes filósofos cristãos, Deus é, *essencialmente,* universal e deve ser realizado universalmente, se há de ter qualquer efeito permanente sobre o homem e seu ambiente social.

Este é o principal fator de contraste entre os deuses do Velho Testamento e o Deus de luz anunciado por Cristo Jesus. O qual possuía um apelo, distintamente universal; a tal ponto que ele estava disposto a perdoar e aceitar a todos, sem quaisquer restrições ou barreiras nacionais, com tanto que se mostrassem dispostos a reformarem suas vidas, desde os seus próprios corações, um processo inteiramente imanente, que ocorre na alma! (ver Gálatas 3:27). Esta deveras, é a mais básica doutrina cristã; mas, é neste universalismo, característico da filosofia grega (com algumas reformas), que Santo Agostinho encontra seu principal alicerce. Este alicerce, a propósito, pode ser apenas visto por aqueles que entendem o vocabulário filosófico embebido no Novo Testamento grego. Pois a filosofia grega é produto da teologia natural, e surgiu da necessidade de se reformar o antigo sistema mítico-teológico da antiguidade. E se baseia, em contraste, não na mitologia, mas na compreensão racional da natureza e da realidade *em si*. E o ponto aqui é; que a natureza não é aquilo que aparenta ser ao nível de nossa *debatível* percepção sensorial. Assim, aquilo que pensamos ser 'real', pode ser simplesmente uma ilusão ou vice versa. Nossos sentidos, não são as melhores ferramentas para se buscar entender a realidade. Mas, tudo que vemos, ocorre desde uma infinidade de partículas imperceptíveis, quantitativamente arranjadas. Podemos encontrar uma clara exposição disso na Alegoria da Caverna de Platão, onde Sócrates, diz o seguinte a Glauco:

"Poderia ser, então, que ao se ter a arte de fazer <u>este órgão de compreensão</u> realizar, em sua mais efetiva e fácil maneira. E não acrescentar a ele a faculdade de visão, a qual ele já possui, ao contrário, mas desviá-la de sua direção enganosa para a direção em que deve olhar." A República, Livro 7, IV., p. 242, Editora LaFonte, 2017.

Obviamente, nós não fomos submetidos ao inteiro teor da

filosofia grega esotérica, assim como não nos foi dito a verdade sobre a real natureza gnóstica do cristianismo primitivo (especialmente, visto que alguns evangelhos foram removidos; O Evangelho de Tiago, por exemplo). Pois Paulo, em sua Carta aos Hebreus, ao comparar o arranjo do antigo santuário mosaico, faz a seguinte aplicação analógica:

"E sobre ele (santuário) os querubins de glória sombreavam o assento de misericórdias; do qual não podemos falar agora de forma particular...O Espírito Santo quer dizer assim, que o caminho para o santíssimo não estava ainda manisfesto, enquanto o primeiro tabernáculo ainda estava de pé:...o qual era uma analogia para o tempo então presente." Carta aos Hebreus 9:9

E então, em sua carta aos Colossenses 1:26, ele faz a seguinte revelação:

"Até mesmo o mistério que tem sido ocultado desde as eras e das gerações passadas, mas que agora é manifesto aos seus santos." Para Paulo, Cristo indicara que havia chegado o tempo de se revelar a verdade sobre nós mesmos! Esse é o real mistério do cristianismo, bem como de sua mais pura teologia imanente.

Torna-se bastante claro, para o leitor analítico, que eles estavam sim, tentando nos dizer algo que está além da discussão sobre o Cristo histórico, externo. Algo que é parte da nossa mente e sobre a necessidade de enriquecê-la de uma vez por todas. A menos que esse processo se inicie e encontre o seu alvo final, não seremos capazes de avaliar ou compreender nada sobre o conceito de 'Deus'.

Esta é a fundação da teologia natural, a qual ainda representa um mistério insondável para muitos, oculto e obscuro. As outras formas de teologia, a estatal e mitológica, ao contrário, não possuem nada em comum com a nossa verdadeira natureza, mas são ferramentas eficazes para nos privar da verdade, pois se baseiam em puras e formais convenções, inteiramente feitas para o benefício político de alguns homens. Santo Agostinho, ele mesmo, diz que esta oposição é a própria base da teologia natural.

Por que Sócrates Criticou a Teologia Mítica?

Após criticar o uso da ficção como ferramenta de ensino, Sócrates passa a elaborar sobre o uso indevido da teologia mítica como sendo algo que se deve evitar, devido em especial, à sua corrompedora e míope influência sobre as mentes insuficientemente educadas para entendê-la. Segundo ele, esta forma de mitologia produziria uma nação formada por doentes. Vejamos o seu argumento:

> *"Importa, pois, antes de mais nada, vigiar os inventores de fábulas, acatando o uso de invenções que são boas e rejeitando as que não prestam. Importa convencer as mães e as amas de contar às crianças somente aquelas aprovadas*

por nós e amoldar, por meio das fábulas, a alma infantil muito mais do que elas modelam o corpo com as mãos. De qualquer maneira, deveriam ser expurgadas quase todas as fábulas que ora estão em voga." A República de Platão, Livro XVII, página 74, (Tradução por Ciro Mioranza, edição 2017).

E para que não fique qualquer dúvida sobre quais seriam essas fábulas, ele as especifica:

"São aquelas compostas por Hesíodo e Homero e por outros grandes poetas. São eles os autores dos contos falsos que eram narrados e ainda são narrados hoje a todos." Ibidem, Livro XVII, página 74.

Ele então conclui:

"O defeito mais deplorável, em absoluto, são as mentiras que se contam que, além de tudo, sequer são brilhantes...Fornecer uma imagem (ídolo) errônea dos deuses e dos heróis, como um pintor que pinta figuras em nada semelhantes ao modelo que se inspirou...Nem se deverá dizer que os deuses guerreiam entre si, travam batalhas, armam ciladas uns aos outros, porquanto isto, de resto, nem verdade é, se ao menos quisermos que os futuros defensores abominem o ódio recíproco." Ibidem, Livro XVII, página 75.

De forma bem similar, o Apóstolo Paulo ordenou aos cristãos

do primeiro século, na sua Carta a Tito, que:

"Este testemunho é verdadeiro. Portanto, repreende-os severamente, para que sejam sãos na fé, não dando ouvidos <u>às fábulas Judaicas</u>, nem aos mandamentos de homens, que se desviam da Verdade. Todas as coisas são puras para os puros, mas nada é puro para os <u>contaminados e infiéis: antes, o seu entendimento e consciência, estão contaminados</u>." Carta a Tito, 1:13-15, (Versão Textual Expositora).

Claramente, Paulo implica que, as "fábulas Judaicas" possuem o poder de corromper os homens que as leem e as entesouram para si. A palavra 'fábula' é traduzida do grego 'μῦθος' *mythos, mito*. A teologia mítica, pode estar por trás da psicologia criminosa de muitos hoje, pois é um fato que, aquilo que nutrimos a uma criança, mesmo sem estarmos apercebidos, a influenciará na fase adulta. Livros como *"Meu Livro de Histórias Bíblicas*[102]*"*, deveriam ser retirados das crianças o quanto antes, bem como a própria leitura do Velho Testamento completamente *abandonada*.

O Conceito de *'theós'* para os Filósofos Gregos.

As duas clássicas formas de teologias vigentes hoje, a estatal (o Estado se torna um deus) e a mítica, usada pelos religionários

---

102 Publicado pela Watchtower Bible and Tract Society, of New York, Inc.

contemporâneos, são representadas na concepção *deísta*. A teologia natural, representada pelo seguimento *teísta*, se baseia na natureza e seus fenômenos e é, portanto, mais esclarecida, além de se encontrar em perfeita consonância com a antiga e esotérica *teologia natural*. Por sermos incapazes de distingui-las, sucumbimos à generalização e ao uso indevido de alguns termos associados à ideia de (*theós*, *Deus*).

Este fato descendeu até ao nosso jargão científico, porém, de forma pobremente compreendida – pois quando um físico diz que irá apresentar uma 'teoria' sobre algo, qualquer que seja, não fica imediatamente claro para todos que, o termo 'teoria' vem do substantivo grego (θεός), a palavra grega usada para Deus, na antiga Grécia. A pessoa de mentalidade artística, similarmente, pode ter esquecido que *teatro*, igualmente, vem da mesma raiz de theós e significa "a correta percepção, ou ângulo", especialmente em questões científicas. A primeira letra grega de θεός, ainda é usada hoje pleos matemáticos e geômetras na sua forma abreviada 'θ' (theta), para estabelecer ângulos na trigonometria. Provando assim que, o conceito de 'Deus', para os filósofos que primeiro o estudaram, a teologia natural, sempre esteve associado a ideia de proporções matemáticas exatas, mas foi, com o passar do tempo, ao passo que perdemos a noção clássica do termo, associada ao *credo* e a *religião*. Esta pode ser a razão do porquê, eles, os senhores do poder, removeram a matemática e a geometria (quais disciplinas) do currículo filosófico de muitas universidades ao redor do mundo, fazendo-nos falsamente crer que a *filosofia* não elenca entre as chamadas "ciências exatas". Cometendo assim, uma grande fraude intelectual contra o conhecimento. Sobre isso, o eminente filósofo Bertrand Russell, teve o seguinte a dizer:

"A divisão de universidades em faculdades é, eu suponho, necessária, mas ela tem tido algumas consequências infelizes. A lógica, sendo considerada como um ramo da filosofia e tendo sido tratada por Aristóteles, tem sido considerada como sendo um tema que deve ser tratado apenas por aqueles que são proficientes em grego. A matemática, como consequência disso, tem sido tradada apenas por aqueles que não conhecem lógica. Desde o tempo de Aristóteles e Euclides até o presente século, <u>este divórcio tem sido desastroso</u>." My Philosophical Development, p. [80].)

O interessante é que o próprio Bertrand Russel, ao descrever suas primeiras experiências com a geometria euclidiana, a qual lhe foi ministrada por seu irmão mais velho, reconhece sua inabilidade no que diz respeito a conceitos filosóficos gregos fundamentais – a saber, o conceito de *axioma*, vejamos:

"Na idade de onze anos, eu comecei a estudar Euclides, tendo meu irmão como meu tutor. Este foi um dos grandes eventos da ninha vida, tão deslumbrante quanto o primeiro amor. Eu não tinha imaginado que havia algo tão delicioso no mundo. [...] daquele momento, até que Whitehead e eu, tínhamos concluído a Principia Matemática, quando eu já tinha trinta e oito anos, a matemática era o meu principal

interesse, e minha principal fonte de felicidade."

Citado do livro "Die Godelschen Unvollstandigkeitssatze", p. 66-67, por Dirk W. Hoffmann (em alemão).

E, mais à frente, ele confessa o seguinte detalhe revelador sobre si mesmo, o fato de que ele mesmo não estava plenamente educado com a terminologia filosófica grega, nem seus conceitos básicos:

"Como toda felicidade, contudo, isto não veio sem limitações. Eu tinha sido dito que Euclides provava as coisas e fiquei desapontado que ele começou com axiomas. De início eu me recusei a aceitá-los a menos que meu irmão pudesse me oferecer razões para isso, mas ele disse: 'Se você não os aceitar não poderemos continuar', e como eu queria continuar, eu relutantemente os admiti no momento. <u>A dúvida quanto as premissas da matemática que eu senti naquele momento permaneceram comigo, e determinaram o curso do meu trabalho</u>." (Ibidem)

Esta confissão, na parte sublinhada pelo autor, revela muito do que motivou Bertrand Russell durante a sua vida e posterior produção da *Principia Matemática*, na qual buscou prescindir de um designo inteligente para o universo, e pretendeu, inutilmente, explicar tudo com base na matemática. Também ilustra, de forma contundente, que muitos, como ele mesmo reconheceu sobre si, não possuíam suficiente conhecimento da língua ou da filosofia grega. É exatamente esta, a maior fonte de problemas, que alguém pode incorrer ao tentar ensinar Platão, por exemplo, desconhecendo seu glossário conceitual. Isso, certamente, causou com que a filosofia deixasse de ser uma ferramenta científica e se tornasse um mera *disciplina* acadêmica, diluída do seu real contexto histórico, científico, linguístico, epistemológico, geométrico e matemático. O que hoje se ensina como "filosofia". não passa de puro *achismo*. O divórcio entre a filosofia grega, junto com o abandono de sua língua mater, se tornou de fato, algo desastroso e acabou impedindo a construção de verdadeiros filósofos, além de ter afetado com isso, a produção de uma ciência verdadeiramente humanizada. Deixaram-se os *fenômenos* de lado e os substituíram por *teorias* rígidas e sem qualquer comprovação científica, no estilo *dogmático*, e.g., Teoria da Evolução, Big Bang, etc.

Existe claramente uma intervenção *de cima*, para confundir, esvaziar, e tornar sem efeito o conhecimento clássico, sem qualquer sombra de dúvidas! Aqueles que ainda nutrem dúvidas, não entenderam nada de história.

Assim, podemos claramente estabelecer uma conexão entre a filosofia clássica grega e o cristianismo, por exemplo, através do vocabulário correlato que estes partilham. Esta similaridade de vocábulos, talvez explique porque, *eles*, os representantes do estabelecimento religioso, sempre considerem mais conveniente usar *traduções*, ao invés de promoverem *estudos clássicos*, exceto para *eles mesmos*. De outra forma, qual seria a razão de termos uma tradução latina que recebeu o adjetivo pejorativo de "Vulgata Latina?" Ora, é fácil de se entender que, nesta tradução, Jerônimo, a pedido do Papa, durante o século IV, produziu aquilo que serviria de matriz para delinear o projeto de vulgarização do latim clássico, para servir de modelo para as línguas românicas, a saber; português, espanhol, francês, italiano, romeno, castelhano, catalão e galego. A vulgarização sistemática das línguas clássicas, sempre foi uma preocupação para as elites dominantes. Causando com isso, um distanciamento do vasto repertório de conhecimento ancestral, tanto do *latim* como do *grego* clássicos.

Consequentemente, podemos concluir que existe sim uma *theologia racional*, e esta é o tipo de "theologia" que obtemos do Novo Testamento grego. Uma que se atreve a opor-se às outras duas versões, *abstratas* e *vazias*; a *mitológica* e a *estatal*, as quais têm sido supridas para as massas com intuito político. Estas, na sua maior parte, serviram muito bem durante boa parte da história. Tão bem que, elas ajudaram a escravizar praticamente todo o mundo – intelectual, financeiro e politicamente.

De maneira que, quando Jesus disse, *"Conhecereis a verdade e a verdade vos libertará"*, não é difícil de imaginar o que ele realmente queria dizer com isso (ver João 8:32).

Obviamente, este foi o ponto que Santo Agostinho tinha em mente quando suscitou esta questão em relação à tese de Varro. Certamente, a divisão tríplice de Varro, foi intencionada para tentar apagar o brilho da evidência desta antítese, a fim de resgatar os deuses do Estado do repudio público θέσει θεοι, (thesei theoi, os deuses adorados), e assim serem permitidos reter o seu próprio direito de nascença. Santo Agostinho foi um dos primeiros a substituir a palavra grega *physicos* (física) pela palavra latina *naturalis*[103]. E, a fim de fazer isso, ele criou, sem se aperceber, uma falsa dicotomia entre a teologia natural e a física, as quais eram conceitos correlatos na passado clássico. Ao final, estes termos são ambos etimologicamente relacionados. E ao passo que aumentamos em conhecimento, diminuímos as aparentes dicotomias sobre os mesmos.

A palavra teologia é muito mais velha do que o conceito de teologia natural e da tricotomia varrônica. Mas teologia, é também uma criação específica da mente humana. Este fato não é sempre entendido e, portanto, merece uma ênfase especial. Pois isso não só concerne a palavra em si, mas também o conceito que a expressa. Teologia é uma atitude mental caracteristicamente grega, e tem algo a haver com a grande importância com que os pensadores gregos atribuíam ao *logos*, e.g., *essência divina inerente ao homem*. Pois a palavra teologia significa a realização de Deus no homem, *ontologicamente*, por meio do uso da razão divina, a qual, a propósito, reside dentro de cada um de nós, apenas não facilmente percebida (ver Lucas 17:21).

As palavras θεολόγος, θεολογία, θεολογεῖν, θεολογικός, foram

103[Civ. Dei]Augustine. Civ. Dei vi, ch. v.

criadas pela linguagem filosófica de Platão e Aristóteles. Platão foi o primeiro a usar a palavra 'teologia', θεολογία, e ele evidentemente foi o criador da ideia (existe também evidência desse uso pelos antigos egípcios). Ele a introduziu em sua *República*, onde ele buscou estabelecer certos critérios filosóficos para a poesia. É interessante que ele desejou que, em seu Estado ideal, os poetas deveriam evitar os erros de Homero, Hesíodo, e da tradição poética em geral, e elevar o nível das suas representações dos deuses a um nível de verdade filosófica. Para ele, as deidades míticas da primitiva poesia grega se encontravam manchadas com toda a forma de fraquezas humanas; e tal ideia parecia inconcebível para um uso *concepcional* e *racional* do divino. Assim, quando Platão formulou

a τύποι περὶ θεολογίας ('destaques da teologia'), na *República*, a criação desta palavra originou-se do conflito entre a tradição mítica e a tradição racional (logos) e suas respectivas abordagens ao problema de *theós (Deus)*. Existe uma grande diferença, na filosofia, entre 'Deus' e 'Theós', para nos explicar isso, devemos recorrer ao eminente filósofo francês, Voltaire, que nos informa o seguinte, ao distinguir as características de um *teísta* (sentido filosófico) em contraposição ao *deísta* (sentido religioso):

> *"Unido nesse princípio com o resto do universo, não*
> *abraça nenhuma das seitas que, todas elas, se contradizem.*
> *Sua religião é a mais antiga e a de maior extensão, pois, a*
> *adoração simples de Deus precedeu a todos os sistemas do*
> *mundo. Ele fala uma língua que todos os povos entendem,*

mesmo que estes não se entendam entre si. Tem irmãos
desde Pequim até Caiena e conta todos os sábios como seus
irmãos. Acredita que a religião não consiste nas opiniões
de uma metafísica ininteligível nem em vãos artefatos, mas
na adoração e na justiça. Fazer o bem, este é o seu culto;
ser submisso a Deus, esta é sua doutrina. O maometano
lhe grita: 'Toma cuidado, se não fizeres a peregrinação a
Meca!' Um recoleto lhe diz: 'Ai de ti, se não fizeres uma
viagem a Nossa Senhora de Loreto!' Ele ri de Loreto e de
Meca, mas socorre o indigente e defende o oprimido."
(Dicionário Filosófico, página 451-452, Editora
Lafonte)

Podemos ver claramente isso, tanto na *República* quanto nas *Leis*, onde Platão aparece, na sua mais alta performance, como um teólogo neste sentido (cabe só ao homem realizar a Deus dentro de si mesmo, sem formalidades e cerimonias inúteis). Desde então, todo sistema grego de filosofia, culminou em teologia (salvo os Cépticos), de forma que podemos até mesmo distinguir suas ramificações, quer sejam platônica, aristotélica, epicurista, estoica, neopitagórica, ou neoplatônica.

As palavras e conceitos relacionados a teologia (θεολογία) são particularmente frequentes nas obras de Aristóteles e sua escola. Em seus escritos, elas são usadas para indicar um complexo de problemas especiais e uma consequente atitude intelectual.[104]

---

104 Assim é provável, se não certo, que o desenvolvimento desta terminologia nas obras de Aristóteles tenha começado quando ele estava

Ele a apresenta da seguinte maneira:

> *"Se há algo de eterno, imóvel e separado, o conhecimento disso deve pertencer a uma ciência teorética, porém certamente não à física (que se ocupa das coisas em movimento), nem à matemática, mas sim a uma ciência que está antes de ambas. (...) Somente a ciência primeira tem por objeto as coisas separadas e imóveis. Embora todas as causas primeiras sejam eternas, essas coisas são eternas de modo especial porque são as causas daquilo a que, do divino, temos acesso. Consequentemente, há três ciências teoréticas: matemática, física e teologia; já que o divino está em todos os lugares, está especialmente na natureza mais elevada, e a ciência mais elevada deve ter por objeto o ser mais elevado. (...) Se não existissem outras substâncias além das físicas, a física seria a ciência primeira; <u>mas se há uma substância imóvel</u>, esta será a substância primeira e sua filosofia, a ciência primeira e, enquanto primeira, também a mais universal porque será a teoria do ser enquanto ser e daquilo que o ser enquanto ser é ou implica."* (Metafísica., VI, 1, 1026 a 10).

Vê-se assim que, Aristóteles, entrelaça o conceito de metafísica como ontologia, ao conceito de metafísica *como teologia*. E segundo ele descreve, a metafísica ontológica, seria tão exata quanto as outras ciências que consideramos hoje exatas. O que mudou desde o seu tempo para o nosso, de forma

---

ainda na escola platônica.

que viemos a ter hoje uma percepção diferente, e.g., de que metafísica implique algo não exato?

A única conclusão a que podemos chegar é que, aquilo que nos foi passado como 'teologia' nos seminários de estudos teológicos de hoje, não são nada mais do que uma versão diluída e simplística da verdade. Bem distante de sua mais elevada concepção filosófica e, em consequência disso, temos um surto de ateísmo em nossas ciências modernas e contemporâneas. Ao passo que a concepção clássica perdeu seu brilho, e tornou-se obscurecida por densas nuvens, geradas pela pobre educação clássica; a qual foi, diga-se de passagem, incrementalmente removida dos currículos educacionais. Neste solo esterilizado, de vagos conceitos, o ateísmo encontrou seu ambiente perfeito.

Dessa forma, muito do pensamento clássico nos foi roubado através de um sistema educacional que privilegiou traduções e promoveu a inabilidade de ler os textos originais. Coincidentemente, ao passo que abandonamos o estudo de letras clássicas, nos tornamos vazios e portanto mais suscetíveis aos modelos doutrinários, escravizadores da alma. É interessante que durante os milênios passados, desde Platão, bem poucos se atreviam a atacar a filosofia clássica, e a razão principal desse fato estava na alta educação a que foram submetidos. Ao passo que hoje, após a remoção dos estudos clássicos dos currículos, muitos imaginam-se capazes de fazer frente à filosofia clássica – isso sem dúvida, soa muito estranho.

A ontologia clássica foi esvaziada do seu real conteúdo, ao passo que perdemos a noção da importância da metafísica, não de conta própria, mas obedecendo ao modelo nos foi preparado por outros. Primeiro eliminaram as Letras Clássicas e depois reinventaram os temas clássicos em um novo contexto, um contexto materialista, em perfeita sincronia com um mundo industrializado. Onde pensar, se tornou um *anátema*. Vemos hoje, uma clara tentativa de distanciar-nos da investigação ontológica (o conhecimento e os critérios do *ser)*. As gramáticas contemporâneas, nos apresentam as substâncias desta maneira:

> *"Os substantivos concretos são aqueles que nomeiam seres*
> *de existência independente de outros seres, e.g., mulher,*
> *Rodrigo, computador, alma, <u>anjo, saci, bruxa</u> etc."*
> (Gramática Teoria e Exercícios, Paschoalin e Spadoto,
> FTD, 2008).

Bruxa, sacie e anjo, se tornaram seres concretos, mesmo embora os melhores critérios para se estabelecer se os seres são concretos ou não, sejam os sentidos percepcionais, ou seja, se um ser, que julgamos concreto, pode ser percebido pelos sentidos, *audição, visão, paladar, olfato e tato,* do contrário, eles são *abstratos* e ponto final. Como isso veio a *ser?* É importante observarmos a construção histórica desse novo fenômeno.

A prioridade da metafísica, sobre as outras ciências, é lógica (*ontológica*), porém não de valor. Trata-se de uma prioridade lógica decorrente da prioridade ontológica de seu objeto específico. Consiste no fato de todas as outras ciências pressuporem a metafísica do mesmo modo como todas as determinações da substância pressupõem a substância; ora, a reforma feita por São Tomás de Aquino, na metafísica Aristotélica, já no século XIII, visou restringir a superioridade lógica da metafísica. Segundo São Tomás de Aquino, por exemplo, a metafísica como teoria da substância não inclui Deus entre seus objetos possíveis, porquanto Deus não é substância (Suma Teológica., I, q. 1, ª 5, ad 1º). Assim, desde então, a determinação dos caracteres substancias do ser, em geral, não diz respeito a Deus, mas apenas às coisas criadas (como se existissem, à parte de Deus) ou finitas (desde quando, e qual o critério?). Com isso, a metafísica clássica foi esvaziada do seu *real* conteúdo e *objeto* de estudo, à revelia das demais ciências. No entanto, quando o Apóstolo Paulo confrontou os gregos epicureus e estoicos em Atenas, ele claramente ressaltou que, os próprios poetas gregos afirmavam o seguinte:

"Porque <u>nele vivemos, e nos movemos, e existimos</u>; como também alguns dos vossos poetas disseram: Pois somos também <u>sua geração</u> (ou progênie)."

Atos dos Apóstolos 17: 28

A palavra grega usada aqui é γένος (genós) ou gênesis, genético, genos, etc. Ela envolve a noção de se estar biologicamente relacionado. Independentemente de se formos ou não capazes de entendê-lo, ou até mesmo de estarmos cientes desse importante fato. Também, Jesus Cristo lembrou que: "O reino de Deus <u>está dentro de vós</u>", Lucas 21:17. Eu acrescentaria, *"assim como o inferno também"*, ou seja, depende de nós a *ação*, a *realização*, a *reforma*, a *prática* da *razão divina*. Não existe, neste sentido, alguém que nos possa realizar, se assim não o quisermos. A ideia de que "alguém" de fora, virá em nosso resgate, não é nem responsável nem evidente, mas *nos cabe* a decisão final sobre isso. Isso seria também, o que Sócrates nos diria, tivéssemos nós a chance de encontrá-lo. Isso, por sua vez, gerou uma série mal entendidos, com a descontextualização de termos clássicos como, *ateu (αθεός) e agnóstico (ἀγνωσία)*, usadas para descrever, respectivamente, a aqueles sem noção geométrica e aqueles que não foram iniciados nos mistérios, e por extensão, afirmavam não saber. De maneira que, podemos concluir, os objetos da metafísica seriam Deus, a alma ψυχή (ser em si) e as coisas (fenômenos) naturais, não os seres que não cumprem com os mínimos requisitos e critérios de 'existência'.

O Grande Debate

sobre os *Universais* na Idade Média

Por outro lado, a despeito de ler os clássicos em latim, e não em grego original, coube a São Tomás de Aquino, grande filósofo medieval, a tarefa de esclarecer um dos mais difíceis entendimentos sobre as "formas de Platão". O debate entre os realistas, aqueles que afirmam os universais, e os nominalistas, que defendem que os universais são meros "nomes", e não se referem a nada de *real* ou *substancial,* quando aplicados aos *entes.*

No entanto, não se pode falar de 'nominalismo', sem que primeiro entendamos o seu real significado e suas reais repercussões lógicas e práticas. O que muitos não parecem estar apercebidos é que, uma vez que se estabeleça a visão nominalista como fato, automaticamente se desmorona todo o edifício filosófico edificado por Platão e, consequentemente, as proposições principais sobre as quais se fundamenta o cristianismo. Assim, por mais que os nominalistas fossem pessoas brilhantes, poucos estavam apercebidos das consequências lógicas das suas ideais.

O filósofo medievalista Roderick M. Chisholm, assim definiu o problema:

"Que relação existe entre o pensamento e as coisas, mais especificamente em termos medievais, como é possível que em um mundo que é constituído por indivíduos e particulares, a mente humana é capaz de classificar as coisas, nas quais as coisas particulares estão contidas – que tal operação é possível é um fato. Os homens geralmente pensam em termos de 'espécie' e 'gênero'. Mas como isso é possível, sempre foi, é, e continuará sendo, um problema intrigante." (Metaphisics: An Anthology, by Jaegwon Kim e Ernest Sosa, p. 331).

O que é uma 'classe' de coisas? Afinal, o que existe no mundo real são coisas particulares e individuais; a água, a porta, a mesa, o céu, o ar, o chão, o teto, a pessoa, etc. O mundo é populado por indivíduos, ou substâncias individuais – com um pequeno detalhe, também podemos falar de princípios nas coisas, o qual não corresponde as partes dessas coisas, mas como 'algo' inerente a elas. Se o mundo é formado por indivíduos, como pode haver 'universais' ou 'conceitos'? O que é um 'universal'? Algo que pode ser predicado de muitas coisas, e.g., árvore - podemos predicá-la de muitas coisas; *esta é uma árvore, essa é uma árvore e aquela é uma árvore* – mas podemos apontar para 'árvore'? Não é este um nome (nominalismo) que aplicamos aleatoriamente às coisas? O mesmo ocorre com 'homens', 'mulheres', 'pessoas' – o que poderia haver em comum entre estas entidades individuais? O universal não nomeia algo em particular mas muitos! Deve haver algo (não tangente) real nestas coisas; o que seria isso? Os nominalistas afirmam (ainda hoje existem diferentes viés de nominalismos) que este 'algo' não existe, mas é apenas uma convenção fabricada pela mente. A mente, segundo eles, cria generalidades a fim de descrever as coisas de maneira mais conveniente. Os realistas (opostos aos nominalistas), por sua vez, defendem que existe sim, algo (não visível) real em todas as coisas, de forma que podemos classificá-las em grupos. Porfírio, na sua *Introdução* (Isagoge) às categorias de Aristóteles, disse:

> *"Dos gêneros e das espécies não direi aqui se subsistem ou se são apenas postos no intelecto, nem – caso subsistam –*

se são corpóreos ou incorpóreos, se separados das coisas sensíveis ou situados nas coisas, expressando seus caracteres comuns." (Isagoge, I).

Esse comentário deu início ao grande debate medieval. Existiria qualquer base real para classificar as coisas como tendo algo em comum entre elas? O que há nestes objetos que nos permita classificá-los em grupos? Qual a realidade dos universais? Porfírio disse, que este é um problema que um lógico poderia aplicar toda a sua perícia sem ser capaz de responder a esta questão. O nominalismo afirma que nada existe de real nas coisas que nos permita classificá-las como se fossem de fato uma só, em 'essência'. Entre os mais destacados nominalistas estava o filósofo e teólogo Roscellinus. Mas a pergunta que Roscellinus (nome em latim) não foi capaz de responder foi essa: por que então aplicamos o termo 'homens' a um grupo de pessoas e não a outro grupo distinto, se não estivermos nos referindo a algo *específico* nelas?

A incapacidade de responder a esta pergunta expôs o nominalismo como sendo uma tolice. Mas, podemos perguntar, por que eles tentam negar tão veementemente que exista algo em comum entre todos nós humanos, por exemplo? A incapacidade de conviver com fenômenos de alta complexidade caracteriza a ciência até os nossos tempos, moderno e contemporâneo – e isso levou, consequentemente, a muitos resultados catastróficos na história; como o behaviorismo, por exemplo, e o positivismo antes dele. Com efeitos devastadores para milhões de pessoas. Afinal, se não somos constituídos da mesma 'essência', não importa o tratamento que dispensamos às outras pessoas. De fato a consequência lógica do nominalismo é solipsismo, a ideia de que estamos sozinhos no mundo.

Platão, por outro lado, assumiu que a 'ousia' (substância) era esse algo; natural, metafísico, ontológico, axiomático – auto-evidente. Porém, não imediatamente observável, mas capaz de ser instanciado ou atualizado por um agente inteligente. A isso, São Tomás de Aquino, respondeu, de forma brilhante, o seguinte:

> *"A essência que todos possuem em comum, a árvore, a justiça,.. A essência existe no indivíduo apenas como princípio real individualizado na matéria. Todas as instâncias desse princípio são as mesmas, apenas numericamente diferentes." (A Suma Teológica, Parte I, Quinto Artigo).*

Não se pode ser mais brilhante do que isso!, Ora, Aristóteles distinguiu entre *essência* e *acidência*, aquilo que somos em realidade, daquilo que nos tornamos, por força das circunstâncias externas a nós. Se não exite um princípio para a justiça, então temos que admitir que a justiça é algo sem significado, e jamais seremos capazes de alcançar justiça, seja em qualquer instância, pois ela não significa nada. É interessante que foi esse o dilema que levou o advogado Agostinho, tutelado por Macróbio, a se tornar o nosso Santo Agostinho. Pois, em um dos seus casos judicias, ele ajudou a inocentar um potencial assassino, por acreditar que a retórica e a natureza supostamente evasiva da justiça, permitisse com que aquele homem fosse posto em liberdade e mais tarde assassinasse de fato sua própria esposa. Pouco sabia ele, assim como muitos hoje, que o princípio da justiça deveria ser trazido, desde o seu mundo ideal, para à nossa realidade concreta por um agente *imanentemente* inteligente, capaz de trazer ao mundo concreto esses princípios divinos que residem no mundo das ideais eternas, e sem os quais não podemos viver sem perdermos a nossa *humanidade* comum. O mais absurdo de tudo isso é vermos hoje, juízes e advogados, defenderem a mesma tolice com orgulho. Se não é fato que possuímos algo, a todos nós – comum, então se justificam todos os crimes, assassinatos, guerras, a fome provocada, e todas as outras formas de atrocidades que o homem decadente, como bem sabemos, é capaz de implantar no mundo. Atos perpetrados por homens que não entenderam as consequências lógicas e práticas do nominalismo. Mas que inconscientemente o seguem.

O Novo Testamento nos assegura a seguinte certeza:

"Não vos deixeis desencaminhar: De Deus não se mofa.
Pois, o que o homem semear, isso também ceifará; porque
aquele que semeia visando a sua carne, ceifará da carne
corrupção, mas aquele que semeia visando o espírito,
ceifará do espírito vida eterna. Assim, não desistamos de
fazer aquilo que é excelente, pois ceifaremos na época
devida, se não desfalecermos. Realmente, então, enquanto

tivermos tempo favorável para isso, façamos o que é bom
para com todos, mas especialmente para com os
aparentados [conosco] na fé."

Epístola aos Gálatas 6:7-10

Conceitos Essenciais

Após termos considerado o que os conceitos de θεός e γνῶσις originalmente significavam, a saber, de que eles estavam associados com o pensamento racional, preciso, acurado, matemático e geométrico, e não o contrário, com a crendice irracional, passaremos a compreender melhor o universo conceitual do passado. Isso em si, deveria alertar as pessoas a reconsiderarem o uso desses conceitos sem qualquer contextualização histórico-filosófica. Pois a palavra θεός era usada pelos menos educados na antiga Grécia para se referir incondicionalmente aos deuses míticos ou estatais, sem qualquer rigor filosófico ou científico, nós não temos que incorrer no mesmo engano generalizador.

Assim, quem quer que seja que se considere um cientista, ou quem quer que seja que se considere um ateu, deixe-me te lembrar francamente; não é algo absoluto, pois depende inteiramente de que tipo de teologia (das três clássicas formas) a que se intenta referir. E visto que muito do que temos hoje procede dos gregos, em diversas áreas, nada seria mais elegante de nossa parte do que tentarmos ser o mais exato possível em nossas definições científicas. Alguém pode ser um ateu no sentido transcendente, e não no sentido imanente.

É triste vermos alguém renomado no mundo científico usando termos filosóficos gregos sem qualquer consideração quanto aos seus significados. Se tu fosses um plebeu na antiga Grécia, isso não importaria muito, visto que não se esperaria muito de ti. A ideia de αθεός (ateu) suscitaria uma conotação negativa, associada a uma mente irracional (incapaz de racionalizar o mundo), e portanto não científica. Algo de que não se devia sentir orgulho. O mesmo é o caso de um indivíduo que nascido cristão, afirma ser *agnóstico*, visto que γνῶσις significa, tanto na filosofia clássica, quanto na literatura cristã, simplesmente "uma inquirição judicial, saber, conhecimento[105]" e quando prefixada pela letra 'a', indica o exato oposto; Portanto, quando lemos no Novo Testamento, o Apóstolo Pedro e outros cristãos do primeiro século, dizendo algo como:

"De maneira similar, vós esposos, morai com elas segundo o <u>*conhecimento,*</u> *dando-lhes honra como esposa, como um vaso mais fraco, e como sendo coerdeiras da graça da vida; para que as vossas orações não sejam impedidas."* I Pedro 3: 7.

Ele não estava se referindo a qualquer conhecimento vulgar, conhecimento externo, mas a um bem específico tipo de conhecimento, um conhecimento *gnóstico, secreto, oculto*. Um conhecimento que tem sido persistentemente negado e ocultado

---

105[Greek]Liddel & Scott's Greek English Lexicon, page 167.

por 2.000 anos da história cristã. O verdadeiro conhecimento, mencionado pelo próprio Jesus Cristo, quando disse:

"νῦν <u>ἔγνωκαν</u> ὅτι πάντα ὅσα δέδωκας μοι παρὰ σοῦ εἰσιν·"

João 17: 7

"*Agora para que <u>eles saibam</u> (conheçam) que todas as coisas que me deste são tuas (literalmente são para ti)*." KJV. Os quais termos, foram e são, traduzidos de forma simplística e pouco elucidante!

O verbo <u>ἔγνωκαν</u> pertence à mesma raiz de γνῶσις e é aqui conjugado na 3ª pessoa do plural "têm conhecido." Este fato faz com que toda a história de que o gnosticismo seja algo iníquo, e que é algo a ser evitado, seja nada mais do que campanha de desinformação contra a verdadeira natureza filosófica do cristianismo, o qual eles persistem em apresentar como mera religião. A teologia natural, não é nem útil e nem desejável para o estabelecimento religioso, o qual investe todo o seu foco na teologia mítica e estatal, como sendo suas versões favoritas de teologia para uso político. Portanto, não faria mal a ninguém definirmos os nossos termos antes de começar qualquer discussão inteligente sobre este tema. Só ajudará, tornando-o ainda mais fácil de se assimilar. Muitos dos diálogos vistos hoje em dia, raramente apresentam um quadro esclarecido sobre a verdade por trás do impacto teológico nas nossas vidas, a depender de se nos referimos à teologia mítica, natural ou estatal, não se busca qualquer distinção, mais abundam as *generalidades*, eles invariavelmente expressam meras opiniões, e por isso, são insuficientes para um público minimamente inquiridor.

Negar o conhecimento não é um negócio muito produtivo a longo termo. Por mais que o neguemos, ele continua ressurgindo de volta, aqui e ali. Mais cedo ou mais tarde, as pessoas tendem, naturalmente, a despertarem do seu sono e o fluxo de conhecimento retoma o seu devido brilho novamente. O universo, para os gregos e povos antigos, era formado de eras (αἰῶνος) cíclicas. É por isso que Paulo pôde dizer, com confiança:

"Pois, nós sabemos que não podemos fazer nada contra a verdade, senão pela verdade." II Coríntios 13:8.

O conceito clássico de verdade (ἀλήθεια) caiu em desuso em nosso tempo, e em seu lugar, vieram as suposições e doutrinas (δόξα), perdendo-se com isso, a habilidade de *inquirição*. Por isso, o *conceito* de 'verdade' é um outro que merece nossa cuidadosa atenção. Pois nunca, em toda a história, foram feitas tantas tentativas repetidas de suprimi-lo. O *formalismo* institucional, junto com o relativismo moral, esterilizaram a capacidade de eficiência e eficácia – na justiça, na segurança pública etc – , tornando ações que deveriam ser dinâmicas, em ações estagnadas.

O *relativismo* se enraizou na mente de muitas pessoas e instituições, predispondo-as a uma inexatidão conceitual ao se utilizarem de noções científicas fundamentais, e com base nisso, a consequente incapacidade de avaliar o valor de verdade de questões maiores. Como por exemplo; é o universo produto de desígnio inteligente ou não? E se assim for, quais as implicações deste fato em nossas vidas diárias, em tudo que vemos e em como as coisas vieram a ser. O fato de que o Velho Testamento tenha focado na teologia mítica, não significa que tudo veio do nada.

Porque, se para coisas simples, como um livro, uma gramática, um lápis, uma arte e uma pintura, se requer um designador; como pode o universo, o DNA, a luz, árvores, animais, humanos, rios e oceanos, prescindirem de um designo inteligente? Isso não soa nem *lógico* nem *científico*. E assim, precisamos recorrer a supostas explicações "complexas", as quais simplesmente não podem ser verificadas cientificamente e mostram-se inaptas para qualquer comparação referencial no mundo concreto. Pois se o universo veio do nada, como pode um computador não vir? E se o DNA se originou aleatoriamente, como pode uma empresa de engenharia de software não ser capaz de se beneficiar disso?; mas, ao invés, precisa gastar dinheiro e recursos contratando engenheiros e programadores, além de técnicos? Lembre-se que estamos falando aqui sobre produtos que representam quase nada em termos de complexidade, quando comparados com a natureza e seus complexos fenômenos.

Concordarias em votar em um político que embasa sua

campanha em, "nada será feito, mas as coisas acontecerão naturalmente?", Isso não parece nem inteligente nem produtivo. Tudo na vida demonstra, claramente, ter um designo inteligente, até mesmo as coisas vis. Mas, ao mesmo tempo ouvimos muito, e muito já tem sido confirmado, sobre o fato de muitas universidades receberem "ajudas" financeiras de corporações do setor privado, com o fim de darem apoio a certas agendas de cunho político, filosófico e religioso. Isso já se tornou bastante notório em nosso tempo.

Os horríveis efeitos colaterais podem ser vistos no currículo de muitas instituições de ensino superior, as quais suprimem seus programas de ensino às suas formas mais simplísticas, com o intuito de diluir o conhecimento. Tão agressivas são estas ajudas financeiras que, muitos já estão vendo as universidades e escolas como espaços de doutrinação política. Por que existe tal agenda política contra a educação dos jovens? O que temem aqueles que governam o mundo, tanto politica quanto financeiramente? Em países, como o Brasil, o sistema educacional tem sido (há décadas) sistematicamente reduzido a conflitos de ordem político-socialista. Bem poucos países ainda se mostram capazes de manterem seu ensino público intacto desse efeito corrosivo – Singapura, Coreia do Sul, Rússia, Hungria, Áustria e assim por diante. Até mesmo os Estados Unidos estão vendo sua educação pública desmoronando, ao passo que crianças da 5ª série (primeiro grau) não parecem capazes de lerem na sua própria língua.

Algo grande está em andamento e as instituições que controlam o mundo (Banco Mundial, ONU, Unicef, FMI, CFR, Trilateral Commission, OMS, etc) sabem muito bem do que se trata.

É por essa razão que chegamos a tal nível intelectualmente decadente em nossas escolas públicas, com professores deficitariamente remunerados e sofrendo de uma infraestrutura lamentável em muitas escolas públicas. Este fato, contrário à teoria do Big Bang, não é um mero acidente – mas um projeto político. Ele foi "inteligentemente designado" para servir a um propósito obscuro, cujos verdadeiros intentos encontram-se inacessíveis para a maioria da população, devido especialmente, à desinformação promovida pela mídia *mercenária*. Os jovens, são o alvo perfeito dessa agenda política, visto que, eles carecem de experiência no que concerne à resiliência maléfica da elite mundial. De fato, a predisposição ao mal é a prova absoluta de que alguém não foi suficientemente educado, pelo menos não nos termos delineados por Sócrates, que declarou, durante o seu diálogo com Glauco, o seguinte:

"Você ainda não entendeu que as pessoas consideradas desonestas e inteligentes possuem uma visão perspicaz e são capazes de observar com precisão o quer que seja que atraia sua atenção, exatamente porque a sua forma ver as coisas não é insignificante mas é focada em um fim maligno, de tal natureza que quanto mais eles têm perspicácia, tanto maior é o dano, que eles são capazes de produzir." A República Livro VII, parte VI [República].

Assim, neste diálogo, Sócrates ofereceu um argumento persuasivo para não considerarmos a educação secular, embora necessária, *como a realização final de nossas vidas* mas também considerarmos outros fatores como determinantes nas nossas vidas, e.g., o nível de felicidade obtido no que estamos fazendo e o hábito de estudo pessoal, de forma a depender de supostos mestres. Existe algo mais em nós que clama por atenção, e sem querer soar dogmático neste sentido, este algo é a nossa *espiritualidade*. Não a religiosa, mas o conhecimento interno de nós mesmos, tanto de nossas potencialidades como de nossos limites aceitáveis. O que chamamos de cristianismo, é de fato uma das mais antigas respostas a essa necessidade. Especialmente, quando filosoficamente entendido. Durante os últimos 2000 anos, o cristianismo foi forçosamente reduzido à sua forma mais ineficiente e simplística, com o fim de torná-lo um completo fracasso. Carl Gustav Jung, um brilhante psicanalista suíço, nos deu algo profundo para pensarmos, quando disse:

"Mas o fiel, de mente superficial e formalística, transforma este modelo (Cristo) em um objeto externo de culto; a veneração desse objeto o previne de alcançar as profundezas da alma, a fim de transformá-la naquela totalidade que corresponde ao modelo (Cristo). Desta maneira, o mediador divino (Cristo) permanece de fora, como uma imagem (idolatria), ao passo que o homem permanece fragmentado, intocável em sua mais profunda natureza. Bem, o Cristo pode ser imitado ao extremo da estigmatização, sem que o seu imitador chegue perto do seu modelo e significância." [Psicologia] Psicologia

e Alquimia, Introdução Problemática à Psicologia Religiosa da Alquimia, páginas 20-21, 1991.

Até mesmo um psicólogo, como o Carl G. Jung, podia ver que algo estava faltando em nosso imaginário cristão. Que o cristianismo não estava sendo entendido corretamente, e a razão para isso é exatamente o que estivemos discutindo até este ponto – que o cristianismo é uma realização filosófica e não um dogma religioso, para ser seguindo externamente e de forma cega. Esta pobre percepção veio como direto resultado de uma pobre educação cristã, uma que se alguma vez tivesse sido implementada de fato, revolucionaria o mundo, pelo menos a parte cristã dele, e após isso, através do exemplo, o resto do mundo. A única parte do homem que ainda não tem sido tocada é a sua alma. Enquanto ele, continua buscando por Deus em meras ilusões externas (idolatria) e dogmas.

Esta percepção externa, também nos conduz ao importante debate sobre a natureza da experiência consciente. A questão epistemológica quanto a se o mundo, que vemos ao redor de nós, representa a realidade final, ou meramente uma percepção sensível do mesmo, gerada através de processos neurais em nosso cérebro. O *realismo inocente* é conhecido como realismo direto, quando primeiro foi elaborado para refutar o *realismo indireto*, também chamado por alguns de realismo representativo, mais tecnicamente conhecido como *dualismo epistemológico* (Platão). A posição filosófica que defende que a nossa experiência consciente não corresponde ao mundo em si, mas meramente à sua representação interna (subjetiva), uma miniatura, uma réplica virtual, do mundo em sua totalidade. Este debate ficou conhecido na história, especialmente no período medieval, como a *Disputa Sobre os Universais* (discutido acima). Um poderoso exemplo dessa ilusão percepcional é o arco íris, e o fato de que ele sempre recua ao nos aproximarmos dele, de forma que nunca pode ser tocado. Um outro exemplo prático vem da *Metafísica de Aristóteles*, quando ele tenta ilustrar o quão enganosos podem ser os nossos órgãos sensoriais, em especial, quando tentamos estabelecer teorias e critérios científicos:

"οὐ λέγουσι τὸ διὰ τί περὶ οὐδενός, οἷον διὰ τί θερμὸν τὸ πῦρ (ἐστιν) ἀλλὰ μόνον ὅτι θερμόν (ἐστι)·"

(Metafísica, 981b 12-13, W. Jaeger, publicado pela Oxford University Press, em grego). Traduzindo:

"Nossas percepções não dizem o "por quê" sobre nada, tal como por que o fogo é quente, mas apenas que é quente." Traduzido pelo autor.

O *realismo indireto* é claramente equivalente ao já estabelecido conceito de *percepção* na ciência natural, a qual declara que nós não somos capazes de perceber o mundo natural como ele realmente é, em sua totalidade, mas apenas elementos dessa realidade de forma desconexa, em outras palavras, não somos capazes de entender o mundo em sua complexidade e por isso formulamos teorias, que após algumas décadas, se mostram insuficientes e são abandonadas. O representacionalismo é uma das assunções chave para a psicologia cognitivista. O realista representacional negaria a possibilidade do "conhecimento-de-primeira-mão" como sendo algo coerente (conhecimento empírico), visto que o conhecimento é sempre obtido via algum meio secundário. Nossas ideias sobre o mundo são meras interpretações sensoriais imputadas do mundo externo – que é real. Isso explica porque existem tantas teorias conflitantes e a consequente necessidade de impor algumas percepções politicamente, uma forma de hegemonia político científica. Esta foi sempre a posição da filosofia clássica grega. Por exemplo, Sócrates, menciona no Fédon as seguintes palavras de advertência:

"Os amantes do conhecimento, então, eu digo, percebem que a filosofia, tomando possessão da alma quando ela está neste estado, a encoraja gentilmente e tenta libertá-la, apontando que os olhos e os ouvidos e os outros sentidos se encontram cheios de engano, e a incentiva a retirar-se destes sentidos, exceto até onde seu uso seja inevitável, e exortando-a a reunir em si mesma e dentro de si mesma, e não confiar em nada exceto em si mesma e em seu próprio pensamento abstrato de existência abstrata; e acreditar que não existe verdade naquilo que vê por outros meios e que varia com os vários objetos nos quais aparece, visto que tudo daquele tipo é visível e apreendido pela mente. Ora, a alma do verdadeiro filósofo acredita que ela não deve resistir a esta libertação, portanto ela permanece acima dos prazeres e das luxurias, pesares e temores, tanto quanto pode, considerando que quando alguém está sujeito a paixões violentas, temores, pesares ou luxurias, ele sofre em função das mesmas..." Phaedo, as translated

by Harold North Fowler, 1995, page 289[Fédon].

Não é isso remarcavelmente similar ao que diz o Novo Testamento? Vejamos:

"Mortificai portanto os vossos membros que estão na terra; a fornicação, impureza, afeição desordenada, vã concupiscência, e a avareza, que é idolatria." Colossenses 3:5.

Observe que todas estas formas de percepção são de fato formas diferentes de idolatria, e o que é exatamente 'idolatria'? Esta palavra vem do grego εἴδωλον (*uma imagem, um ídolo, um fantasma, uma imagem na mente.* Nós não temos que reproduzir as *coisas ilusionárias* que vemos neste mundo, segundo Sócrates, porque os nossos sentidos, de acordo com o pensamento clássico, não são dignos de confiança. Temos algo mais com que julgar o mundo, a razão! Nós somos a realidade, e não o inverso. É por isso que os jovens têm sido atacados tão agressivamente hoje em dia, porque muitos deles ainda não tiveram o tempo suficiente para desenvolver uma mente racional (exceções se aplicam, claro). E assim, eles estão bem mais predispostos a aceitarem ideias que absolutamente não fazem sentido algum. Nós somos o templo vivo de Deus, o verdadeiro Deus! (ver I Coríntios 3:16.) Lembremos a nós mesmos que, a palavra 'teoria' vem do grego 'theós' (grego, θεός) e possui uma relação íntima ao conceito (conforme desenvolvido pelos filósofos que estudaram a teologia natural) de Deus, e é portanto, associada com as qualidades de inteligência, designo, e as proporções matemático-geométricas. Assim, se tu tens uma teoria, tu estás tanto historicamente, quanto etimologicamente, associado ao conceito de *beleza* e *inteligência*, e distante da noção do 'nada', 'caótico', 'vazio' ou 'desorganizado', especialmente ao se tentar explicar a origem e o sentido da vida. Pois, se a vida não possui sentido algum, nada mais possui sentido, não importa o que seja, pois tudo terá um fim abrupto na morte; pessoas, ideais, conhecimento, etc. Seguindo esta exata perspectiva, consideremos algumas das mais famosas teorias do nosso tempo, não dissociadas dos seus reais contextos, político e social. Aspectos que raramente nos são passados nos livros que as defendem.

O Problema do Big Bang

O frei, Georges Lemaitre, um físico belga (clérigo), que propôs a teoria do Big Bang, encontrou inicialmente bastante cepticismo por parte dos cientistas quando primeiro anunciou sua ideia. Lemaitre percebeu que a teoria de Einstein sobre a gravidade, implicava uma expansão do espaço. Assim, ele então combinou esta ideia com a noção de que as galáxias, segundo sua observação, se distanciavam umas das outras e então concluiu a teoria do Big Bang.

O problema é que Albert Einstein foi quase que imediatamente contradito por Niels Bohr, concernente a uma das suas interpretações, o paradoxo EPR[106], que afetava

---

106 Na mecânica quântica, o paradoxo EPR ou Paradoxo de Einstein-

diretamente a interpretação da mecânica quântica. Isto foi em 1935 e, segundo Bohr, esta nova teoria mostrava sinais de ser *probabilista*, ao passo que para Einstein, ela deveria ser *determinista*. Notavelmente, a incipiente teoria da mecânica quântica, i.e., o conjunto de teoremas derivados dela, pareciam ser idênticos. Einstein até mesmo assumiu que seria apenas suficiente acrescentar à mecânica quântica, algumas "variáveis ocultas" para torná-la *determinista, ao seu gosto.* Contudo, trinta anos mais tarde, em 1964, John Bell, descobriu um teorema envolvendo correlações ópticas complexas que geraram resultados mensuravelmente diferentes dos axiomas usados por Einstein, em comparação aos axiomas usados por Niels Bohr. E levou aproximadamente outros vinte anos, até que um experimento de Alain Aspect obteve resultados em favor dos axiomas de Bohr, e não dos de Einstein, provando que Einstein se baseara num sistema axiomático equivocado.

Este exemplo apenas demonstra para nós que desde que a política e interesses financeiros se envolveram na ciência, não somos mais capazes de predizer com exatidão, qual será a inclinação *pragmática* de uma determinada teoria. Mas a ideia de

---

Podolsky-Rosen é um experimento mental que questiona a natureza da previsão oriunda da teoria quântica de que o resultado de uma medição realizada em uma parte do sistema quântico pode ter um efeito instantâneo no resultado de uma medição realizada em outra parte, independentemente da distância que separa as duas partes. À primeira vista isto vai contra os princípios da relatividade especial, que estabelece que a informação não pode ser transmitida mais rapidamente que a velocidade da luz.

um princípio para o universo não foi bem aceita por muitos cientistas, porque ela parecia muito religiosa à primeira vista. Logo após isso, algumas evidências surgiram sobre a idade do universo que não pareciam se coadunar com a teoria em si. Esta evidência sobre a idade do universo, que foi deduzida a partir da ideia de recessão das galáxias, parecia indicar bem menos tempo do que a idade das estrelas e planetas. Mais tarde, foi descoberto que o cálculo da velocidade de recessão tinha sido erroneamente feito até um fator considerável, e então a objeção foi retomada. O leitor é convidado a fazer uma pesquisa mais detalhada sobre esta teoria e as circunstâncias em que ela veio à tona.

Os detalhes desta teoria continuaram sofrendo refinamentos desde que foi primeiro proposta por Lemaitre, em pelo menos três aspectos dela. O primeiro, foi sobre o enorme aumento do universo em seu tamanho original. O segundo, foi a descoberta da matéria escura (dark matter[107]), o fato de que cerca de um quarto da massa do universo existe em forma de partículas que não emitem ou absorvem luz. E finalmente a descoberta da consequente energia escura. O problema é que esta teoria ainda precisa de adicionais refinamentos para realmente ser capaz de

---

107 Estas duas energias seriam a fonte de luz e de trevas, tão recorrentes na literatura clássica e esotérica. Para mais detalhes científicos sobre esta dualidade energética, veja a Orgonomia por Wilhelm Reich, físico, psiquiatra e autor de várias obras neste respeito. Segundo ele, 'Or' seria a energia geradora de vida, ao passo que 'Dor' seria a sua contra parte nociva e destruidora.

descrever, de forma científica, os primeiros momentos da teoria do Big Bang. Uma outra má concepção, é pensar que a teoria do Big Bang, afirma que o universo é finito em seu tamanho. Usualmente, este equívoco é causado por pessoas que pensam que se o universo começou em um tamanho zero e tem estado crescendo desde então, ele só poderia ter um tamanho finito. Mas interessantemente a teoria do Big Bang permite ambas as possibilidades, a de que o universo é finito em tamanho e também infinito ao mesmo tempo. Contudo, uma variedade de modificações e extensões da teoria têm sido propostas através dos anos e também postulam sobre eventos antes do Big Bang[108].

Mas a maior questão ainda está sem resposta, como o tudo veio do nada? E logo após isso caímos em um outro problema, que é; a fim de racionalmente explicarmos o universo, temos que primeiro explicar qual a natureza do *nada*. E isso já se torna uma impossibilidade imediata. Porque, todos nós devemos concordar com a conclusão intuitiva é a de que, *do nada, nada se segue*. Porque se o nada é capaz de criar inteligencia, então ele (nada) deve ser uma *constante* física, enquanto tudo mais são apenas *derivativos*. E se for uma constante, como pode o 'nada' de repente parar de funcionar? Se alguma vez, estivermos envolvidos em uma situação em que temos de explicar o 'nada', saberemos que estamos em um insondável paradoxo, de

---

108 Um bom livro para um resumo dessa problemática é, "New Proofs for the Existence of God, Contributions of Contemporary Physics and Philosophy", por Robert J. Spitzer, publicado em 2010 pela editora Eerdmans.

enormes proporções! E as tecnicalidades não parecem suficientemente capazes de acomodar todas estas questões filosóficas fundamentais. Simplesmente, elas não funcionam.

Podem as leis da física produzirem eventos por si mesmas? O físico americano C. S. Lewis, uma vez declarou:

"As leis da natureza, não produzem eventos, elas determinam o padrão pelo qual cada evento tem e pode ser induzido a ocorrer e o modelo que deve se conformar. Assim como as regras da aritmética declaram os padrões pelos quais toda transação financeira deve se conformar, se apenas tu possuas o dinheiro. Assim, em certo sentido, as leis da natureza cobrem o inteiro campo do espaço e do tempo. Em outro sentido, o que elas deixam de fora é precisamente o inteiro e real universo. A torrente incensante de eventos reais, que constituem a verdadeira história, devem vir de outra iniciativa; pensar que as leis naturais podem produzi-las é como pensar que você pode criar dinheiro simplesmente por efetuar uma soma. Pois toda lei diz em última instância: "Se tens A, então terás B." Mas primeiro obtenha o teu A. As leis, não o farão para ti. - C. S. Lewis (Miracles p.93-94).

Bem, o cenário que temos até aqui não parece se coadunar a uma teoria axiomática. Pois, conforme definida pela filosofia clássica, um axioma é uma declaração que é tão evidente ou bem estabelecida, que é aceita *sem quaisquer dúvidas*, uma capaz de recomendar a si mesma como algo evidente, uma que é capaz de ser considerada completa. Podem muitas das teorias modernas passar este teste simples? E assim, como podemos de sã consciência confiar em tal teoria, quando não existe qualquer acordo nem mesmo entre os seus proponentes. Falta à teoria do Big Bang *simplicidade* e *beleza*. Aceitarias uma teoria mesmo que suas principais afirmações fossem confusas e incompletas? Mas esta é, infelizmente, a atitude de muitas pessoas hoje em dia.

As ideias políticas de Platão nunca tiveram uma chance de serem seriamente aplicadas, diga-se de passagem. Em termos práticos, só se pode vender uma ideia, como um novo credo científico, se ela reunir em torno de si suficiente evidência comprobatória. Comprarias uma TV cara se ela não tenha sido ainda plenamente desenvolvida, e ainda possua defeitos, além de ser conhecida por interrupções de surpresa? É muito mais sábio não confiar tão cegamente em ideias que ainda não foram plenamente expostas à luz do sol para serem confiadas. Estas não passam de teorias, nada mais.

Não podemos assim, apostar nossas vidas nelas. Temos que desenvolver, ao invés, um olho crítico sobre tudo, especialmente quando está em voga abraçar ideias que são ensinadas nas universidades como se fossem doutrinas infalíveis. Simplesmente não sabemos quais são as motivações por trás delas, quem as financiam de fato. Foram elas provadas na prática, ou não, foram bem sucedidas, ou fracassaram? Bem, para os antigos gregos tudo de valor teria necessariamente um aspecto prático, eles até mesmo tinham um nome para isso, 'praxis' (a prática). Podemos resumir nosso argumento da seguinte forma: (1) premissa, "quaisquer seres que existam possuem uma *causa* para tal; (2) premissa, "o universo teve um *começo*; (3) conclusão, "portanto, segue-se que o universo tem uma *causa* para sua existência." Pois até mesmo os seres humanos não criam aleatoriamente, mas sempre buscam uma causa que produza efeito útil, para criarem.

Uma das principais teorias propostas durante o estágio final do século 19º foi a Teoria da Evolução, propalada por Charles Darwin. O que muitas pessoas parecem esquecer são as circunstâncias envolvidas nesta proposição, especialmente, o fato de ser ele primo de Sir Francis Galton, o qual estava por trás de um movimento fanático, de cunho racial, chamado *eugenia*[109]. E esse fato foi crucial para o desenvolvimento das ideias de Darwin. A Primeira Guerra Mundial prepararia o público, que estava extremamente desapontado com a religião, devido aos horríveis resultados da Grande Guerra, para aceitar prontamente uma nova direção, uma espécie de *novo evangelho*.

Assim, quando a ideia evolucionária entrou em cena, ela parecia oferecer uma saída para o marasmo percebido pela maioria das pessoas, a evolução lhes ofereceu um escape daquilo que muitos europeus passaram a considerar como, "a velha mentalidade." E até mesmo a ideia de criação passou a ser explicada em termos evolutivos, de que a vida veio a existir em

---

109 Baseada na antiga noção grega de *"nobilidade de nascimento, nobre descendência,"* (do grego εὐγένεια) e que, contrário ao que muitos pensam, dominou toda forma de ciência oriunda da Europa, e.g., psiquiatria, medicina, física, química, biologia, sociologia, e finalmente a política.

resultado do processo evolutivo e não do designo inteligente. Junto com essa nova percepção, veio uma onda de propaganda dirigida contra a ideia de religião, espiritualidade, vida após a morte, ordem, designo inteligente e beleza cósmica. Mas ao invés, infundiu-se nas massas as noções de consumismo, materialismo, egoismo, transcendentalismo e tudo mais que fosse comercialmente rentável e útil para o nascente sistema industrial. Em outras palavras, declarou-se o fim da racionalidade grega, pelo menos para os considerados inaptos e menos desenvolvidos!

É fato notório que nós temos sido programados para pensar sempre em consonância com os maiores e mais rentáveis interesses da *elite* global, a qual continua *ad eternum* a brincar com as nossas percepções usando eventos mundiais tais como guerras e tragédias feitas pelo homem. Produzidas através de manipulações políticas e, que ao mesmo tempo, promovem um constante fluxo de novas ideias, as quais parecem sempre estarem em perfeita sintonia com a agenda política vigente. As guerras não são eventos naturais (como o Big Bang, por exemplo), elas são criadas para servirem a um "propósito útil."

A Nova Ordem Mundial é traduzida do motivo, "**Novus Ordo Seclorum**," que é uma nova ordem *secular*. Onde nenhuma religião é permitida, exceto aquela que é previamente aprovada pelo Estado da Nova Ordem Mundial. Lembra-se da teologia política de Varro, o estado como um deus? (considerada no início deste capítulo), esta é a nova tendência.

Se as pessoas pensam que este novo sistema mundial intenciona libertá-los, isso só se deve ao fato de elas estarem vivendo em pura ilusão, e por estarem iludidas, elas acabam oferecendo as condições perfeitas sobre as quais a tirania pode ser instaurada mais facilmente.

A *Eugenia* por Trás da Teoria da Evolução

A teoria simplesmente chamada "evolução" é apenas uma abreviatura para o seu pleno título que é, *"Sobre a Origem das Espécies por Meio da Seleção Natural ou A Preservação das Raças Favoritas na Luta pela Vida,"* por Charles Darwin. Note bem, "Preservação das Raças Favoritas na Luta pela Vida." Este título nos diz muito sobre as reais intenções por trás dessa mundialmente renomada teoria.

T. H. Huxley, foi um biólogo britânico que se tornou conhecido como o "Bulldog de Darwin", por ser uma peça chave em promover a teoria da evolução entre os cientistas ingleses do século 19º. Ele foi um dos poucos confidentes a quem Charles Darwin expôs suas ideais evolucionárias antes que elas fossem finalmente publicadas. Ele foi também diretamente responsável pelo seu sucesso. Logo após, de ele ter concordado com a teoria, ele deu início a uma estratégia muito eficiente a qual visava substituir, o que era então, a elite dos cientistas ingleses. E graças à sua influência, velhos cientistas, com uma assim-chamada "velha mentalidade", foram eventualmente substituídos por uma nova geração de jovens e brilhantes cientistas, os quais se mostraram "abertos" às novas ideias, as quais não seriam facilmente aceitas pelo grupo anterior. E assim, ele foi capaz de promover uma verdadeira "revolução científica" e preparar o caminho para uma consequente aceitação pública massiva. Em 1858, Darwin foi incentivado (em parte por Huxley) a elaborar rapidamente um artigo científico em cooperação com Alfred Russel Wallace, para ser apresentado à Sociedade Lineana em Londres, no intuito de tentar revigorar a comunidade científica que já estava mostrando disposição em aceitar a grande mudança. De fato, além da esperada resistência, a mudança coincidiu com uma reviravolta no paradigma científico inglês.

Como Darwin nunca foi considerado um grande orador, ele escolheu, ao invés, retirar-se quietamente para a zona rural inglesa, longe dos debates e repercussões que certamente esperavam por ele. Dependia então inteiramente de Thomas Huxley encarar a comunidade científica e se tornar seu principal defensor. Um orador excelente e feroz, além de possuir um senso de humor sarcástico, que contribuiria para torná-lo conhecido como "o bulldog de Darwin" ele até mesmo disse uma vez a um dos estudantes de Henry Fairfield Osborn, "Você sabe que eu devo cuidar dele (Charles) – de fato, eu sempre fui o bulldog de Darwin[110]."

Mas o mais importante debate sobre a evolução ocorreu em

110[Life]Huxley, Leonard; Henry Huxley, Thomas. *Life and Letters of Thomas Henry Huxley*. Cambridge University Press, 2011. ISBN 1108040454.

30 de junho de 1860, na famosa Universidade de Oxford, entre T. H. Huxley e seu principal opositor, o Bispo Samuel Wilberforce, acompanhado por seu amigo Richard Owen. A discussão foi intitulada "Darwinismo e Sociedade," a universidade teve que mudar o evento na última hora para um outro salão mais espaçoso, graças à inesperada audiência que contava entre 700 até 1000 pessoas. Embora não fosse transcrito para a posteridade, alguns a consideraram uma grande vitória para Huxley, no que foi visto como o maior debate científico na história. Em seu momento mais alto, Samuel Wilberforce, teria perguntado a Huxley, se fora "por meio de seu avô ou sua avó, que ele alegadamente descendeu de um macaco."

A resposta de Huxley foi clara e aplaudida pela audiência: *"Se a questão é para o efeito de que eu antes teria um pobre macaco como avô, ou um homem altamente favorecido pela natureza e possuindo grande capacidade de influência, mas que mesmo assim favorecido, emprega esta capacidade e influência para o mero propósito de introduzir o ridículo a uma discussão científica séria, eu não hesitaria em afirmar minha preferência pelo macaco[111]."*

É interessante que Huxley, foi responsável por introduzir o termo "agnosticismo" ao jargão científico, para descrever sua posição sobre credos religiosos, embora este antigo termo grego fosse meramente usado por escolas filosóficas para indicar aqueles indivíduos que não tinham sido iniciados em mistérios

---

111 La Cotardière, Phillippe (2011.) History of the Sciences: from antiquity to our days . III Vol. First edition, page 177[Cotardiere].

gnósticos. Ele era comumente usado pelos Elisianos, Báquicos, Pitagóricos, e posteriormente, por escolas gnósticas cristãs e sacerdotes do deus Mitra.

Darwin precisou de variações hereditárias sobre as quais a seleção natural poderia agir. Para solucionar esse problema, ele elaborou sua teoria da "pangêneses" no segundo volume de *Variações em Animais e Plantas sob Domesticação*. Darwin desenvolveu uma hipótese de que as partículas que ele chamou *gemules* eram reunidas a partir de todo o corpo nos órgãos sexuais para distribuição à progênie. Para criar a variação em que a seleção funcionasse, gemules tinham de ser modificáveis de alguma forma. Darwin imaginou dois mecanismos. Primeiro, gemules eram afetados de forma negativa por mudanças em suas condições, não lhes permitindo agregarem-se corretamente. O segundo mecanismo, supôs que alterações nas condições ambientais poderiam causar mudanças nos gemules, uma noção insuficiente para permitir com que características genéticas fossem adquiridas, algo que incomodou bastante a Galton.

Parecia lógico para ele que, em animais, pelo menos, os gemules pudessem ser transportados para os órgãos sexuais de várias partes do corpo via a corrente sanguínea. Ansioso para testar a hipótese de seu primo, Galton decidiu usar coelhos de raça pura, também chamados "cinza prateados", como recipientes de sangue de doadores possuindo diferentes características. Um ou ambos genitores foram transfundidos.

Eles então eram alimentados para ver se eram capazes de produzir progênie que levasse quaisquer das características do doador sanguíneo. Galton manteve a Darwin informado sobre o progresso daquele que viria a ser o seu mais mal sucedido experimento. Mas Galton não informou a Darwin quando ele decidiu publicar seus resultados nos *Procedimentos da Sociedade Real*, em 1871[112]. Galton foi além, e proclamou que ele tinha invalidado a teoria de Darwin sobre pangêneses.

De forma que, após analisarmos a história por trás da teoria da evolução e como ela veio a ser introduzida, dificilmente podemos dizer que ela foi cientificamente demonstrada e verificada, como requer o critério científico. Mais parecia uma *estratégia política*. Uma que só após a remoção de cientistas considerados como uma séria oposição, e então, substitui-los por novos cientistas em suas privilegiadas posições, obteve sua aceitação como nova verdade *incontestável*. Ela possui, sim, todos os indícios de uma manobra política. Uma que precisava ser "cientificamente justificada" a fim de ser avançada como uma teoria social, a *eugenia*. Pois, conforme declarado acima, Charles Darwin teve uma forte influência, embora não de natureza científica, mas intelectual, do seu primo Sir Francis Galton, que era para todos os efeitos o próprio *deus da eugenia*. O que temos aqui, aponta na direção oposta àquela intencionada, aponta sim ao criacionismo, como sendo a mais lógica concepção para a vida e sua complexidade.

112*Proceedings of the Royal Society, 19, 393-410[Royal].*

Visto que estamos falando sobre ideias, vamos visualizar qual foi impacto causado pela noção de completa inteligibilidade. E como ela acrescenta um elemento axiomático necessário a qualquer investigação sobre a vida e sua origem.

A Noção de Completa Inteligibilidade

Muitos argumentos metafísicos para a existência de Deus (grego theós) têm sido sugeridos desde o tempo de Platão e Aristóteles. As provas incipientes para a existência de Deus podem ser encontradas no "argumento de participação em perfeita bondade[113];" na concepção de um criador infinito do qual tudo mais é um mero reflexo no espelho.[114] Encontra-se declarado no Timeu de Platão, o seguinte:

"Portanto [o Criador] resolveu ter uma imagem movente da eternidade, e quando ele pôs em ordem os céus, ele fez esta imagem eterna e que se move segundo o número, enquanto a própria eternidade descansa em unidade; e a esta imagem, nós chamamos tempo."

Assim também, Aristóteles formulou a primeira prova *a posteriori* para a existência de Deus, argumentando para uma primeira causa eficiente de toda a realidade em sua Física, Livro VIII, e uma primeira causa final para a realidade no Livro XII de sua Metafísica. Em suas próprias palavras:

---

113 The Republic, Books VI and VII, Plato 1961[A República].

114 Timaeus, Plato 1961, p. 1167; 37d-39e.[Timeu]

"...o fato de que deve necessariamente existir algo que é imóvel e <u>eximido</u> de toda mudança externa, tanto não qualificada e acidental, e que pode mover outros, é claro das seguintes considerações."(Aristóteles 1961, Física, Livro VIII – 252b10ff.) [Aristotle].

E novamente, em sua Metafísica, ele articula sua solução ao problema de como o primeiro Movedor pode mover sem estar em movimento, a saber, por atrair todos os movedores subsidiários em locomoção, dizendo:

"Que a causa final existe em coisas imóveis é claro através da distinção dos dois significados de 'causa final'...e causa movimento como algo que é amado, e aquilo que é movido move outros. Se, pois, algo é movido, ele pode ser de outra forma com respeito ao lugar, mesmo que não seja com respeito a substância. E visto que existe um movedor que causa movimento sendo ele mesmo imovível e que existe na atualidade, este não pode ser de nenhuma forma diferente do que é." (Aristóteles 1991, *Metafísica*, Livro XII – 1072b1-9)[Metafísica].

Podemos ver beleza em seu raciocínio, e beleza e simplicidade é o que está faltando desesperadamente nas proposições científicas de hoje. A ciência se tornou, devido à sua relação licenciosa com o mundo financeiro e político, algo feio, autocentrada, e consequentemente incapaz de alcançar os seus mais fundamentais objetivos. Um dos principais objetivos da ciência deveria ser soerguer o nosso mundo de sua ignorância e caos. E isto simplesmente não está sendo feito, mas ao invés, enormes quantidades de dinheiro são derramadas em pesquisas dúbias, abstrações e mais pseudo ciência, como vacinas e alimentos geneticamente modificados.

Portanto, esta Causa deve ser imaterial e não restrita ao tempo e espaço, visto que, segundo muitos cientistas creem, a matéria, o tempo e espaço, foram criados durante a formação do universo. E nós nos deparamos assim com dois conceitos de mundo, um que começa com a massa de energia de partículas enquanto tudo mais é derivativo, incluindo a informação sobre ele. E o outro, que diz o exato oposto. No primeiro conceito de mundo, a massa de energia é primária, e a mente é derivativa. Mas no outro conceito de mundo, a mente é primária e a massa de energia é derivativa. Um representa o mundo segundo a noção *materialista*, e o outro representa o mundo segundo o *teísmo*. É essa noção verificável pela experiência? O que vem primeiro, a galinho ou o ovo, pelo amor de Deus?

Estas pessoas, a exemplo de Charles Darwin, gostam de nos dizer que não existe evidência para o designo inteligente do universo, mas ao mesmo tempo, eles mesmos se encontram envoltos por ideais que não foram cientificamente provadas além da dúvida (visto que não existe acordo entre os seus proponentes) – e.g., *a eugenia*, pseudociência usada como base para a psiquiatria behaviorista.

Apenas pense se existe em qualquer país, um laboratório ou instituição científica, que conduziu, de forma bem sucedida, uma análise independente sobre as vacinas e medicamentos que são amplamente usados na população? O que eles dizem sobre isso? Absolutamente nada! E seu silêncio fala bem alto aos ouvidos dos mais inquiridores, aqueles que já possuem dados suficientes para não confiar naquilo que é comercialmente conveniente. Que tipo de "ciência" eles estão realmente empurrando nas pessoas menos avisadas? Por que o completo abandono da medicina convencional, como hospitais e pesquisa médica, e ou invés, vemos sua substituição, quase que exclusiva, pelas vacinas?

Kurt Gödel e a Incompletude Aritmética

No princípio do século 20, havia um otimismo sem precedentes sobre a matemática que indicava a real possibilidade de que nós estávamos nos aproximando de uma completa teoria sobre *tudo*. Esse movimento foi chamado de 'positivismo'. E é, até hoje, defendido por muitos como uma fórmula ou procedimento para explicar tudo. Vejamos as implicações práticas do teorema de Kurt Gödel sobre esta perspectiva absolutista.

Uma demonstração particularmente poderosa sobre a noção de completa inteligibilidade nos foi apresentada pelo brilhante matemático austríaco chamado Kurt Gödel em 1931. Seu teorema foi mais tarde revisado por John R. Lucas em 1961[115], e

---

115 Lucas, John R. 1961. "Minds, Machines, and Gödel," *Philosophy 36*, p. 120[Lucas].

novamente pelo eminente fisicista Roger Penrose in 1989[116].

Para descrevê-la brevemente, Gödel foi capaz de provar que para todo sistema matemático, conforme usado na física, na biologia, na química, etc., sempre haverá proposições improváveis dentro de cada conjunto de declarações axiomáticas e suas respectivas estruturas matemáticas. Segundo ele, nós somos capazes não apenas de provar que declarações consistentes, porém improváveis, existem, mas também provarmos que são consistentes, por recorrermos aos axiomas além daqueles usados para gerar estas declarações. Isto revela que o pensamento não se encontra baseado em um conjunto prescrito de axiomas, regras, ou programas, e é, por natureza, além de qualquer esquema pré-configurado. Esta conclusão também reafirma a metafísica como uma ciência necessária, a qual, a propósito, vem sendo negligenciada desde os anos 30 pela ciência oficial e formalística.

Para melhor exemplificarmos seu teorema, consideremos que temos em nossas mãos um livro de geometria e que este livro é construído sobre cinco postulados euclidianos, e.g. *"uma linha reta se estende indefinidamente em ambas as direções."* Ok, mas os matemáticos sempre se sentiram frustados por não conseguirem provar os cinco postulados euclidianos. Eles fazem sentido, são coerentes, são óbvia e intuitivamente verdadeiros – mas eles não podiam prová-los! – Assim Kurt Gödel demonstrou que eles

---

116 Penrose, Roger. 1965. "Gravitational Collpase and Space-Time Singularities," Physical Review Letters 14, pp. 57-59[Penrose].

jamais conseguiriam (empiricamente) *alcançar esta suposta teoria sobre tudo*. A incompletude aritmética foi a prova final dessa desapontadora realidade. Interessante que, muitos estudantes de filosofia nunca ouviram falar de Kurt Gödel, mas certamente se ouve bastante sobre Bertrand Russell e sua *Principia Matemática*, já refutada!

A *Incompletude Aritmética* proposta por Kurt Gödel é considerada um teorema, o qual é tecnicamente uma proposição que, a fim de ser admitida ou evidenciada, precisa de *demonstração*. E isso faz com que ela seja certamente muito mais que uma teoria, a qual é essencialmente uma suposição especulativa, uma hipótese. A melhor analogia para nos permitir entender o teorema de Gödel em termos simples, é usarmos um livro de geometria, como exemplo. Se nós desenharmos um círculo em torno do livro de geometria, de forma a isolá-lo, podemos entender que ele faz asserções ou é dependente de coisas (ou pessoas), fora de sua esfera de existência.

Um livro de geometria depende de algo (declarações) que se encontram fora dele, as quais não podemos provar (como os cinco postulados) mas que temos que admitir sua existência necessária a fim de efetivamente provarmos a nossa proposição. De forma que, Kurt Gödel foi capaz de demonstrar que todo sistema, seja lógico ou matemático, é como este livro. Pois, em toda proposição científica, existe sempre algo; uma assumpção, uma premissa, fora dela mesma, a qual lhe serve de base sustentável, mas que não podemos provar, apenas assumirmos sua existência. Pois sem elas, não podemos produzir nada em termos de ciência. Bem, os antigos tinham uma palavra para esse 'algo', ele era chamado de 'metafísica', ou aquilo que jaz para além das percepções sensoriais imediatas, seja de entidades concretas ou abstratas, que nem por serem imperceptíveis, deixam de exercer papel crucial no conhecimento[117]. A inferência prática que podemos fazer deste teorema é que existem muitas mais coisas que existem de fato, mas que contudo, não podem ser provadas – e assim a nossa lógica é insuficiente para tal tarefa. Também implica que qualquer sistema lógico, ou crença, ou qualquer outro sistema que envolva o raciocínio, requer *fé* (πίστις "pistis', em grego), a qual sempre será um elemento essencial ao desenvolvimento científico. Se um cientista não acredita, pelo menos, que algo é possível, não poderá realizar muito em termos de ciência, e isso é um fato.

Kurt Gödel conseguiu alcançar este teorema por fazer uso do paradoxo do mentiroso, "eu estou mentido," e ele o transformou em uma fórmula matemática no intuito de provar se ele estava mentindo ou não. Sabemos, intuitivamente, que apenas um ente externo, uma pessoa independente, pode

---

117 É interessante e revelador sabermos que, a metafísica clássica possuía duas faces, a *lógica* – centrada na análise de proposições, e a *ontológica*, que focava na elucidação e classificação dos 'entes' reais ou ideais. Rarissimamente se faz hoje qualquer distinção sobre este fato histórico nos cursos de filosofia hodiernos.

verificar esta asserção como um fato. Ele (Gödel) não poderia provar isso por si mesmo. Assim, ele demonstrou que apenas um *agente externo* poderia realmente provar se ele estava mentindo ou não. Consequentemente, para os cientistas, esta conclusão não foi 'algo' muito agradável, visto que eles supunham que já estavam bem próximos de uma teoria matemática absoluta, capaz, segundo eles, de provar tudo.

Mas como, podemos perguntar, Gödel chegou ao seu teorema da incompletude aritmética? No verão de 1930, Gödel empreendeu um trabalho sobre a consistência formal da análise. Isto significava considerar um sistema axiomático, totalmente formalizado[118] em termos de análise, e então, a partir desse ponto, proceder em demonstrar que nenhuma contradição dedutiva pode se originar dela (da análise). Adicionalmente, o método demonstrativo de consistência deve ser finitista – seguindo as normas descritas pelo sistema de Hilbert – por exemplo, podemos demonstrar a consistência geométrica de Lobachevsky[119] por meio da sua interpretação da geometria

---

118 Em matemática foi chamado de *formalismo* o procedimento que pretende prescindir dos significados dos símbolos matemáticos, especialmente quando nos referimos a corrente de Hilbert. Também é considerado formalismo a grande importância atribuída aos procedimentos legais ou a certas normas de comportamento nas relações entre os homens.

119 Nicolai Ivanovich Lobachevsky foi um matemático russo. Estudou no Instituto de Cazã, a partir de 1802, destacando-se, desde cedo, por seu pendor pela matemática. Foi considerado como o "Copérnico da geometria", especialmente por suas descobertas relacionadas as

euclidiana (e.g., por meio do disco de Klein). Este método oferece apenas uma demonstração consistente da geometria de Lobachevsky em relação à geometria euclidiana. Hilbert, por outro lado, buscou por demonstrações de consistência baseadas em um sistema formal que não fosse dependente de suposta consistência de um outro sistema formal. Demonstrações que, por sua vez, pudessem apenas se basear em argumentos matemáticos não controversistas – os assim chamados argumentos finitistas. A fórmula de cálculo de predicado pode ser facilmente obtida dos seguintes símbolos relacionados R, Q, etc., e variáveis individuais tais como, x, y, etc., por meio da construção de fórmulas atômicas tais como 'R (x,y)', e da aplicação de conectivos proposicionais (negação, condicional, etc) bem como de quantificadores universais e particulares (existenciais).

Assim que todas as variáveis incluídas em uma fórmula são plenamente quantificadas, dizemos que elas são capazes de criar uma fórmula fechada. Este é o caso de $\forall y \exists x R(x,y) \to \exists x \forall y R(x,y)$. Uma possível interpretação desta fórmula, é que ela consiste em um conjunto não vazio de X (o domínio da interpretação) e em uma relação binária $U \subseteq X \times X$ (a interpretação do símbolo relacional binário R). Quando é o caso que X é um $\mathbb{N}$ e U é a relação de "mais ou igual", a referida fórmula é válida na interpretação, enqunto que, se modificarmos a interpretação por mantermos o domínio $\mathbb{N}$ mas removermos U como sendo o conjunto diagonal de

---

geometrias não-euclidianas.

$\mathbb{N} \times \mathbb{N}$, então a fórmula é inválida. Uma fórmula fechada é dita como sendo válida se ela se mostra verdadeira em todas as suas interpretações. A fórmula acima não é válida, mas sim a seguinte $\exists x \forall yR(x,y) \rightarrow \forall y \exists xR(x,y)$.

Gödel optou, sabiamente, por não confrontar o problema da consistência diretamente, mas antes, sua relação com a aritmética. Este passo, em si mesmo, constituiu uma contribuição significante para o programa de Hilbert. Em 1943, Hao Wang reportou o seguinte:

"(Gödel) representou os números reais usando fórmulas...desde a teoria do número, e descobriu que ele devia usar o conceito de verdade para fórmulas fechadas usadas na teoria dos números de forma que ele pudesse verificar os axiomas de compreensão para a dita análise. Desde o princípio ele se achou cercado com paradoxos relacionados a verdade e definibilidade (em particular com o paradoxo do mentiroso e o paradoxo de Richard). Ele imaginou que a noção de verdade na teoria dos números não pode ser definida em termos de teoria dos números e, em consequência disso, que o seu plano de demonstrar a consistência como sendo relacionada à análise não era funcional."

O ponto chave do seu raciocínio foi, certamente, uma percepção de que é possível, através da aritmética, fornecer um sentido preciso às asserções autorreferenciais. Desta forma, se uma noção de verdade pudesse ser definível em aritmética, então haveria uma fundamental contradição (e.g., por meio da asserção 'esta asserção é falsa'). Ao contrário, a noção formal de dedutibilidade é definível em aritmética. Portanto, *verdade* e *dedutibilidade* não são a mesma coisa. Esta é a alma do fenômeno da incompletude. Wang continua:

"(Gödel) acabou de concluir que em sistemas suficientemente fortes como os da Principia Matemática (a teoria dos tipos) ou o conjunto de teoria ("Zarmelo-Fraenkel") possuem proposições indecididas".

Este simples, porém lindo teorema, deu um golpe devastador em muitos matemáticos da época, incluindo o matemático inglês e ateu, Bertrand Russell, que mais tarde morreria ainda em estado de negação. Especialmente, visto que ele havia dedicado boa parte de sua vida à produção da *"A Principia Matemática."* A qual buscava oferecer uma base matemática para se negar a necessidade de qualquer designo inteligente por trás da criação do universo físico. O mesmo *nada* que ouvimos antes.

Se aplicarmos este provado teorema ao universo, teremos alguns resultados surpreendentes. O teorema, conforme proposto por Kurt Gödel, é capaz nos dar a certeza de que o universo que vemos é contingente a algo mais, fora do seu ciclo de existência, e possui as seguintes consequências necessárias - o que quer que seja, que deu origem ao nosso universo, é imaterial, invisível e eterno. Pois, se temos em seu círculo de existência todos estes princípios, eles, conforme Gödel provou, originam-se de algo mais, fora de sua realidade imediata. Assim, o criador não é nem matéria, nem energia, nem espaço, nem tempo. Mas é algo além de nossa esfera observável de existência. Assim como o livro de geometria; sabemos que suas páginas, parágrafos, pontuação, ilustrações, sua estrutura gramatical, sintaxe, e assim por diante, não poderiam ter caído dos céus de seu próprio acordo. Mas a conclusão razoável seria admitirmos que ele teve um autor. O ponto é, sabemos por certo que ele foi produto de um escritor inteligente, embora não possamos produzir este escritor sempre que precisarmos demostrar que o mesmo foi inteligentemente designado. De forma semelhante, não podemos produzir Deus imediatamente para provar que o universo, que possui em si, inquestionável evidência de designo inteligente, foi de fato criado.

O princípio da inteligibilidade também reafirma o conceito de "essência divina" mencionado pelos antigos filósofos gregos. Esta noção significava que a ideia de completa inteligibilidade, o que significa admitir a presença de um ato irrestrito de entendimento, também chamado de 'logos' divino, e que está presente em nós como um horizonte percepcional, como um recurso perene, pode ser usado como uma ferramenta epistemológica capaz de nos permitir comparar o máximo de conteúdo inteligente que sejamos capazes de compreender e que vai além dos nossos restritos sentidos percepcionais de entendimento. A presença dessa essência divina, portanto, deve nos servir de ímpeto para toda e qualquer inquirição, o fomento de todo ato de criatividade, distinguindo-nos dos animais.

Contudo, a mera presença da essência divina em nós não nos faz necessariamente mais criativos; ela não cria para nós. Ela meramente provê a data (os recursos) de completa capacidade inteligível que nos incita a suscitar as reais questões sobre a vida – mas ela não nos dá as respostas a estas questões, quaisquer que sejam. Nós tampouco, temos que buscar respostas prontas, como se tivéssemos um repertório de soluções. Podemos apenas observar a completa inteligibilidade e perceber seus padrões racionais, ou decidir ignorá-los e voltar à estaca zero do processo cognitivo. Mas se decidirmos, ao invés, propor as mais relevantes questões e nos empenharmos livremente em identificá-las, então nos livraremos do resíduo empirista[120] e passaremos para o nível racional (como um cálculo de múltiplas variáveis) dentro de nossa consciência (os verdadeiros universais[121]), e assim, criarmos e entendermos ideias que são necessárias em seu próprio domínio e que podem ter uma aplicação para bem. A presença da essência divina, em si, não realiza esta tarefa para nós; ela meramente a fomenta e nos convida a atingir a razão divina. A questão, a busca, o entendimento, a capacidade criativa, e a liberdade que lhe é

---

120 É necessário lembrar-nos de que a experiência empírica, para os filósofos gregos de mais alta estirpe intelectual, era meramente um primeiro ao processo cognitivo, ele não era, de modo algum, o passo final, adquirido pela φρόνησις (frónesis) *discernimento, sabedoria; maneira de pensar*. Diccionario Conciso Griego-Español del Nuevo Testamento, 4ª Edição, p. 192.

121 A disputa sobre os universais, na idade média, perdeu de vista o fato de que existem sim verdadeiros universais (à partir da imanência) e os falsos universais (transcendentais) e acabou criando uma falsa dicotomia que ainda influencia o pensamento de muitos cientistas hoje.

intrínseca – a providência nos permite acesso a estas potencialidades. Visto, sermos chamados de cocriadores, temos a obrigação de torná-la uma realidade e não sucumbirmos ao modelo de outrem (II Coríntios 3:18).

A Sequência Fibonacci

Por fim, dispomos de outra bela redescoberta da noção científica de designo inteligente, presente na natureza em sua totalidade.

O matemático italiano, Leonardo de Pisa, também conhecido como Fibonacci (o beneficente ϕ dos gregos[122]), refere-se aos números expressos na sequência Fibonacci e são caracterizados pelo fato de todo número, após os dois primeiros, serem a soma exata dos dois precentes. Ele incluiu esta sequência em seu livro, publicado em 1202 E.C., intitulado *Liber Abaci* (o Ábaco Vivo) que foi responsável por introduzir a sequência na matemática da Europa Ocidental, embora a sequência já tivesse sido descrita antes por matemáticos indianos, especialmente em sua filosofia. Tal noção possui uma íntima relação com a Regra de Ouro dos antigos gregos e se encontra expressa através de toda a natureza; nos ramos de árvores, no arranjo geométrico das folhas, nas fisiologias de humanos e animais, nas sementes de plantas, nas espirais de moluscos e crustácios, nas

---

122 A Letra grega ϕ representa a a noção de proporcionalidade divina, presente na natureza, pois, para os antigos filósofos gregos, sem proporção, nada seria realizável em termos de inteligência.

ondulações (sejam sonoras ou oceânicas), além de serem a base da geometria, da matemática, e de diversas outras estruturas biológicas.

1,1,2,3,5,8,13,21,34,55,89,144,... estes números, ao que parece, surgiram por volta do ano 200 A.E.C em uma obra publicada no sistema *Pingala* (um sistema de ioga na Índia antiga) para enumerar possíves padrões poéticos, formado a partir de sílabas de duas extensões. Os números de Fibonacci também aparecem em certos pedigrees de abelhas idealizadas, segundo as seguintes regras:

- Se um óvulo[123] é fertilizado por uma fêmea sem parceiro, ela produz um macho ou uma abelha (drone).

- Se, contudo, o óvulo é fertilizado por um macho, ela produz uma fêmea.

Assim, uma abelha macho sempre terá um progenitor, e uma abelha fêmea terá dois.

Este designo lógico, também, claro, ocorre com seres humanos, segundo Luke Hutchison[124], o número de possíveis

---

123 É uma estratégia de reprodução assexuada muito utilizada em espécies de reprodução sexuada, quando na população não existem machos disponíveis. Nas abelhas Apis melifera, as abelhas-rainha, fêmeas férteis, produzem óvulos haploides que podem ou não ser fecundados pelos zângões, machos férteis.

124 Cientista da ciência computacional e biológica. Long Beach, California,

ancestrais na linha de cromossomos, hereditários X, em uma determinada geração ancestral, também segue o modelo da sequência Fibonacci.[125]

De maneira que, nós temos sim, mais do que suficiente evidência para apoiar o designo inteligente como sendo bem mais plausível do que a visão materialística que, embora aceita por muitos, não oferece nem uma visão realística nem científica para a origem da vida. Apenas temos que fazer o nosso trabalho de casa, e parar de acreditar em toda teoria que pareça atraente aos nossos sentidos. Como temos visto até este ponto, nossos sentidos não oferecem a melhor abordagem para racionalizar o mundo em que vivemos.

O cristianismo está sob ferrenho ataque não porque lhe falta conteúdo filosófico, mas simplesmente por representar, quando filosoficamente percebido, uma ameaça aos planos mirabolantes de poucos. Também, porque muitos não foram suficientemente educados no verdadeiro conteúdo do texto grego original, e portanto, desconhecem suas *reais proposições*. Mas o leem apenas traduzido e depositam total confiança em traduções deficientes, para dizer o mínimo, e acabam assim, por perder de vista um rico solo de filosofia clássica, mas a transformam em um manual de credos simplísticos, incapazes de *refrescar* a alma humana, que termina escolhendo a *tradição*, ao invés da *razão*. Sobre a

---

USA.

125 Hutchison, Luke (September 2004). "Growing the Family Tree: The power of DNA in Reconstructing Family Relationships."

possibilidade do tudo vir à existência pela obra do acaso, Voltaire, filósofo francês, do final do século 15, o mesmo que alguns erroneamente pensam ter sido um ateu, advertiu:

> *"O acaso é uma palavra vazia de todo sentido; nada pode existir sem causa. O mundo está estruturado segundo as leis matemáticas; portanto, é estruturado por uma inteligência."*
> Dicionário Filosófico, p. 253.Editora LaFonte, edição brasileira, 2018.

No próximo capítulo, consideraremos a vida e o pensamento de um dos mais educados cristãos do 2º século, chamado Marcião de Sinope. Conforme será demonstrado, se Martinho Lutero nos deu uma razão para *protestar*, Marcião nos deu um real motivo para *reformar* o cristianismo. Esta será, devo lembrar, uma discussão bem imparcial sobre o tema, e para isso, daremos atenção ao que disseram seus mais ferrenhos opositores, Tertuliano, Eusébio e Policarpo de Esmirna. Vejamos se eles foram capazes de apresentar um caso forte contra as revolucionárias asserções teológicas de Marcião, ou não. E se não, quais são as diretas consequências disso para aqueles que ainda professam ser cristãos hoje. Afinal, para os mais educados em lógica grega, uma *tese*, para ser justificada, precisa de uma *antítese* que lhe seja contrária. Só então seremos capazes de obter uma *síntese* conclusiva. Já sabemos da tese mítico-teológica do Velho Testamento, veremos agora os 37 artigos da antítese de Marcião contra ela!

"E o Senhor Deus chamou a Adão,
e disse-lhe, *onde estás*?" Gênesis 3:9

CAPÍTULO VII

MARCIÃO ATEIA FOGO AO MUNDO!

Quase todos os cristãos hoje demonstram ter uma reverência especial pelos livros que são coletivamente chamados de "Bíblia Sagrada." Os cristãos orientais ortodoxos veneram suas Escrituras e relíquias encrostadas de ouro, curvando-se diante delas, e até mesmo beijando-as. Semelhantemente, os cristãos católicos, começam seu ritual da missa, nas manhãs de domingo, com uma procissão que inclui o ato de se ter a Bíblia erguida pelo sacerdote e trazida ao altar, onde ele, com reverência, a deposita. Os cristãos protestantes têm feito das Escrituras sua regra de fé com sua doutrina de *Sola Scriptura*, ou apenas as Escrituras. Assim os cristãos em todo o mundo leem os livros da Bíblia com amor e reverência (leitura confessional), buscando seguir as palavras contidas nela com submissão e obediência. Não existe dúvida de que, para os aproximados dois bilhões de cristãos hoje no mundo, as Santas Escrituras, especialmente a parte dela chamada de "Novo Testamento", encontram-se no âmago de sua fé.

Muitos cristãos, contudo, não estão familiarizados com história do livro, ou seja, da coleção de livros que ocupa tal importante lugar em suas vidas. Poucos cristãos estão familiarizados com os homens e eventos que moldaram o conteúdo das escrituras que eles tanto adoram. Menos ainda imaginam que, se não fosse pelas crenças e ações de certos indivíduos na Igreja primitiva, não haveria nem mesmo um Novo Testamento ou uma Bíblia que fosse conhecida hoje.

Marcião e a Escritura: O Impacto de sua Teologia sobre o Novo Testamento no Segundo Século da E.C

Marcião de Sinope (seu nome em grego: Μαρκίων Σινώπης; c. 85-160 A.D) ainda é chamado por muitos como "um dos mais ferozes hereges do primitivo cristianismo." Sua teologia chamada pejorativamente de **marcionismo,** propôs que *havia dois deuses* distintos, um no Velho Testamento e um outro no Novo Testamento, seu movimento foi denunciado pelos Pais da Igreja desde a sua fundação, e ele foi finalmente excomungado. Curiosamente, esta separação inicial, serviria de base para posteriores ataques pela Igreja, utilizando isso para propósitos políticos, desde o tempo de Tertuliano em diante. Não apenas isso, mas a sua rejeição de muitos dos assim chamados "livros canônicos", seria a principal motivação para se buscar estabelecer um cânon cristão "oficial". Um cânon que ainda é questionado por muitos eruditos cristãos renomados e pesquisadores, tais como, John Dominic Crossan (fundador da Sociedade de Jesus), Burton Mack e John Allegro, os quais têm constantemente apontado que muitos dos assim chamados livros *não canônicos* são tanto anteriores, como superiores, a muitos daqueles que possuímos hoje (a exemplo do Evangelho de Tomé).

Certamente, Marcião representou uma verdadeira ameaça ao que viria a se tornar a Igreja oficial, baseada sobre uma *teologia fundamentalmente mítica,* cujos traços podem ser claramente vistos nos evangelhos. Uma que, como já foi discutido, se infiltrou no recententemente formado movimento cristão, desde sua fundação, e semeou suas sementes durante a figurativa noite (após a morte dos apóstolos originas) – um período obscuro que se seguiu a morte dos proponentes principais do cristianismo, em especial, o Apóstolo Paulo. O que é muito interessante é que os próprios apóstolos deixaram claros indícios não só do surgimento dessa apostasia, mas também que ela prevaleceria até o fim das eras. Um período que compreende os últimos 2000 anos de história cristã (ver Mateus 13:24-30; II Tessalonicenses 2:1-12.) Estas profecias nos revelam um aspecto intrigante desta **apostasia** – que ela duraria por um longo tempo, e que não seria suprimida no início do movimento cristão, mas se fortaleceria até o fim dos tempos[126], segundo uma bem conhecida, *porém incompreendida*, parábola de Jesus. Este é um ponto importantíssimo para se destacar. E esse fato, em si, implica que o verdadeiro cristianismo ainda se encontra encoberto pelo manto do passado, e que aquilo que temos hoje é, nada mais nada menos, que sua forma corrompida por séculos de supressão e perseguição.

Marcião viajou a Roma por volta de 142-143 E.C, e durante os anos seguintes, ele desenvolveu seu sistema teológico e conseguiu atrair um número considerável de seguidores. Mas quando os conflitos com os bispos de Roma, começaram, Marcião decidiu-se por organizar sua comunidade longe das massas. Após a sua excomunhão, pelos oficiais da Igreja em Roma, ele retornou à Ásia Menor, onde ele continuou a propagar o cristianismo a todos aqueles que pudessem ser alcançados.

Epifânio comenta uma passagem repleta de detalhes, mas que foi designada para desacreditar a Marcião:

> *"Ele foi um nativo de Ponto – eu quero dizer de Helesponto e da cidade de Sinope, assim como é comumente dito sobre ele. No início da sua vida, ele supostamente praticou o celibato, pois ele era um eremita e filho de um bispo de nossa santa igreja católica. Mas com o*

---

126 A palavra grega usada em Mateus 13:30 é καιρος que significa *"o correto ponto no tempo, o tempo certo ou estação."* Ela envolve uma considerável passagem cíclica de tempo.

tempo, ele infelizmente conheceu uma virgem, a enganou e acabou degradando tanto a ela como a ele mesmo, e por seduzi-la, foi excomungado pelo seu próprio pai." (Epifânio de Salamos, O Panário, Livro I, 42.1.3, em Inglês por F. Williams, editora Brill, segunda edição).

O segundo relato, que tampouco apresenta qualquer refutação séria sobre a proposição de Marcião, e que não passa de ataques pessoais, foi feito por Irineu, em sua obra "Contra as Heresias", e diz:

"O próprio Policarpo replicou a Marcião, que o encontrara em uma ocasião, e dissera, Tu me conheces? Eu te conheço; o primogênito de Satanás." (Irineu, *Contra as Heresias 3.3.4).*

O fato é que, através dos seus estudos das Escrituras Judaicas, junto com outras literaturas disponíveis naquele tempo (alguns incluíam o que é considerado hoje como "Apócrifos," ocultos, *escondidos, desconhecidos,* livros não-canônicos para a Igreja.), levaram Marcião a concluir, necessariamente, que muitos dos ensinos de Jesus eram simplesmente incompatíveis, tanto com o *caráter,* quanto com as *ações,* perpetradas pela deidade do Velho Testamento. Sua resposta a este gritante paradoxo foi o desenvolvimento de um sistema dualístico, por volta de 144 E.C. Esta noção dual de deus, permitiu com que Marcião finalmente pudesse reconciliar as muitas e claras *contradições* entre a antiga teologia mítica do sistema judaico e a teologia natural, pregada por Jesus Cristo e seus apóstolos (ver Deuteronômio 4:11, comparar com I João 1:

5).

Hipólito relata que Marcião era filho do Bispo de Sinope, na província romana de Ponto (hoje na Turquia). Seu contemporâneo, Tertuliano, o descreve como dono de uma frota de navios. Marcião foi provavelmente designado bispo e provavelmente trabalhou como assistente do seu pai.

Marcião contendia que Jesus Cristo era o salvador enviado por Deus Pai, e tinha a Saulo de Tarso, como o seu mais bem sucedido apóstolo. Contrário à opinião da recém-formada Igreja Romana, Marcião declarou que o cristianismo não era apenas radicalmente distinto mas também oposto ao judaísmo. Ele, contrário ao que muitos acreditam, nunca declarou que as Escrituras Judaicas eram falsas. Ele acreditava e argumentava que elas deveriam ser lidas em absoluto sentido literal, a fim de provar que YHWH não era o mesmo Deus intencionado por Jesus. Um exemplo claro disso, pode ser encontrado em Gênesis, quando o deus da Bíblia Hebraica anda pelo jardim do Éden perguntando onde estava Adão, Marcião interpretou isso como se YHWH (sabemos agora que existiam realmente muitos deuses e deusas em Gênesis) estivesse em forma de corpo físico e que literalmente não sabia onde Adão estava [*E o Senhor Deus chamou a Adão, e disse-lhe, onde estás?* ~Gênesis 3:9]. Ele argumentou que isso provava que YHWH poderia apresentar a si mesmo em corpo humano (algo que o Pai jamais faria) e também que YHWH demonstrava ser ignorante (não onisciente), algo completamente à parte do Deus anunciado por

Jesus, que era capaz de ver até eventos futuros.

O deus do Velho Testamento, o Demiurgo, era o criador do mundo material, e tinha todas as características de uma deidade ciumenta e tribal, cuja Lei representava uma forma de justiça legalista (não uma justiça universal), uma que refletia um sistema étnico particular e que carecia de um apelo universal, e era portanto, considerada ineficiente em seu objetivo, tanto espiritual quanto social. Este fato se torna ainda mais evidente quando consideramos como Paulo, que foi um Fariseu e advogado, e que também foi educado na Lei judaica, faz uma distinção clara entre uma lei *étnica* e uma lei *universal*. Ele explica:

"Pois quando os gentios, que não têm lei (a lei moral), fazem por natureza as coisas contidas na lei, estes, que não têm lei, são uma lei para eles mesmos. Que mostram que as obras da lei estão escritas no seus corações (pela consciência), suas consciências também dão testemunho, e em seus pensamentos são acusados ou escusados." Romanos 2:14,15.

É interessante observarmos que a palavra grega usada nesta passagem é νόμος (universal, lei moral) e não ἔθος (particular, lei étnica). Só então, fica claro para nós, que Paulo está se referindo a algo maior do que as barreiras imaginárias ou culturais (a exemplo da lei judaica), uma lei universal, e não uma lei que pertença a qualquer grupo étnico particular, a qual varia de nação para nação e de cultura para cultura[127].

Sobre esta "regra áurea" diz o livro *Norma Para a Vida*, em inglês:

> *"Paralelos da Regra podem ser encontrados tanto em fontes judaicas como nas gentis, como que para provar que Deus não deixou os homens sem conhecimento da moralidade mais elevada antes da vinda de Cristo. Em Tobias, [livro dos Apócrifos] 4:15 lemos: 'Não faças a outros aquilo que não te agrada.' Hilel [um rabino que vivia por volta do tempo de Jesus] disse: 'O que para ti é odioso, não o faças a outrem.' Os estoicos tinham por máxima: 'Não faças a outrem o que não queres que te aconteça.' Em Confúcio, encontramos: 'Não faças aos outros o que não queres que se faça a ti.'"*

Assim, Paulo está mostrando que ele claramente entendeu que o Cristo representava algo maior do que as barreiras nacionais. A lei do Velho Testamento, conforme dada pelo deus tribal, além de ser legalista, também punia severamente aqueles que violavam seu código, com morte e sofrimento[128]. Paulo, ao

---

127 Por exemplo, entre os árabes do período maometano, existia a prática de enterrar meninas logo após seus nascimentos. Isso mudou, pois existia a percepção, entre muitos, de que esta prática era barbárica, injusta, e maléfica, pelo simples fato de que ninguém gostaria de ver a si mesmo nesta situação. Assim, o Cristo disse, "Todas as coisas, portanto, que quereis que os homens vos façam, vós também tendes de fazer do mesmo modo a eles; isto, de fato, é o que a Lei e os Profetas querem dizer." — Mat. 7:12

128 Não que Cristo estava pregando que ninguém fosse jamais punido, mas

contrastar as duas leis, vai ainda mais longe e declara que:

"Pois a lei do espírito de vida de Cristo Jesus me fez livre da lei do pecado e da morte. Pois o que a lei não podia fazer, visto que ela estava fraca por meio da carne, Deus por enviar seu próprio filho na semelhança da carne pecaminosa, e pelo pecado, condenou o pecado na carne." Romanos 8:2.

Portanto, a lei mosaica era claramente focada nas qualidades inferiores do homem, e foi criada sob a influência da maçonaria egípcia, a qual Moisés era parte, e como tal, não intencionava elevar seus seguidores a uma forma superior de vida, mas os mantinham em um constante ciclo de *punição* e *morte*, enlaçados em um interminável e inútil dilema entre o certo e o errado. De maneira bem similar às leis empregadas hoje em tribunais por todo o mundo, e que são similarmente de origem ocultista, e que preservam em seus edifícios, símbolos identificadores das ordens secretas mundias, e.g., *o fasces lictoris*[129]. Ineficientes e

---

que o objetivo da lei seria educar o povo para uma vida superior, pois Paulo também afirma que uma lei que não possui intuito didático não serve para muito. Em Romanos 7:5, Paulo argumenta que a lei é ineficiente visto que se concentra meramente na punição e na reincidência do erro, incitando o homem ao erro, e não o educando. Será que isso nos lembra de alguma coisa? Observe as leis que governam muitos países, inclusive as leis do Brasil. São eficientes? Ou causam reincidência?

129 O termo latino **fasces**, na expressão *fasces lictoris*, refere-se a uma símbolo de origem etrusca, usado pelo Império Romano, e é associado ao poder e autoridade despótica. Poucos estão habilitados para perceber esta semiologia que, para muitos, permanece oculta.

vergonhosamente incapazes de produzirem uma sociedade melhor, capazes apenas, de perpetuar, indefinidamente, o *status quo*. E para aqueles que insistem em dizer que não há solução para a condição humana, eu lhes advirto que – o homem racional é produto de sua própria reflexão; de outro modo, nós teríamos uma vasta maioria praticando o mal, o que não é o caso. Por outro lado, o homem menos dotado de racionalidade, pode ser detido em seus efeitos nocivos por uma sociedade mais equilibrada, mais educada, e mais justa. Mas o que temos hoje é o seguinte cenário: uma mídia, uma estrutura política, um judiciário, um parlamento e um sistema econômico, totalmente focados no empobrecimento, na escravidão, na divisão social agressiva, na má estrutura; e que mais promove problemas do que oferece soluções. Convenhamos que, diante desse cenário desesperador, não existe espaço para otimismo; pelo menos, não em termos coletivos, mas apenas em termos subjetivos e pessoais.

Por outro lado, o Deus[130] a quem Jesus apontou, era completa e ontologicamente diferente, um Deus universal, atuante em nós, como afirma Baruch Espinosa, de forma imanente, e que opera dentro da possibilidade. Um que opera de dentro para fora com otimismo e esperança[131]. Este otimismo começa a se

---

130 O Deus que é apresentado pela teologia natural é de ordem *imanente*, e não necessariamente indica um ser mitológico sentado em um trono em algum lugar dos céus da abstração mitológica, que é de ordem *transcendente*. E que está fora da nossa possibilidade imediata.

131 Segundo muitas fontes antigas, incluindo o próprio Aristóteles, nem

desenvolver em nós ao passo que nos conhecemos melhor, nossas possibilidades e limitações; afinal, o verdadeiro otimismo é aquele que se empenha em fazer o possível e não perde tempo operando no reino da *impossibilidade,* nem no terreno escorregadio da *transcendência.* Este Deus é muito mais realístico do que o mitológico, o qual sempre está distante de nós e sempre precisa de dinheiro. Este Deus da imanência, segundo o Novo Testamento, está próximo de nós e dentro do nosso alcance (ver Atos 17:27). Enquanto o Deus transcendente opera sempre na esfera das promessas, das irrealidades, das más consecuções. Não admira vermos o mundo neste apressado processo de decadência e corrupção criminosa. Agradeça isso à teologia da transcendência!

Marcião, por sua vez, afirmou que Jesus era o filho de Deus, mas entendeu, como os gnósticos o fizeram, que Jesus era um espírito, aparecendo em forma de homem, porém, não completamente humano.

Marcião foi o primeiro líder cristão a promover um cânon bíblico. E ao fazê-lo, ele estabeleceu um método particular com o qual podia analisar os mesmos lívros cristãos que até hoje persistem no imaginário teológico de muitos. Depois de Marcião, os cristãos começaram a dividir os textos entre aqueles que corroboravam os ensinos aceitos pelo concenso geral,

---

todos os humanos merecem ser classificados como plenamente humanos. Alguns deles se comportam e pensam como animais. Segundo os antigos, ser humano, requer que alguém possua certa medida mínima de racionalidade.

conforme encontrados no respectivo cânon teológico, daqueles que pareciam promover heresias. Esta atidude foi instrumental em finalizr a coleção que nós chamamos de 'Bíblia' (βιβλία livros), uma vez que o ímpeto de finalizar o cânon, veio como um ato de ferroz oposição à crescente influência de Marcião entre os conversos cristão do secundo século, A.D.

A igreja que Marcião fundou, expandiu-se através de todo o mundo conhecido e representou a mais séria rival da Igreja Católica. Seus seguidores eram fortes o suficiente em suas convicções, de forma a suportarem o extensivo poder da Igreja por mais de um século, o que em si mesmo, é algo notável. Ela sobreviveu às controversias teológicas e o anátema imperial por muito tempo. Os marcionitas (como eram pejorativamnte chamados) teriam uma forte influência em movimentos posteriores como os Bogomiles na Bulgária, durante o século X, e foi um importante elemento na formação dos Cátaros de Languedoc, sul da França, no século VIII E.C. Todos os quais foram impiedosamente massacrados pela Igreja de Roma.

Durante o quarto século, a Igreja Católica ganhou finalmente suficiente poder político e influência, e nos próximos séculos, eles os usaram, não para persuadir por argumentos, mas para perseguir e destruir, sem mostrar misericórdia, a qualquer grupo rival que ousasse desafiá-la, especilmente os marcionitas. Essa é a razão de não termos os antigos escritos marcionitas hoje; assim, nós não temos nenhum registro de sua história que tenha vindo diretamente deles. Antes, todas as fontes primárias de informação histórica sobre o seu movimento, foram escritas, ao invés, por seus arque-inimigos, os Católicos.

Por essa razão, nós estamos mais que justificados ao dar-lhes uma voz para que possam contra-argumentar as muitas falsas acusações que foram levantadas contra eles, postumamente. Vejamos, se de fato, existem argumentos sólidos, tanto contra os achados de Marcião, quanto sua teologia *enquanto sistema*.

Só para nos dar uma rápida noção do nível de argumentação usada contra Marcião, mesmo após a sua morte, vejamos como Tertuliano introduz sua famosa obra *"Contra Marcião,"* ao tentar descrever *a cidade* que deu à luz a Marcião, Ponto, na Turquia de hoje.

"Nada, contudo, em Ponto é tão bárbaro e lamentável quanto ao fato de que Marcião nasceu lá, mais fedorenta do que qualquer Cita[132], mais perigoa do que um Sármata[133], mais desumana do que um

---

132 Povo nômade, feroz, geralmente associado com a região ao N e ao NE do mar Negro. A evidência sugere que eles estenderam suas andanças até a Sibéria ocidental, perto da fronteira da Mongólia. No primeiro século EC, a palavra "cita" dava a entender o povo mais incivilizado. Todavia, mesmo tais pessoas podiam tornar-se cristãos e estar em pé de igualdade com os demais crentes como membros do corpo de Cristo. O apóstolo Paulo escreveu: "Não [há] nem grego nem judeu, circuncisão nem incircuncisão, estrangeiro, cita, escravo, homem livre, mas Cristo é todas as coisas e em todos." — Colossenses 3:11.

133 Ou Saurômatas, eram um povo a quem Heródoto, no século V a.C.

Massageta[134]*, mais audaciosa do que uma Amazona, mais escura do que uma nuvem pôntica, mais fria do que seu inverno, mais resistente do que o seu gêlo, mais enganosa do que Ister, mais rochosa do que o Cáucaso."* Tertuliano Contra Marcião, Livro I, pp.2-3, traduzido por Peter Holmes, Edinburgh, 1868[Marcião].

Podemos ver, pela maneira em que ele se introduz, um nível de ódio tão malicioso, que acaba por comprometer qualquer possibilidade de uma argumentação séria. E do início ao fim, ele emprega aquilo que os lógicos chamariam de "Argumento Ad Hominem[135]," ou, um ataque falacioso, no qual o foco é dirigido, não contra o argumento ou à conclusão, mas à pessoa que o defende ou assevera.

Palavras como estas fazem com que alguns pesquisadores critãos questionem a veracidade das acusações levantadas contra Marcião, simplesmente porque os Católicos pareciam extremamente parciais para com a pessoa de Marcião, e assim, eles foram incapazes de fornecer um registro confiável sobre ele.

---

localizou na fronteira oriental da Cítia, além do rio Tanais. Eles eram povos iranianos relacionados com os citas e os Sacas.

134 Foram um povo, também de origem iraniana, que formavam confederação nômade com outros grupos e que habitavam as estepes da Ásia Central, no nordeste do Mar Cáspio, no atual Turcomenistão, oeste do Usbequistão e sul do Cazaquistão.

135[Lógica] See *"Introduction to Logic", Eleventh Edition by Irving M. Copi and Carl Cohen, p.143.*

Acusações de Adulteração das Escrituras

Tertuliano escreveu:

"Pois, se o Evangelho, dito como sendo de Lucas, o qual é corrente entre nós (veremos se era corrente também com Marcião), é o próprio que, como argumenta Marcião em sua Antítese, foi interpolado pelos defensores do judaísmo, para o próposito de tal conglomeração (a fim de apoiar a causa judaica) da lei e dos profetas, de forma a lhes permitir moldar o seu Cristo, seguramente não pôde argumentar sobre ele, a menos que ele já o tenha encontrado (de tal forma). Tertuliano, Contra Marcião, Livro 4, capítulo 4, versículo 4.

Alguns eruditos, têm intepretado estes argumentos, por parte de Tertuliano (e declarações similares feitas por outrso), como implicando que os marcionitas reconheceram e aceitaram que Macião havia criado seu próprio evangelho a partir de Lucas (chamado O Evangelho de Senhor); e eu não tenho dúvida de que esta é exatamente a impressão que Tertuliano queria transmitir aos seus leitores, visto que ele temia que os Católicos, motivados por curiosidade, investigassem as ideais de Marcião e as considerassem convincentes o suficiente para fazerem mudanças em seu *fixo credo mitológico* (o credo teológico apresentado no Velho Testamento, baseado nos registros de Ugarit, na Síria[136]).

---

136 Para uma leitura mais elucidativa sobre o mito teológico em que se baseia o Velho Testamento, veja *"Canaanite Myths and Legends", Second Edition, por J.C.L. Gibson. 2004, pela T&T Clark International.*

Ao mesmo tempo, a obra de Tertuliano não teria sido tão eficiente, se ele não tivesse produzido declarações que os marcionitas não fossem capazes de facilmente expô-las como mentirosas. Se assumirmos que a obra de Marcião, *A Antítese*, argumentou de fato que o Evangelho de Lucas tinha sido interpolado pelos defensores do judaísmo, isto não implicaria que Marcião, começando com Lucas, o modificou para criar o seu próprio evangelho; uma conclusão que Tertuliano tão falaciosamente nos quer levar a crer. Para realmente entendermos isso, precismaos considerar o seguinte cenário.

Marcião declarou, com a sua versão do evangelho, aquilo que já era geralmente aceito em Sinope, na Turquia. Sem dúvida, ao passo que ele viajava e seu ensino se espalhava, ele poderia facilmente ter encontrado outras versões do evangelho siginificantemente diferentes da sua própria (seja Lucas ou algo que vagamente se assemelhe a ele). Após comparar Lucas com seu próprio evangelho, ele concluiu que este havia sido interpolado por pessoas que desejavam harmonizá-lo com o evangelho de *Mateus*[137], de modo a com isso validar a supremacia da Torá. Esta, imagino, é a conclusão lógica, pois se as duas versões forem comparadas, é difícil imaginar que se possa chegar a outra conclusão. Especialmente, por que existiu realmente um grande cisma judaico na primitiva igreja e esse fato é incontestavelmente atestado no Novo Testamento. Haviam aqueles, segundo Paulo, que argumentavam que as

---

137 Como o Evangelho de Mateus foi escrito tendo os Judeus como alvo, esta medida buscou judaizar o Evangelho de Lucas. Algo certamente suspeito.

velhas práticas judaicas deveriam ser aplicadas a todos os cristãos, a despeito de Jesus Cristo ter dito o contrário. De maneira que Paulo nos informou sobre o seguinte problema:

"Mas quando Pedro chegou a Antioquia, eu lhe resisti face à face, porque ele estava condenado. Pois, antes que alguns homens chegassem da parte de Tiago, ele comia com os gentios: mas quando eles chegaram, ele se retirou deles e se separou, temendo aqueles que eram da circunsição. E outros judeus se retiraram junto com ele; de forma que até Barnabé também foi levado por sua dissimulação. Mas quando eu vi que eles não andavam da forma correta segundo a verdade do evangelho, eu disse a Pedro diante deles todos, se tu, sendo judeu, vives conforme a maneira dos gentios, e não como os judeus, por que compeles os gentios a viverem como judeus? Nós que somos judeus por natureza, e não pecadores dos gentios, sabendo que um homem não é justificado pelas obras da lei, mas pela fé em Jesus Cristo, mesmo nós, temos crido em Jesus Cristo, para que possamos ser justificados pela fé em Cristo, e que pelas obras da lei nenhuma carne será justificada. Mas se, enquanto buscamos ser justificados por Cristo, nós mesmos também somos achados pecadores, é, portanto, o Cristo ministro do pecado? Que Deus não permita. Pois, se construo novamente as coisas que destrui, faço de mim mesmo um transgressor. Pois, através da lei estou morto para com a lei, para que eu possa viver para Deus. Estou crucificado com Cristo: no entanto, eu vivo; contudo, não eu, mas Cristo vive em mim: e a vida que eu agora vivo na carne eu a vivo pela fé no filho de Deus, o qual me amou, e se entregou por mim. Não frustro a graça de Deus: pois se a justiça vem pela lei, então Cristo morreu em vão." Gálatas 2:11-21.

Bem, a verdade do evangelho era que Cristo, segundo Paulo, representou o fim da Lei judaica, e isso incluía seu inteiro sistema, que para um cristão de mente pensante, era ineficiente em soerguer o homem a uma condição superior. Portanto, havia sim, uma clara divisão entre os próprios apóstolos, mesmo enquanto a primitiva igreja estava se formando. Mas o fato em questão é, o cristianismo já era considerado como algo totalmente *incompatível* com o judaismo, e isso é o que deve importar para todos nós.

Por volta do tempo em que Marcião chegou em Roma (se é que ele de fato esteve lá), Lucas e muitas versões das epístolas de Paulo, talvez ainda não tivessem o tempo necessário para substituir as outras versões dos textos. A evidência mostra que o cânon bíblico ainda não havia sido aceito por muitos cristãos e era matéria de debate. O cristianismo estava de fato sendo purgado, discutido e dabatido, num esforço de estabelecer sua real natureza epistemológica.

Com a passagem do tempo, as versões mais breves vieram a ser associadas com os marcionitas, enquanto as versões mais extensas vieram a ser associadas com os católicos.

Houve a acusação, frequentemente levantada por Epifânio e Tertuliano, que Marcião deletou material dos textos, baseado no fato de se eles concordavam entre si ou se eram consonantes com as suas próprias crenças. Contudo, quando examinamos as diferenças entre as duas versões, vemos que muitas delas não fornecem apoio a esta alegada agenda linguística. Por exemplo, Marcião acreditava que Jesus era um espírito que não tinha corpo físico, mas apenas aprentava ter um. Por que ele não excluiu os versículos que claramente mostravam o oposto do que ele acreditava?

"E os homens que observaram a Jesus mofaram dele, e o golpearam. E quando eles o vendaram, eles bateram na sua face, e lhe perguntaram, dizendo, profetisa, quem te golpeou?" Lucas 22:63,64.

"Por que estais atribulados? Observai as minhas mãos e meus pés, pois um espírito não tem ossos, como vedes que eu tenho." Lucas 24:38,39.

Estamos supostos a acreditar que Marcião deletaria seis palavras gregas e, ao mesmo tempo, manteria três palavras que realmente contradiziam suas crenças pessoais? Isso não faz muito sentido, faz?

Muitas das passagens extras na versão tradicional das escrituras, contradizem de fato muitas das crenças de Marcião, mas se Marcião estivesse disposto a apagá-las por isso, ele teria que remover tudo aquilo que o contradissesse. No entanto, ficou surpreendentemente claro, para Tertuliano, que as diferenças entre os textos não se coadunavam com a suposta agenda exegética de Marcião. Veja o que ele mesmo diz:

*"É certo, também, que com este conceito **ele removeu tudo que era contrário à sua prórpia opinião** e se fez de criador, como se*

*tivesse sido interpolado por seus advocados, **enquanto tudo que estav de acordo com sua própria opinião ele reteve**. As últimas declarações, nós devemos estritamente examinar; e se elas se mostrarem do nosso lado, e destruírem a assunção principal de Marcião, devemos abraçá-las. **Ficará então evidente que, ao retê-las, ele mostrou não menos do que uma cegueira**, o que caracteriza heresia, mais do que ele demonstrou ao remover todos os temas anteriores."* Tertuliano Contra Marcião, Livro 4, capítulo 6, verso 2.

Novamente, Tertuliano acha mais fácil atacar a pessoa do que as ideias que estão sendo discutidas e assim comete, mais uma vez, uma séria falácia — argumento *Ad Hominem, e.g.,* quando o argumento é dirigido contra a pessoa e não contra a conclusão.

Talvez, Marcião tinha conhecimento sobre o primitivo cristianismo que nós não tivemos acesso, visto que muitos dos seus escritos não sobreviveram. Pergunte-se, quantos evangelhos foram removidos intencionalmente da Bíblia pelos concílios da Igreja Católica desde Nicéia, em 325 da era cristã? Duas questões já estão absolutamente claras, que os deuses do Velho Testamento eram mitológicos e iníquos (conforme já demonstrado nos primeiros três capítulos deste ensaio), portanto, não são compatíveis com a *teologia natural* pregada por Cristo. Também, que havia uma clara disputa entre os primeiros cristãos sobre se deveriam ou não, adotar as práticas judaicas. Tão intenso foi esse debate, que ainda podemos ver os seus claros vestígios nas epístolas apostólicas (ver Gálatas 5:2-4).

Por exemplo, na Carta de Tiago, vemos uma tendência, por parte do autor, em refutar a rejeição, por parte de Paulo, sobre a necessidade de obras da lei de modo a produzir justificação. Paulo disse "... _pelas obras da lei nenhuma carne será justificada_," Gálatas 2:16. Mas, que Tiago (sob a influência da comunidade judaica, ver Gálatas 2: 11-14) insistia que o homem de Deus deveria produzir algumas obras para ser justificado. O ponto aqui é que, Paulo estava se referindo à lei judaica, no sentido de que essa era algo externo (transcendente) ao homem, algo que ele tinha que _emular_ de modo a ser corrigido. Neste aspecto, segundo o argumento de Paulo, ela havia falhado miseravelmente, pois Paulo argumenta que "_Pois aquilo que a lei não podia fazer, visto estar fraca por meio da carne, Deus por enviar seu próprio filho na semelhança da carne pecaminosa, e pelo pecado, condenou o pecado na carne: para que a justiça da lei fosse cumprida em nós, que andamos não segundo a carne, mas segundo o espírito_," Romanos 8:3,4. E então ele acrescenta, após descrever as obras que deveriam ser conquistadas pelo novo homem (racional), nascido do espírito (noética), o seguinte: "... Mansidão, _temperança: contra tais coisas não há lei_,", ou seja, devemos fugir da _transcendência legalista e inútil_ e assumirmos a _imanência_, a introspecção,a única teologia capaz de reformar a mente de uma vez por todas, ver Gálatas 5:23.

Assim, segundo o argumento de Paulo, esta condição de racionalidade, jamais foi ou seria atingida por meras obras externas, mas internas; tendências animalescas (irracionais) que deveriam ser eliminadas (pois, vunerabilizam o homem, e o tornam fraco) através de uma *profunda e séria reflexão filosófica*, e não por seguirmos algo externo, formalmente[138] imitado, que pode nos levar à hipocrisia e à superficialidade, tão comuns nos sistemas dogmáticos. Exatamente aquilo que fez com que o cristianismo corrompido, de *caráter mitológico*, estivesse sempre mais focado nos rituais do que na atualização do Cristo vivo dentro de cada um de nós.

Esse dogmatismo filosófico, que consiste em aventurar-se a razão em pesquisas que estão fora da sua alçada, e por estarem além da esfera da experiência possível (imanência), é incentivada pelo "dogamtismo religioso comum" (transcendência), que consiste em raciocinar *levianamente* sobre coisas das quais não se compreende nada e das quais nunca ninguém no mundo entenderá nada. Essa palavra (*dogmatismo*) foi usada por Fichte (filósofo alemão), para indicar o ponto de vista do realismo, segundo o qual, a representação é produzida por uma realidade externa, e não pelo eu (*Wissenschftslehre, 1794, I, Teorema IV*).

Antissemitismo

Em tempos modernos, tanto Marcião quanto Paulo, têm sido acusados de serem antissemitas, embora nenhuma prova contundente tenha sido oferecida em apoio dessa afirmação. Marcião foi certamente muito crítico da Bíblia judaica e não a

---

138 O formalismo, na filosofia, é quando aderimos às formas gerais sem qualquer consideração aos fins a que se destinam. Ou seja, rituais vazios.

considerava uma boa leitura cristã, exceto para as profecias que apontavam para o Cristo, e que foram produzidas pelos profetas que buscavam uma reforma do judaísmo típico sacerdotal, os mesmos que foram perseguidos e mortos pelos conservadores, aderentes do corrupto sacerdócio levítico. O próprio Jesus condenou a cidade de Jerusalém por essa mesma causa (ver Mateus 23: 37). Mas estas acusações são trazidas por pessoas que se recusam a aceitar o simples fato de que Cristo representa *o fim* do sistema judaico, baseado na teologia mítica ugarítica. Paulo disse que o sangue de bodes e cabritos são meramente alegóricos e insuficientes para oferecer uma saída para a decadente condição humana, estes símbolos e alegorias representavam arquétipos inerentes ao homem interno (ver Hebreus 9: 12). Não se altera uma pobre percepção ontológica através do sacrifício de pobres animais. É preciso mais do que isso!

A antiga teologia marcionita, é frequentemente mal representada em termos demasiadamente simplísticos. Marcião acreditava na existência de dois deuses principais; o pai oculto, a quem Jesus se referia (supremo, pura luz) e o demiurgo, descrito nas Escrituras Hebraicas (como já vimos em capítulos anteriores, havia de fato muitos deuses) como criador (Paulo o chama de *deus deste século* em II Coríntios 4: 4). Mas, até hoje, algumas pessoas erroneamente assumem como sendo o pai de Jesus ou sua prefiguração; isso, porém está incorreto. Os primitivos marcionitas reconheciam o criador do mundo físico como a fonte do mal, e esse fato é claramente declarado em suas próprias Bíblias (Isaías 45: 7), *"Eu formo a luz, e crio as trevas: Eu faço a paz, e crio o mal: Eu, o senhor, faço todas estas coisas."* Quando comparamos esta e outras passagens usando o princípio da contradição, estabelecido pelo próprio Jesus Cristo, que diz: *"Assim, toda boa árvore produz frutos bons, mas toda árvore má produz frutos maus,"* vemos que algo está terrivelmente errado! (ver Mateus 7: 17).

Este princípio aponta claramente para a impossibilidade de se ter uma deidade 'pragmática', que é capaz de tanto produzir o *bem* quanto o *mal*, assim como se vê nas intermináveis intrigas políticas através da história, que demonstram uma visão míope do *bem* e do *mal*. O que o Novo Testamento nos assegura é que, uma vez que a luz penetra em um ambiente, já não existe espaço para as trevas, visto que elas não podem conviver juntas no mesmo espaço, até mesmo devido aos princípios básicos das leis físicas. O que faz com que seja cientificamente correto declarar o seguinte, *"Nele estava a vida; e a vida era a luz dos homens. E a luz brilhava na escuridão; e a escuridão não a compreendeu[139]."* E isso simplesmente porque é impossível que elas ocupem o mesmo espaço! O mesmo princípio vale para aquilo que concebemos como 'Deus'. Não existe relativismo moral! Iremos quer construir coisas, com as nossas ações, ou destruí-las. Este conceito clássico se perdeu de nós nas tensas nuvens da história. Por exemplo, para eliminarmos qualquer paradoxo, veja o que nos diz Machiavel sobre isso:

> *"- a discussão sobre os caminhos do meio no que diz*

---

139 Segundo o Evangelho de João 1: 4-5.

respeito ao comportamento e ao fato de que <u>os homens raramente sabem como ser completamente bons ou completamente maus</u>." (Introduction to The Portable Machiavelli, p. 13, em inglês, editora Pinguin Book)

O relativismo moral é realmente muito típico dos antigos deuses. Mas, o Novo Testamento, não deixa dúvida quanto ao fato de que Jesus Cristo veio para deixar brilhar a luz nas mentes obscurecidas dos homens, apegados a uma forma de ética tanto irrealista como fracassada, uma ética que não se baseia nas culturas clássicas e persiste mancando em *duas opiniões* para sua própria desgraça, ao passo que o deus desse sistema (representado por uma iníqua fraqueza moral) cega as pessoas, impossibilitando sua capacidade de ver a luz. Destruir o mal, e não conviver com ele perpetuamente, é o primeiro sinal de uma sociedade verdadeiramente saudável e justa. No entanto, esse conflito (*interno*) precisa ser primeiro resolvido em base pessoal e individual. Devido à incompreensão desse princípio clássico, que nos foi roubado através de doutrinação, o pessimismo se instaurou em nossa sociedade ao invés do otimismo, e os frutos desse fracasso têm sido devastadores, obliterando tudo que pareça útil.

"Toda árvore que não dá bom fruto é <u>cortada e jogada ao fogo.</u>"

(Mateus 7: 19)

E na Epístola aos Colossenses, Paulo revela claramente o papel histórico do cristianismo:

"O qual (Jesus) nos tirou <u>da potestade das trevas</u>, e nos transportou para o Reino do Filho do seu Amor."
(Colossenses 1:13).

Será que já não sabemos interpretar uma analogia? Alguém se atreve a pensar que Jesus falava de botânica ou que Paulo considerava o cristianismo compatível com o judaísmo? E o quê é uma 'potestade'? Uma divindade, ou melhor, uma percepção ontológica fracassada. Que se impõe pela força bruta, não por meio de argumentos. A doutrinação e o dogmatismo, são as principais características dessa forma de teologia.

A Descoberta de Nag Hammadi

e o Evangelho de Tomé

O contexto do Evangelho de Tomé impacta três áreas principais; a intelectual, a sociológica e a histórica. Uma vez que se estabelece o conteúdo desse evangelho como sendo tipicamente gnóstico, já não poderemos, se quisermos preservar o mínimo de honestidade, considerá-lo fora da esfera exegética dos grandes mestres gnósticos. Essa perspectiva, por sua vez, nos permitirá compreender as razões que levaram Marcião a rejeitar a teologia mítica judaica como sendo essencialmente incompatível com a teologia anunciada por Cristo. Marcião rejeitou o argumento de que a divindade do Velho Testamento fosse a mesma deidade representada pelo primitivo cristianismo.

Em dezembro de 1945, no Alto Egito, um beduíno árabe fez uma descoberta arqueológica surpreendente, que afetaria a história do cristianismo para sempre. Por anos, a descoberta passou sem ser percebida. Houve um rumor de que o descobridor era um vingador de sangue que, junto com seus irmãos, vingara a morte de seu pai. A cidade de Nag Hammadi fica numa área conhecida como Jabal al-Tárif, uma região contendo 150 cavernas, algumas usadas como sepulcros por mais de 4,300 anos, desde a Sexta Dinastia dos faraós.

O que veio a ser conhecido como a "Biblioteca de Nag Hammadi[140]" impactou a maneira em que o cristianismo nos foi transmitido. Por volta de 85 até 160 E.C., após a destruição do Segundo templo judaico no ano 70 E.C., Marcião distinguiu entre o Demiurgo, o deus do Velho Testamento e seus arcons[141] e o Deus de luz, de natureza imanente no homem, a ser alcançado através do conhecimento gnóstico (imanente), e não do conhecimento transcendente (agnóstico), fora de alcance, no reino da impossibilidade, e portanto, a fonte de frustração e infelicidade. Essas divindades representam as duas forças que ordenam o universo (as trevas) e o mundo superior (a luz). Um deus transcendente é legalista, punitivo, ciumento, e de natureza bélica, enquanto o Deus superior é de natureza imanente no homem, e só pode ser atingido ao se elevar a

---

140 Para uma cobertura mais detalhada sobre Nag Hammadi, consulte "The Nag Hammadi Library", by James M. Robinson, General Editor.

141 Arcons, do grego "potestades", foram mencionadas por Paulo em suas epístolas, em especial, na Epístola aos Efésios 2: 20-21.

condição decadente do homem, através da gnose. Esse debate, entre o deus transcendental e o Deus imanente, é claramente visto nas discussões acirradas entre Cristo e os líderes judaicos, defensores do deus legalista e punitivo. Por exemplo, observe como existe uma visão paradoxal entre as duas percepções no Novo Testamento:

> " Quem é de Deus, ouve as palavras de Deus; por
> isso vós não as ouvem, porque não sois de Deus."
> (João 8:47)

Claramente, Jesus está deixando claro que o 'deus' adorado pelos líderes de Israel não era o seu Deus. Essa incompatibilidade fica ainda mais clara se lermos uma passagem logo antes, versículo 44, onde Jesus diz, de forma bem direta, que o deus dos judeus era o Diabo e que suas características eram a *mentira* e o *derramamento de sangue*.

O Evangelho de Tomé é essencial para se descobrir a verdadeira natureza teológica do cristianismo original, antes que os concílios e editos papais o deturpassem e o descontextualizassem, para algo mais ajustado aos seus próprios interesses. Por exemplo, este Evangelho que nos foi negado, revela muito sobre o ensino gnóstico de Jesus, observe uma passagem dele:

> *"Jesus disse, Se aqueles que vos conduzem vos disserem,*
> *'eis que o reino está no céu, então as aves do céu vos*
> *precederão. Se eles disserem a vós, está no mar', então os*

peixes vos precederão. Antes, o reino está dentro de vós, e está fora de vós. Quando vierdes a conhecer a vós mesmos, então sereis conhecidos, e sabereis que sois vós os filhos de um pai vivo. Mas se não conheceis a vós mesmos, morareis em pobreza e sereis vós esta pobreza." The Gospel of Thomas, verso 3, primeira parte, por James M. Robinson, editora General Editor (traduzido pelo autor).

O maior problema com a versão do cristianismo que nos foi passada é que ela foi proposta por homens de poder. Pois, Constantino, no Concílio de Niceia, em 325 E.C., definiu, não só a doutrina oficial como também o cânon a ser lido pelos cristãos universalistas (católicos). A verdade gnóstica defendida por Cristo e pelos Apóstolos, em especial, Paulo, não é algo lucrativo para as elites governamentais desse mundo. O que eles buscaram, ao contrário, foi uma forma transcendente de teologia (teologia mítica ou estatal[142]), uma forma bem mais adaptada ao seus projetos de dominação e poder despótico. A verdade não dá lucro, mas a mentira é altamente lucrativa! Por isso, eles lutaram de todas as formas, inclusive militarmente, para estabelecer sua matriz de poder de maneira inquestionável.

Marcião e seus seguidores viram o cristianismo e o judaísmo

---

142 A religião formal adora a um deus transcendente, distante, que encontra a sua realização no mundo dos objetos, ao passo a teologia estatal, *comunismo, fascismo e toda outra forma de coletivismo*, busca a deus na figura abstrata, e portanto transcendente, do Estado.

como filosofias separadas e incompatíveis; enquanto uma condenava e expunha a corrupção e a decadência, a outra passivamente convivia com estas condições. Posteriormente, supostos reformadores religiosos viram o cristianismo como uma continuação do judaísmo (quer sejam Católicos, Protestantes ou cristãos Ortodoxos). Historicamente, esta crença de que o cristianismo é uma continuação da teologia mítica judaica, apenas testifica sobre a má qualidade hermenêutico/teológica que nos foi passada, além de ter criado um constante conflito entre judeus e cristãos. Os judeus rejeitam a interpretação cristã das suas Escrituras e acreditam que os ensinos fundamentais da Torá estão em direto conflito com a teologia defendida pelos cristãos (e, de fato, eles têm razão!). Enquanto, por outro lado, os cristãos culpam os judeus, como cultura, por não aceitarem a Jesus como o seu Messias. Todos estes problemas surgiram do simples e ignorado fato de que os dois sistemas simplesmente não são compatíveis, assim como a luz e a escuridão não possuem um pacto entre si, tampouco jamais terão; Cristo, assim como Sócrates, veio para reformar, e não para dar continuidade ao *velho* e ineficaz sistema mitológico de teologia, seja judaico ou grego (ver Mateus 9: 17).

Que havia uma acirrada disputa entre os primeiros discípulos cristãos é muito claro, especialmente, visto que alguns fariseus, que supostamente tinham se convertido ao cristianismo, contendiam vez por outra, que os gentios deviam observar a lei mosaica. Eles esperavam que os cristãos fossem circuncidados e mantivessem a lei judaica. Uma atitude muito suspeita para um povo que havia recentemente "aceitado Jesus como seu salvador". Encontramos apenas o Apóstolo Paulo, resistindo ferozmente, a esta atitude de impor os costumes judaicos à recém formada Igreja. E essa resistência, por parte de Paulo, o colocou em má situação com "aqueles da circuncisão", pois ele diz francamente qual era a situação na igreja do primeiro século, ao escrever a Tito, *"Pois, existem aqueles que são desordenados faladores vãos e enganadores, especialmente os <u>da circuncisão.</u>"* (ver Tito 1: 10-11).

O estabelecimento judaico, tendo perdido sua argumentação, sucumbiu a uma outra tática, infiltrar e corromper o cristianismo a partir do seu próprio território. Paulo nos alertou para esse fato quando disse, *" Não dando ouvidos <u>às fábulas judaicas,</u> e a mandamentos de homens, que se desviam da verdade."* Tito 1: 10-15. Talvez tenha sido essa a razão de Marcião considerar a Paulo, como "o próprio Apóstolo de Cristo".

Agora, a fim de estabelecermos de uma vez por todas a enorme discrepância entre a *teologia mítica* judaica e a *teologia natural* do cristianismo primitivo, consideremos a *Antítese* por Marcião, comparando-a com a evidência, com uma mente aberta, especialmente em vista de toda a evidência apresentada até agora. Agarre tua Bíblia e use a *razão* como um bem precioso dentre tudo mais que nos foi concedido pelo Deus de luz.

A Antítese de Marcião

Contradições Entre a "Deidade"

do Velho Testamento

e o Deus do Novo Testamento.

Ao se ler a Bíblia, fica óbvio para o estudante sério, que o Velho e o Novo Testamento, ambos apresentam a Deus de uma maneira vastamente diferente (isso é raramente percebido pelo leitor confessional). O deus (*deuses!*) do Velho Testamento é um deus que preza pela guerra e é notório pelo derramamento de sangue (pessoas reais foram mortas em Canaã, segundo os achados arqueológicos) e se vangloriava tanto de *ser ciumento, quanto de ser ele o criador do mal.* (Isaías 45:6,7, Êxodo 34:14) Já o Deus mencionado no Novo Testamento é inteiramente diferente, ele é *o Deus de amor e de paz.* (II Coríntios 13:11).

Veremos nesta seção, como os modernos tradutores do Velho Testamento, foram levados a tomar dolorosas decisões a fim de esconder a real *antítese* entre as duas noções teológicas paradoxais, apresentadas tanto pelo Velho, como pelo Novo Testamento respectivamente. Muitos ministros cristãos estão a par dessa discrepância irreconciliável, mas preferem permanecer em silêncio quanto à sua publicidade, na esperança de que ela não será notada. Muitos frequentadores de igrejas simplesmente não se dão ao luxo de tomar as necessárias precauções e consultarem, com profundeza, suas próprias Bíblias, de forma analítica e livre de dogmas. E assim, devido a esta inércia intelectual, este dilema se estendeu por séculos, de forma que nem mesmo os mais famosos "reformadores" o ousaram decifrar. Quando algum líder religioso é perguntado por que o *deus* do Velho Testamento causou a morte de tantas pessoas, eles ficam constrangidos e recorrem a meras generalidades, enquanto outros, oferecem respostas simplísticas e irrazoáveis como, "Deus está sempre certo", ou "Deus é justo". E claro, isso raramente ajuda os de mente mais analítica.

No início da minha vida cristã, eu fui uma das Testemunhas de Jeová e, como tal, estava bem mais focado do que qualquer outra religião no deus do Velho Testamento, conhecido pela forma latinizada "jeová", a tal ponto que Jesus Cristo era praticamente inexistente das nossas vidas, individuais. Quando, mesmo sofrendo uma intensa e agressiva lavagem cerebral, nos atrevíamos a perguntar por que o "deus" do Velho Testamento escolheu matar tantas pessoas em guerras infindáveis, a resposta era invariavelmente a mesma, *"aquelas pessoas mortas por Deus eram pagãs e mereceram a morte!"* Esta resposta era quase que espontânea e não dávamos consideração às suas consequentes implicações práticas. Este fato, apenas demonstrava o quão despreparados estavam alguns ministros para justificar ou lidar com as ações iníquas perpetradas pelos deuses mitológicos do Velho Testamento, bem como expunha seu inadequado conhecimento teológico.

Mas de fato, existe uma vasta diferença entre os dois testamentos nos campos de moralidade, ética, epistemologia, e teologia (conforme vimos nos capítulos 2,3,4,5,6). Quando um estudante honesto e analítico entende esse paradoxo, ele/ela verá o "deus" hebreu como *egoísta, vingativo, racista, supremacista étnico, matador de crianças e mulheres – um genocida louco*, alguém que declarava abertamente viver em *densas trevas (Deuteronômio 4: 11)*. E este debate se tornou tão intenso que dividiu, como já vimos, a primitiva igreja. Mas, Jesus Cristo em sua sabedoria e presciência, não tomou isso como surpresa, pois ele disse; *"Mas enquanto os homens dormiam (após a morte dos apóstolos), veio o seu inimigo e semeou o joio em meio ao trigo, e se foi."* (Mateus 13: 25). E já deve ter ficado claro, pela evidência mostrada até aqui, que este *joio* estava de fato se referindo à infiltração de práticas judaicas, rituais, símbolos e teologia mítica no cristianismo primitivo, e isso com a ajuda de alguns dos seus mais renomados discípulos, conforme é destacado pelo próprio Paulo. Deveras, ele disse que a única razão para que ele sofresse perseguição, devia-se ao fato de ele se opor ferozmente ao "lobbying" judaico entre os primitivos cristãos, o qual, contou com o apoio especial de Pedro e Tiago (meio irmão de Jesus) como sendo seus principais promotores.

E assim, as duas versões de cristianismo cresceram juntas até que pudessem ser finalmente reformadas nos últimos dias, segundo Jesus Cristo. (Mateus 13: 30). E estes dias estão diante de nós! O que iremos fazer, calar-nos, ou enfrentarmos o desafio?

Muitos cristãos atentos, que estudaram seriamente suas bíblias e não se contentaram em sentarem-se em bancos de igrejas para cantar e louvar, provavelmente têm notado as graves discrepâncias que se tornaram chocantemente evidentes, desde que eles tiveram o primeiro contato com o Cristo e, portanto, demonstraram possuir uma leitura minimamente inteligente do texto sagrado. Estas diferenças vertem, na sua maior parte, sobre quão diferentes são as *deidades* apresentadas no texto bíblico. Alguns teólogos, numa tentativa de escapar deste problema, criaram o que é conhecido como 'revelação *progressiva*' i.e., o Velho Testamento revela a 'Jeová' de uma forma incrementalmente melhor conforme a passagem do tempo. Mas, esta "solução" não possui um forte apoio nas escrituras; por exemplo, o último livro do Velho Testamento diz o seguinte sobre Jeová, "**Eu, Jeová, <u>não mudo</u>.**" No mesmo livro, somos infelizmente informados que, "**Se não ouvirdes, e se não propuserdes no vosso coração dar glória ao Meu Nome, diz o Senhor dos Exércitos, enviarei maldição sobre vós, e amaldiçoarei as vossas bençãos; e até já as tenho amaldiçoado, porque não pondes o coração a isso, -...Eu espalharei esterco sobre os vossos rostos.**" Esta passagem mostra o quão maravilhoso ele realmente é! (Malaquias 3:6; 2:2,3 *ASV*) Isto não soa muito bem no sentido de que este *deus* jamais tenha mudado suas maneiras!

Jesus, no seu sermão da montanha (Mateus 5), deixou bem claro que o seu ensino era distintivamente convincente, visto que ele não recorria a fortes ameaças como as que vimos acima, mas possuía uma forma superior de abordagem, uma que intencionava despertar as pessoas inteligentes. (Mateus 7:28, João 1:17, Lucas 16:16 e II Coríntios 3:15).

Como já observado, durante o primeiros séculos, não havia um cânon do Novo Testamento, assim que o movimento de Jesus dependia exclusivamente da Septuaginta grega, que era a versão mais popular no mundo helenizado, mesmo entre os judeus, segundo testifica Filo de Alexandria. De forma que, os ensinos gnósticos de Jesus foram passados, por tradição oral, para os primeiros discípulos através dos apóstolos; após esse período, se podia contar com as epístolas de Paulo e outros escritos. O cristianismo, desde o seu nascimento, foi infiltrado pelo judaísmo. Em cerca de 38 da E.C., Saulo de Tarso, um devoto fariseu, membro do partido zelote, foi convertido a Jesus Cristo e retirou-se do fútil esforço militar contra os romanos, abraçando o cristianismo para sempre. Não apenas isso, ele se tornou o mais feroz e dedicado missionário cristão para as nações. E isso pode ser confirmado até mesmo pelos seus próprios inimigos, pois no livro de Atos dos Apóstolos 24:5, ele é chamado de *"o principal defensor da seita dos nazarenos."* Não haveria cristianismo, sem as viagens missionárias de Paulo!

Com o fim de encontrarmos a verdadeira **antítese** no próprio texto bíblico, precisamos ser capazes de identificar a Jeová como ele mesmo se apresentou a Moisés: *"E apareci a Abraão, a Isaque e a Jacó, sob o nome de El-Shaddai (deus todo poderoso), mas pelo meu nome, Jeová, não lhes fui perfeitamente conhecido."* (Êxodo 6: 3 *ASV*).

Mudou-se o *nome* e permaneceu o *caráter.*

Os Trinta e Sete Artigos da Antítese

A dura verdade sobre as implicações teológicas do Velho Testamento, será agora submetida a um severo escrutínio. Suas implicações, não estão restritas apenas ao campo teológico, mas produzem seus efeitos também nas esferas política e econômica, criando uma espécie de matriz de poder sobre o nosso imaginário, conforme foi destacado no capítulo I deste ensaio. A abordagem mais fácil e direta a esse problema é fazermos uma simples comparação entre os dois testamentos, a fim de estabelecermos se, de fato, eles são compatíveis nos campos da ética, da moral, da epistemologia, coesão lógica e ensino. Também, a *antítese* apresentada nesta obra, possui uma visão revisionista, esta revisão reflete o fato de que o Velho Testamento apresenta realmente um sistema de teologia mítico e de caráter politeísta. Algo que nem mesmo Marcião parecia saber, certamente devido a sua inabilidade de ler o texto no hebraico original.

Nós a chamaremos de *A Neo-Antíthese* – visto que, conforme já demonstrado, não havia apenas um *deus* no Velho Testamento, mas muitos! – *deuses* e *deusas.* Este conhecimento ainda se encontra oculto para muitos cristãos, incapazes de ler o hebraico bíblico, mas confiam inteiramente na versão grega Septuaginta da Bíblia. Assim como vimos nos capítulos 1, 2 e 4, existe um claro politeísmo no Velho Testamento, um que apenas pode ser percebido por aqueles que estão aptos a fazer uma análise etimológica por trás de muitos dos nomes (substantivos) e consequentemente de verbos.

Assim, toda vez que Marcião se refere ao deus mítico Jeová (El, Anu) ou senhor, no Velho Testamento, nós o substituiremos por *'El' (Senhor)*, *'os deuses'* por *'elohim'*. O diálogo "divino" em Gênesis, claramente envolveu mais de uma entidade, daí o uso do plural. Ao invés de lermos, *"E o Senhor Deus disse, O homem tem se tornado como um de nós, sabendo o bem e o mal. Ele não deve ser permitido tomar do fruto da árvore da vida e comer, e viver para sempre."* Isso deve ser lido *"E El disse, o homem tem se tornado como um de nós, sabendo o bem e o mal. Ele não deve ser permitido comer da árvore da vida e comer do seu fruto, e viver para sempre,"* Gênesis 3:22. Visto que eles (os deuses) já haviam declarado que, *"façamos o homem a nossa imagem, <u>segundo a nossa semelhança</u>, de forma que possam ter domínio sobre os peixes do mar e as aves dos céus, sobre os animais selváticos do campo, e sobre toda criatura que se move no solo,"* Gênesis 1: 26. Vejamos como a Neo Antítese[143] se parece após esta importante correção.

1. Os *Elohim* foram inverazes com Adão. Eles disseram a Adão, *"O dia que comerdes da árvore certamente morrerás. (Gên. 3:4)*

---

143 A Neo-Antítese, também supõe que esse relato seja mitológico assim como todo o relato. Contudo, essa forma de composição, não significa que o personagem não tenha existido historicamente, apenas que ele foi transmitido em linguagem mitológica. Um processo chamado de 'deificação', muito comum no período clássico da língua hebraica e ugarítica.

Jeová[144] mentiu; Adão comeu da árvore e ele não morreu nem mesmo 'caiu'. Ele foi supostamente criado como um ser humano natural por um deus que era ele próprio iníquo. (Isaías *45: 7*). Isso dificilmente poderia ser chamado de 'queda', visto que sua inteligência foi elevada, segundo temia o próprio deus. Adão, de fato, atingiu o status dos deuses! (*Gên 3:22*) *El* disse ao conselho dos deuses, **"Eis que o homem se tem tornado como um de nós, sabendo o bem e o mal."** A serpente[145] (a mais astuciosa criatura na terra) disse a verdade quando informou a Eva que *El* não cumpriria sua ameaça. Tem havido muitos debates sobre Adão não ter morrido, e sobre sua assim chamada queda; mas nós deixaremos que o texto fale por si só. Adão viveu até os 930 anos e gerou muitos filhos e filhas. Nenhuma menção é feita de uma 'queda'. *El*, portanto, mentiu para Adão, mas o Deus do Novo Testamento não pode mentir. (*Hebreus 6:18*).

2. *El-Shaddai* pediu a Moisés que obtivesse permissão de Faraó para levar os israelitas em uma viagem de três dias ao deserto a fim de oferecer sacrifícios ao seu deus. (Êxodo *5:3*).

---

144 Aprendemos nos capítulos 1 até 4, que 'Jeová' é realmente um codinome para a evolução do deus Anu, tornando-se *El*, eles foram originalmente desenvolvidos na antiga Suméria, terra mãe de Abraão. Também vimos que haviam muitos deuses e que este fato foi completamente encoberto pelo sacerdócio Levítico. Provavelmente Marcião, devido a sua falta de conhecimento do hebraico, estava desapercebido de que o Velho Testamento mencionava realmente muitos deuses e não apenas um, como ele supusera.

145 Observe que existe no texto hebraico, um claro impasse quanto às intenções dos deuses míticos, a capacidade de enganar, era bem comum.

Esta foi realmente outra **mentira**, porque já era o plano de Jeová que o seu povo deixasse o Egito para sempre, a fim de irem até a Terra da Promessa. Consequentemente, El-Shaddai mentiu. (Jeová **mentiu** novamente, a Bíblia diz, 'É impossível que o Deus do Novo Testamento minta.' ver *Hebreus 6: 18).*

3. Lemos algo bem interessante no Livro de I Reis. **"Eu vi a Jeová sentado em seu trono, e toda hoste dos céus em pé diante dele, à sua direita e à sua esquerda. E Jeová disse, 'quem persuadirá a Acabe para subir, para que possa cair em Gileade? Assim um dizia desta maneira, e outro dizia daquela maneira. Então um espírito veio e ficou parado diante de Jeová e disse, 'Eu o persuadirei: Jeová disse de que forma? (ele não era onisciente) Assim ele disse, 'Eu sairei e me tornarei <u>um espírito enganoso</u> na boca de todos os seus profetas', e ele disse, 'Tu o persuadirá e prevalecerá, ide e faze assim."** Esta passagem continua e diz, **"Jeová tem posto um espírito enganoso na boca de todos estes profetas"** com o fim de realizar o assassinato do rei Acabe (*I Reis 22: 22, 23-40 ASV).*

4. Jeová suscitou os Fariseus, os mesmos que planejaram a morte de Jesus; Ele **"cegou os seus olhos e endureceu seus corações,"** (*João 12:40)* em resultado, os Fariseus, sob a influência de Jeová e usando a sua lei, (*Levíticos 24:16)* orquestraram um plano com o qual pudessem ter a Jesus assassinado. Contudo, Jesus disse do Pai, **"Tua palavra é a verdade."** Paulo disse, **"Todas as promessas de Deus nele se tornam sim e nele amem."** (*II Coríntios 1:20)* O 'deus' que

engana e assassina não pode ser o mesmo cuja a **palavra é a verdade**.

5. **"Eu, Jeová vosso Deus, sou um Deus ciumento, visitando as iniquidades dos pais sobre os filhos até a 3ª e a 4ª geração daqueles que me odeiam: E mostrando misericórdia a milhares daqueles que me amam e guardam os meus mandamentos."** (*Êxodo 20:5 ASV*). Se levarmos bem a sério esta passagem, Jeová disse que ele puniria as crianças pelos pecados dos seus pais por 3 ou 4 gerações, enquanto o seu amor seria estendido apenas para a geração que o amava. Isto demonstra, para uma pessoa minimamente crítica, que seu ódio é quatro vezes maior do que o seu suposto amor! Jeová foi o deus de Israel apenas, (*Deuteronômio 7:7*) **"Oh filhos de Israel, a vós apenas eu tenho conhecido de todas as famílias da terra."** Jeová amou apenas a Israel (*Deuteronômio 7: 6-7; Amós 3: 2*) mas o Pai Celestial amou o mundo. (*João 3: 16*)

6. El-Shaddai enviou seu anjo da morte (demônio, Mot[146]) entre os egípcios e matou todos os seus primogênitos incluindo crianças e bebês (Êxodo 11: 5,6; 12: 29,30). Jesus disse, **"Deixai os pequeninos, e não os impeçais de vir a mim, porque dos tais é o reino dos céus"** (*Mateus 19:14*). Jeová matou crianças mas Jesus as amou. Todos os anos, os Judeus celebram com grande

---

146 Shemot (שמות), o nome hebraico do livro de Êxodo, se refere na verdade ao próprio deus cananeu da morte Mot. A preposição 'she' (ש) indica invocação por nome. E isso, em por si só, aponta para uma noção politeísta.

alegria o genocídio por El destas crianças. E esta festividade é chamada de **"A Páscoa."** Não admira a grande carnificina no mundo hoje. Se temos histórias inspiradoras como essa, não poderia ser diferente!

7. Jeová endureceu o coração de Faraó de forma que ele não deixasse os israelitas serem livres. Isto foi feito com o único propósito de infligir grande sofrimento sobre o povo egípcio (*Êxodo 4: 21; 9: 12*). Jeová amava ver o povo que ele odiava sofrendo (uma leve psicopatia). **"Aquele que senta nos céus rirá, Jeová os terá em escárnio** (*Salmos 2:4 ASV*). Mas quando Jesus viu os doentes e outros que sofriam, **"Ele foi movido por compaixão,"** (*Mateus 9: 36*). Enquanto Jeová ria deles.

8. Enquanto Jeremias estava orando a Jeová, ele o chamou de enganador, porque ele '**enganara o povo e Jerusalém**'. (*Jeremias 4:10*) **"Eu sou Jeová. E se o profeta for enganado – Eu Jeová enganei a esse profeta."** (*Ezequiel 14: 9 ASV*). Jeová enganou os seus profetas; em contraste, Jesus disse sobre o Pai, **"A tua palavra é a verdade."** (*João 17: 17*).

9. Jeová pôs um **espírito iníquo** no Rei Saul de maneira que ele odiasse a Davi e tentasse matá-lo (*I Samuel 18:10*). Mas o Deus de Jesus nos dá o seu espírito sem medida. Os frutos do seu espirito são, **"amor, alegria, paz e auto controle"** (*Gálatas 5: 22*).

10. Jeová odiava o seus inimigos, e em muitas ocasiões fez com que fossem assassinados. Em contraste Jesus disse, "...

Amai os vossos inimigos, ... e fazei o bem a eles[147]**. Para que possais ser filhos do vosso Pai que está nos céus"** (*Mateus 5: 44*). Jesus disse que nós devemos ser semelhantes ao Pai Celestial. Ele não sugeriu sermos iguais a Jeová. Precisamos ser melhores do que ele!

11. Quando quarenta e duas crianças insultaram a Eliseu, chamando-o **"careca,"** ele **"os amaldiçoou em nome de Jeová,"** que então foi rápido ao enviar duas ursas desde a floresta que as devorou a todas. Seu único crime foi usar a verdade para insultar ao profeta Eliseu, que era de fato calvo (*II Reis 2: 23,24*). Mas uma vez Jesus disse, **"Abençoai a aqueles que vos amaldiçoam."** (*Mateus 5: 44*).

12. Havia um homem israelita que reunia gravetos durante o sábado de Jeová, de maneira que sua esposa pudesse cozinhar uma refeição para a família. Por causa disso, ele foi morto. Este assassinato ilustra bem a dureza da lei de Jeová, que não mostrava **nenhuma misericórdia** nas mínimas coisas, (*Números 15: 32-35*) *'mas a graça e a misericórdia procede de Deus o Pai'* (*Titos*

---

147 Isto pode parecer algo impraticável para algumas pessoas, mas seja considerado que, a mensagem de Jesus é baseada em reflexões metafísicas clássicas. Uma que foca mais nas realidades superiores a esta condição miserável em que nos encontramos e a qual nos mantém presos. E, a fim de sairmos desta matriz de poder, temos que dar meia volta e deixar para trás toda percepção sensorial, parcial e míope sobre a realidade. Precisamos abraçar algo muito maior do que os nossos sentidos nos permitem compreender. Isto é cristianismo na sua mais pura e filosófica forma de realização.

3: 4; II João 1: 3).

13. **"Qualquer um que rejeitasse a lei de Moisés morria sem misericórdia,"** *(Hebreus 10: 28).* Jeová não tinha misericórdia com aqueles que violavam sua lei *(Êxodo 33: 19).* Em nítido contraste, as escrituras dizem que o Deus de Jesus **"é rico em misericórdia."** *(Efésios 2: 4).* A misericórdia do deus hebreu é limitada aos obedientes, enquanto a misericórdia do Deus de Jesus é oferecida a todos *(Romanos 11: 32).*

14. Jeová NÃO ERA ONISCIENTE, pois teve que chamar a Adão *"Onde estás tu?" (Gênesis 3: 9).* Ele também teve que perguntar a Caim onde estava Abel, e perguntou a Abraão onde estava Sara sua esposa, enquanto ela estava próxima no interior da tenda *(Gênesis 18:1-9).* Ele disse isto, concernente a Sodoma, **"Eu descerei e verei se eles têm feito segundo o clamor – que veio a mim, então terei de saber"** *(Gênesis 18:21).* Jeová não sabia o que estava ocorrendo em Sodoma sem ter que inspecionar pessoalmente, para ter certeza; sua visão tanto quanto aos eventos correntes quanto aos eventos futuros **era bastante limitada. Deus, o Pai, sabia de eventos futuros até mesmo sobre coisas que Jesus não sabia** *(Mateus 24:36),* Deus, o Pai, sabe de todas as coisas, enquanto Jeová não.

15. Jeová ensinou os israelitas a amarem o seu próximo e a odiarem seus inimigos, mas Jesus disse, **"Amai os vossos inimigos,"** *(Mateus 5:45,46).* Jesus disse que o **Pai nos céus** ama e faz o bem aos seus inimigos. O Velho Testamento pinta um quadro inteiramente diferente sobre **Jeová,** que **odeia** seus inimigos e frequentemente os têm mortos.

16. "A Jacó eu amei, mas a Esaú eu odiei (*Romanos 9:11,13; Malaquias 1: 2,3).* Jeová odiou Esaú antes mesmo de ele ter nascido, *"antes que ele tivesse feito bem ou mal."* Nenhuma razão é dada para este ódio. O Pai celestial não odeia a ninguém. Ele é dito como sendo, **"o Deus de amor, graça, misericórdia e paz,"** (*I João 4:16; Tito 1:4).*

17. Quando os israelitas reclamaram sobre terem que comer o maná e queriam comer carne, ao invés, **"A fúria de Jeová se ascendeu contra o povo e ele golpeou o povo com uma grande praga."** Ele enviou codornizes contaminadas de forma que elas pudessem contaminar alguns israelitas e **eles morreram enquanto ainda estavam comendo e ainda havia carne em seus dentes,"** (*Números 11: 33,34 ASV).* Por despeito e vingança Jeová matou a muitos israelitas. Jesus disse, **"Que homem há entre vós, se seu filho lhe pedir um peixe, ele lhe dará uma serpente?"** (*Mateus 7:10).* Segundo Jesus, as ações perversas de Jeová excediam em muito, as de um ser humano normal.

18. Os israelitas falaram contra Jeová e Moisés, **"E Jeová enviou serpentes ardentes entre o povo, e elas os morderam: muitos do povo morreram,"** (*Números 21:6 ASV).* Jeová era um assassino de sangue frio! **"O filho do homem não veio para destruir a vida dos homens, mas para salvá-los,"** (*Lucas 9:56).*

**19. "Não deves comer qualquer coisa que tenha morrido por

si mesma: deves dá-la ao estrangeiro que está nos teus portões, para que ele possa comê-la ou vendê-la a um forasteiro; pois vós sois um povo santo para Jeová vosso Deus," *(Deuteronômio 14:21).* Segundo Jeová, os israelitas não deviam comer carne contaminada, mas eles foram mandados a darem-na ou venderem-na para estrangeiros. Jesus disse, **"E assim como quereis que os homens vos façam, vós deveis fazer-lhes da mesma forma,"** *(Lucas 6:31).*

20. Houveram duas ocasiões diferentes, em que Jeová se tornou muito enfurecido com os israelitas e ameaçou matá-los a todos. Ambas as vezes Moisés usou o orgulho e o ego de Jeová para convencê-lo contra tal matança. Jeová teve sempre um temperamento agressivo, o qual poderia vir à tona por qualquer coisa. Se ele considerasse que sua autoridade ou respeito, estavam sendo desafiados, ele se enfurecia e sua ira frequentemente levava-o a cometer assassinatos, não apenas de uma única pessoa, mas em escala genocida *(Êxodo 32:9-12, Números 14: 11,12,20).* Jesus fez alusão a pelo menos duas dessas qualidades distintas- a **mentira** e o **assassinato** *(João 8:44).*

21. O mandamento de Jeová era, **"Não deveis roubar,"** contudo, ele fez os israelitas roubarem ouro, prata e vestimenta dos egípcios *(Êxodo 11: 2,3).* O mesmo deus que disse, **"Não deveis dar falso testemunho,"** enganou os seus profetas e enganou o seu próprio povo *(Jeremias 4:10).* Jeová disse a Moisés que tomasse vingança contra os midianitas. O exército de Israel massacrou-os, matando a todos os seus homens e mulheres que não conheciam homens, i.e., eram virgens. Os soldados foram recompensados com o seguinte prêmio, **"Mantenha as virgens para o vosso próprio uso,"** *(Números 31:16).* Este mesmo deus que dissera, **"Não deveis cometer adultério"** *(Êxodo 20:14),* recompensou os soldados de Israel por lhes oferecer virgens cativas para o seu próprio uso! *(Números 31:7,17-18).* Ambos estes mandamentos vieram da mesma deidade iníqua, chamada Jeová, o senhor da transcendência.

22. Jeová se vangloriava de ser o criador das trevas, *(Isaías 45:7).* Ele espalhou escuridão sobre a terra do Egito, mas sobre o Deus do Novo Testamento se diz, **"Deus é luz e nele não há qualquer escuridão"** *(I João1:5).* Isto novamente mostra que Jeová, **o criador da escuridão**, não é, e nem pode ser, o mesmo Pai Celestial em quem **"Não existe qualquer escuridão"** *(I João 1:5).*

23. Jeová afligiu o povo com lepra *(Números 12:10),* mas Jesus curou a dez leprosos, ao invés *(Lucas 17:12, 15).*

24. Jeová chamou a Isaías para ser profeta e lhe deu uma mensagem que confundiria os israelitas, causando com que eles pecassem. Jeová então os puniu por esse mesmo pecado *(Isaías 6:9,11).* Ele também disse a Ezequiel, **"Se o profeta for enganado, eu jeová enganei a este profeta, e o destruirei do meio do seu povo"** *(Ezequiel 14:9 ASV), mas* Jesus chamou o apóstolo Paulo para, **"Abrir os seus olhos e desviá-los da escuridão para a luz – para que pudessem receber o perdão de**

pecados" *(Atos 26:1)*. **"Vós deveis chamar o seu nome Jesus, pois ele salvará o seu povo dos seus pecados"** *(Mateus 1:21)*. Jeová **fez** as pessoas pecarem, enquanto Jesus as **salvou** dos seus pecados.

25. "Jeová é poderoso em batalha," *(Salmos 24:8)*. Jeová foi o deus de guerra de Israel que levou-os a muitas batalhas e ordenou o genocídio de milhares de pessoas, apenas por não serem israelitas *(limpeza étnica)*. Jeová foi um deus de guerra, mas Deus, o Pai, é um Deus de paz. *(Romanos 15: 33; II Coríntios 13:11)*.

26. Sobre o comando de Elias, um anjo de Jeová trouxe fogo desde o céu e consumiu a dois capitães e mais de cem homens, enquanto eles pediam misericórdia *(II Reis 1:13,14)*. Quando os samaritanos ofenderam a Tiago e a João, eles pediram que Jesus fizesse fogo descer desde o céu e os consumisse assim como fez Elias. Jesus os reprendeu dizendo, **"Não sabeis de que espírito, sois. – Eu não vim não para destruir as almas dos homens, mas para salvá-las."** Fogo de Jeová consumiu os 102 homens sem misericórdia. Jesus lhes disse "**Não sabeis de que espírito sois**" *(Lucas 9:54)*. O espírito de Jeová provocava a morte, mas o espírito de Jesus **"era para salvar as vidas dos homens."** Jeová' se dispunha a matar e destruir a todos de quem não gostava *(I Samuel 15:3 ASV)* **"Assim disse Jeová das hostes, – Ide agora e golpeies a Amaleque, e terás de destruir tudo que eles têm, – mata tanto a homens, como mulheres, crianças e bebês."** *(Deuteronômio 20:16 ASV)* **"As cidades e o povo que Jeová das**

hostes tem dado a ti, não deveis poupar a nada que respira."

(Hosea 13:16) **"Samaria está em culpa, pois ela se tem rebelado contra o seu Deus. Eles devem cair pela espada. Suas crianças devem ser despedaçadas. E suas mulheres grávidas devem ter seus ventres abertos.**" Que crime horrível, de fato! *(II Reis 15:16)*.

27. (Observação do autor) Estes crimes e atrocidades descritas no Velho Testamento não foram cometidos por Hitler, Stalin, Mao da China ou até mesmo por Saddam Hussein, **mas foram instigados e aprovados pelo Deus de Israel**, que parecia se deliciar ao ver pessoas sofrendo *(Salmos 2:4)*. Muitos têm sido levados ao extremo de tentar justificar e defender todos os crimes que o texto lhe credita. Seus esforços, porém, são em vão, devido ao fato de eles aceitarem o Velho Testamento como sendo a *infalível palavra de Deus*. Muito tem sido dito e escrito em um esforço de justificar as ações iníquas desse deus, contudo, sua aderência à *teologia mítica*[148] os impede de reconhecer os efeitos maléficos dessa forma de *ontologia*. Alguns dizem que esse deus mudou, ao passo que a história do Velho Testamento

---

148 Mesmo no caso de Jeová nunca ter existido em forma real, ou de ter sido construído a partir da mitologia ugarítica, como foi mostrado, não torna esta mitologia benéfica a psique humana. Mitologias, como esta, promovem uma sociedade predisposta ao mal. Sócrates e Platão, acusam a Homero (semelhante a Moisés) de promover pelos seus mitos uma sociedade focada na maldade, na guerra, matança e destruição, tudo em nome de entidades mitológicas. Uma versão teológica, bem inferior à teologia natural, cujo foco é centrado em pessoas reais.

progrediu. Contudo, o último livro do Velho Testamento, mostra claramente que ele nunca mudou. **"Eu sou Jeová e eu não mudo,"** *(Malaquias 3:6 ASV)*. Para provar ainda mais a **mente doente** de Jeová, ele disse aos sacerdotes, **"Se não ouvirdes, e se não propuserdes no vosso coração dar glória ao meu nome, diz o Senhor dos Exércitos, enviarei maldição sobre vós, e amaldiçoarei as vossas bençãos;..., e espalharei esterco sobre os vossos rostos, o esterco das vossas festas solenes, e com ele sereis tirados."** *(Malaquias 2:2,3)*.

A ameaça por Jeová aos sacerdotes demonstra sua mente iníqua e vulgar e é, simplesmente, incompatível com a mente ou a intenção do Pai Celestial ou mesmo de Jesus. Somos ditos para ter **"a mente do Cristo,"** *(I Coríntios 2:16)*. A Bíblia (cristã) não sugere nem recomenda que tenhamos a mente de Jeová. Mas o foco desta deidade das trevas foi, em realidade, planejada e posta a efeito pelas sociedades secretas a fim de enlaçar verdadeiros cristãos em uma forma de metafísica catastrófica.

28. "Eu sou o Senhor, este é o meu nome; e a minha glória não darei a outrem," *(Isaías 42:8 KJV)* Jesus orou a Deus o Pai e disse, **"E agora Oh Pai, glorifica o teu nome com a glória que eu tive contigo antes de haver mundo,"** *(João 17:5)*. **"E a glória que tu me deste,"** *(João 17:22)*. O ciumento Jeová não dá sua glória a outros *(Êxodo 34:14)*, mas o Pai Celestial deu sua glória a Jesus *(João 17:5)*.

29. Em seu sermão da montanha, em Mateus 5, Jesus ensina em direto contraste com a lei de Moisés em pelos seis pontos fundamentais. Um dos quais foi, **"Olho por olho e dente por dente,"** *(Levítico 24:20; Mateus 5:38,39)*. Ele continuou; **"Não pagues a ninguém mal por mal,"** *(Romanos 12:17)*. Jeová sempre buscou vingança! Enquanto o Pai Celestial ama e não é vingativo, simplesmente porque representa uma forma superior de ontologia filosófica!

30. Concernente ao Pai Celestial, Jesus disse aos Fariseus, **"Vós não tendes ouvido a sua voz nem tendes visto a sua forma,"** *(João 5:37)* João disse, **"Ninguém jamais viu a Deus,"** *(João 1:18; I João 4:12)*. Segundo o Velho Testamento, Jeová tinha sido visto visualmente e ouvido muitas vezes. **"Jeová era visível, mas Deus o Pai é espírito e é invisível**. Paulo usou a expressão, **"O Deus Invisível"** *(Colossenses 1:15)*.

31. O Velho Testamento registra muitas ocasiões quando Jeová fez decisões que ele mais tarde se arrependeu (Opa! Nem tudo está perdido!). Em poucas dessas vezes: **"E Jeová se arrependeu de ter feito o homem sobre a terra,"** *(Gênesis 6:6)*. Ele se arrependeu de ter constituído a Saul como rei, *(Samuel 15:11)*. **"Jeová se arrependeu** *do mal que ele tinha dito que faria aos ninivitas, (Jonas 3:10). "E o Senhor se arrependeu do mal que ele pensou em fazer ao seu povo,"* *(Êxodo 33:14)*. O Pai Celestial é o **"único Deus verdadeiro,"** *(John 17:3) e não anda se arrependendo.*

32. Jesus tinha o seguinte a dizer, **"Ninguém conhece ao**

Filho exceto o Pai. Tampouco ninguém conhece ao Pai exceto o Filho, e aquele a quem ele estiver disposto a revelar," *(Mateus 11:27).* Segundo Jesus, o Pai Celestial não era conhecido no mundo antigo até que ele o teve revelado. Ele disse aos judeus, **"É o Pai quem me honra, aquele que dizeis ser o vosso Deus. Contudo, vós não o tendes conhecido,"** *(João 8:54).* Jesus, de uma vez por todas, confirma aos Fariseus que o Pai Celestial não era o deus da sua religião, tampouco fora conhecido no Velho Testamento. Ele não era conhecido até que Jesus o revelou em seu exemplo *(Mateus 11:27).*

33. Os doze apóstolos eram judeus devotos e tinham sido ensinados a orar a Jeová. Jesus mudou isso e lhes disse, **"Desta maneira, portanto, deveis orar: Nosso Pai quem está nos céus,"** *(Mateus 6:9).* Esta mudança implicava que os cristãos deveriam mudar a quem sua oração era dirigida, isso geralmente passa desapercebido para muitos cristãos de hoje, que sofreram condicionamento mental e filosófico. Seus discípulos não tinham mais que orar para Jeová mas para o Pai Celestial *(Mateus 6:9; Luke 11:2).* Fica óbvio porque Jesus fez esta mudança; afinal, Jeová não era o seu Deus! Jesus não teria feito esta mudança caso Jeová fosse o mesmo Pai Celestial. Sua oração final foi ao Pai, pedindo-lhe que recebesse seu espírito *(Lucas 23: 46; Mateus 26: 39).*

34. A conversa que Jesus teve com a mulher na fonte de Jacó nos traz um ponto interessante. **"Ela disse que os judeus adoravam em Jerusalém e seus pais disseram que este monte**

(Gerizim) era o local de adorar." A resposta que Jesus lhe deu não deve passar despercebida, ele disse, **"Mulher creia-me, virá a hora em que nem neste monte, nem em Jerusalém, adorareis o Pai,"** *(João 4:21).* Seus pais adoraram o bezerro de ouro no monte Gerizim em Samaria, os judeus adoraram a Jeová no Templo em Jerusalém. Mas Jesus lhe disse que o Pai Celestial <u>não seria adorado em nenhum desses lugares físicos</u>. *(João 4:23, 24).*

35. A escritura nos diz porque os judeus rejeitaram a Jesus. **"Ele** (Jeová) **cegou os seus olhos e endureceu os seus corações,"** *(João 12:37-40).* O deus dos Fariseus cegou suas mentes para que não dessem ouvidos a Jesus. Paulo disse, **"Nenhum dos governantes deste século o conheceu; pois se eles o tivessem conhecido, eles não teriam crucificado o Senhor da glória,"** *(I Coríntios 2:8).* Jeová era o deus do mundo judaico (século), do qual Paulo disse, **"O deus deste mundo (material) cegou as mentes daqueles que não creram,"** *(I Coríntios 4:4).* Jesus veio para **"recuperar a vista dos cegos,"** *(Lucas 4:18).* Jeová cega, mas o Pai Celestial abre os olhos de quem está cego.

36. Jesus tinha mais a dizer sobre o governante do mundo: **"Agora é o julgamento deste mundo; agora o governante deste mundo** *(século)* **é lançado fora,"** *(João 12:31)* E novamente, **"pois o governante deste mundo** *(era)* **está vindo, e ele não tem poder sobre mim,"** *(João 14:30).*

37. Finalmente, contudo, tão importante quanto, devemos lembrar que sob a lei de Jeová eles deviam fazer juramentos, *(Deuteronômio 6:13)*, mas Jesus disse, **"Eu vos digo a vós, não jureis por nada, – Mas deixe que o vosso 'sim' seja 'Sim' e o vosso 'não' seja 'Não'. Pois o que <u>vai além disso é do ímpio</u>,"** *(Mateus 5:33-37)*. Está Jesus realmente sugerindo que Jeová, quem requeria juramentos, **é o 'ímpio'?** É isso que realmente parece; o Velho Testamento confirma que este deus criou o próprio mal! *(Isaías 45:6,7)*.

Portanto, os muitos deuses do Velho Testamento, foram ocultados por meio de um cuidadoso e exaustivo sistema de notação (notação massorética), que buscou cobrir a embaraçosa verdade que prevaleceu por milênios, mas que então, desde que o cristianismo entrou na cena do mundo, não pôde mais ser ocultado. Visto que Jesus os expôs à luz da razão, por dizer claramente que, *"Nenhum homem poe um pedaço de tecido novo em uma vestimenta velha, pois a sua própria força a removerá, e o remendo será pior. Tampouco os homens poem vinho novo em velhos odres: ou os odres se partirão, e o vinho novo se derramará, e os odres perecerão: mas se poe vinho novo em odres novos, e ambos são preservados."* E Paulo corroborou isso por dizer o seguinte, *"Pois eu morri para com a lei, para que eu pudesse viver para Deus. Eu estou crucificado com Cristo: no entanto eu vivo; contudo não apenas eu, mas Cristo vive em mim: e a vida que eu agora vivo eu a vivo pela fé no filho de Deus, que me amou, e se entregou por mim. Eu não frustro a graça de Deus: <u>pois se a justiça vem por meio da lei, então Cristo morreu em vão</u>."* Gálatas 2:19,22.

Mas, a fim de contra-atacar o laborioso trabalho de Marcião, "os pais ortodoxos" lançaram seu ataque contra ele, por organizarem-se naquilo que veio a ser chamado de Igreja Católica 'Universal' (καθολικη, *Católico)*. A fim de avançar a sua causa contra Marcião, eles inseriram uma clara interpolação em I Timóteo, e a creditaram a Paulo. Com um golpe de caneta (o que tem sido sua marca pelos últimos dois mil anos) eles manufaturam uma citação, supostamente feita por Paulo, **para refutarem com isso os ensinos de Marcião.** É interessnate notar que, esta epístola usa a palavra grega 'ἀντιθέσις' *(antítese)* a qual não é encontrada em nenhum escrito cristão anterior aos produzidos por Marcião. Lemos em I Timóteo, *"Oh Timóteo, mantenha aquilo que te foi confiado, evite os <u>clamores profanos</u> da falsamente chamada ciência:"* (I Timóteo 6:20). Em grego original temos o seguinte:

"ὦ Τιμόθεε τὴν παραθήκην φύλαξον ἐκτρεπόμενος τὰς βεβήλους κενοφωνίας καὶ <u>**ἀντιθέσεις**</u> τῆς ψευδωνύμου γνώσεως."

Esta e demais declarações mencionadas em I Timóteo, identifica esta epístola como sendo do período da controvérsia contra Marcião, no segundo século da era criatã. Embora alguns eruditos cristãos neguem que Marcião fosse um 'gnóstico', eles pareciam ignorar o fato gritante de que a palavra 'Gnose' é um termo comum usado amplamente através do Novo Testamento e literatura relacionada, para se referir simplesmente ao 'conhecimento' esotérico, no sentido mais profundo da teologia natural[149].

Consequentemente, o cristianismo nunca foi nem tampouco será uma ramificação do judaísmo[150], esta foi uma mentira contada tão frequentemente, de forma a soar como verdade. E agora já é o tempo para reformarmos o cristianismo de forma correta e histórica, segundo suas bases filosóficas originais, por restaurarmos sua metafísica, epistemologia e ética originais.

Os cristãos, que não aceitam o deus judaico *El, ou de fato qualquer outro deus mitológico*, como sendo seu Deus, não estão sozinhos. *"Até mesmo antes de Marcião e dos grandes teólogos gnósticos aparecerem em cena, havia aparentemente muitos cristãos que recusaram aceitar o deus dos judeus, quando se converteram ao cristianismo. Ser um cristão não necessariamente leva consigo a aceitação do deus judaico."* The God of the early Christians, by Arthur C. McGiffert 1924, (traduzido pelo autor).

O apóstolo Paulo disse aos cristãos na Galácia que tinham relapçado ao judaísmo, que eles foram **enganados, feitos de tolos, enfentiçados, e se tornaram "separados do Cristo e dacaíram da sua graça."** *(Gálatas 3:1,3; 5:4). Ele também se referiu aos judaísmo como esterco (Filipenses 3:8).* Ele disse aos coríntios que, **a leitura do Velho Testamento e dos escritos de Moisés os**

---

149 Em meu próximo livro, eu tentarei expor a verdadeira gnose cristã, que foi escondida dos leitores comuns da Igreja.

150 O fato de que alguns profetas rebeldes predisseram o 'messias' não torna o cristianismo teologicamente equivalente ao judaísmo, assim como o fato de um homem cometer um crime isso ser imputado em seu filho.

cegariam, *(II Coríntios 3:12-15).* De toda a evidência apresentada até este ponto, podemos dizer claramente que Paulo foi de fato o único apóstolo que completamente rejeitou que qualquer parte do judaismo fosse incorporado no movimento de Jesus.

Os historiadores 'ortodoxos' têm tentado esconder esta grande controvércia, ocorrida no segundo século, e que verteu sobre a antítese de Marcião. Pois, se não o fizessem, isso claramente desacretitaria sua aderência ao modelo teológico mítico do Velho Testamento, com seus deuses pagãos. E esse fato continua sendo escarsamente conhecido pelos cristãos até hoje.

E até hoje, muitos dos seminários teológicos, até mesmo alguns especialistas em hermenêutica, continuam a ignorar os fatos deste grande debate. E isso tem resultado em crassa ignorância da crenças, dos sofrimentos e conflitos que nos permitem hoje segurar um texto do Novo Testamento, e isso graças aos esforços dos primitivos cristãos. Os cristãos atuais foram ensinados, erroneamente, a seguir a teologia mítica (transcendente) do judaísmo, como se estivessem seguindo a verdadeira ontologia cristã. E é devido a isso, que o cristianismo até hoje é considerado 'judaico' em sua natureza, e ainda convive com o paradoxo de ter que pregar um deus que é tanto a fonte do bem como do mal, e isso fez com que o cristianismo fosse visto, pelos mais céticos e inteligentes, como algo inaceitável e repugnante. De fato, aqueles que professam não acreditar em Deus, encontram-se dividos por muitas e diversas questões aparentemente insolúveis. A principal delas é o fato de que não se pode aceitar um deus que seja tanto a fonte de bem quanto do sofrimento e injustiça, e que produza, ao mesmo tempo, bons e maus frutos. Porque o mal é a total ausência do bem, assim como a *escuridão* é a total ausência da *luz*. Este dualismo é bem carcterístico do cristianismo primitivo, *"Esta portanto é a mensagem que ouvimos dele, e declaramos a vós, que <u>Deus é luz, e nele não há qualquer escuridão</u>,"* (I João 1:5). Esse é o verdadeiro e incorruptível evangelho de Cristo!

Esta teologia judaica-cristã teve ainda outro imenso impacto na esfera política e econômica, desde a própria fundação do mundo em que vivemos. No próximo capítulo, consideraremos os seus efeitos sombrios nestas áreas, e como nós, pessoas inteligentes, podemos achar a saída dessa estrutura. Vejamos como a teologia mítica ajudou a produzir a pefeita mentalidade para o estabelecimento de um sistema social, político-econômico, tão brutal, que não seria possível, caso tivéssemos mais *conhecimento* e menos *ignorância*.

"A característica fundamental da religião judaica consiste no fato que ela é uma forma de religião a qual não possui nada relacionado com o outro mundo,mas, como se pode dizer, é puramente materialística. O homem pode experimentar o bem ou o mal apenas neste mundo; se Deus desejar punir ou recompensar, então ele pode fazer apenas durante o período de vida do homem. Portanto o homem justo (justificado) deve atingir o bem enquanto está aqui na terra e o sem Deus deve sofrer."
(Werner Sombart, Les Juife et la vie Economique, p. 277 & 291).

CAPÍTULO VIII

A DOUTRINA PARA SUBJUGAR

O MUNDO

O materialismo[151] é definido na filosofia da seguinte forma, *"O materialismo defende que a única coisa que se pode provar a existência é a matéria. Assim, segundo o materialismo, todas as coisas são compostas de matéria e todo fenômeno é resultado de interações materiais, sem referência a espírito ou consciência. Bem*

---

151 Também chamado de 'fisicalismo', é a crença de que tudo é o resultado de interações materiais. Todo fenômeno pode ser atribuído à matéria.

como, é um conceito geral na metafísica, e é mais especificamente aplicado ao problema mente-corpo na filosofia da mente[152]."

Esta mentalidade está também por trás de muitas outras escolas filosóficas e agendas políticas, especialmente, a do *comunismo*. O materialismo é extremamente conveniente para aqueles que estão por trás de governos, e dos setores comercial e industrial. Para estes, o materialismo cria a mentalidade necessária para se estabelecer controle político e financeiro sobre praticamente todo o mundo. O que muitas pessoas parecem esquecer é que, o comunismo materialista, serve de fórmula perfeita para se alcançar tal projeto de poder despótico e absoluto. Um mundo de sonhos, onde a alta elite possui tudo, enquanto os *comuns,* jazem em completa abjeção. Deveras, os proponentes do assim chamado, *comunismo,* gostam de pregar uma vida simples para todos os demais, enquanto eles reservam a vida perfeita apenas para eles mesmos. De fato, como o professor Antony Sutton, autor da obra *"O Estabelecimento Secreto da América"* (inglês), entre outras obras, disse: *"Os banqueiros, amam o comunismo"*. Quem está por trás do comunismo e para que propósito ele foi criado?

De todos os sistemas revolucionários, que através da história foram implementados para a destruição da civilização e dos valores cristãos, o comunismo é, sem dúvida, o mais eficiente e mais inescrupuloso. De fato, ele representa, em si mesmo, a

---

152[Materialismo]https://www.philosophybasics.com/branch_materialism.ht
ml

mais avançada agenda política no mundo de hoje. E visto ter ele acumulado suficiente experiência, em assuntos políticos, ele também se beneficiou do fato de que o cristianismo perdeu muito da sua história e identidade teológica, o que por sua vez, o enfraqueceu nas esferas social e econômica. Visto também que, como todos sabemos, a Igreja Católica nunca se preocupou em representar uma forma pura de cristianismo, longe disso, ela criou *um sistema mitológico universal, formalístico e superficial*. Um, que foi baseado na percepção mito-teológica judaica e que simplesmente não é capaz de produzir uma verdadeira experiência cristã, mas que foi engenhada para servir de mera doutrina político-hegemônica, na sua mais despótica forma de implementação. Até porque essa doutrina (transcendência), negou às pessoas a verdade sobre o Cristo histórico, e preferiu construir seu império secular em solo arenoso e não sobre a rocha, e como tal, encontra-se fadado ao colapso.

O Papa atual, Francisco, abraçou o comunismo às custas do seu rebanho. Isso só ocorreu porque este sistema teológico, desde a sua fundação, foca mais em rituais inúteis e formalísticos, sem qualquer aplicação prática no mundo real, daí também o surto de ateísmo que vemos hoje, visto que muitos se sentem vazios e frustrados. E portanto, esta condição ajudou a pavimentar o caminho para o comunismo internacional em todo mundo, especialmente na Europa. Declarando o fim das verdadeiras prioridades cristãs, a saber, a construção do homem a partir de si mesmo, de maneira imanente e subjetiva (λόγος), e não o seu mundo objeto, voltado para fora de si mesmo (transcendente) (εἶδος), que depende dos sentidos percepcionais – um mundo de sombras e de ilusões – edificado sobre um estado de realidade transitório e particular – também chamado de ilusão sensorial. E que enjaulou o homem de volta na caverna – a caverna de Platão. Tornando-o incapaz de ver a própria realidade em que vive, mas apenas suas sombras passageiras.

Nas ciências sociais e políticas, o comunismo (do latim *communis*, "comum, universal") se refere ao movimento ideológico, filosófico, social, político e econômico, cujo objetivo ulterior é o estabelecimento de uma sociedade comunista, o qual representa a si mesmo como uma ordem socieconômica estruturada sobre a posse comum dos meios de produção e a ausência de classes sociais. Transferindo, através da teologia estatal, sua adoração ao Estado, o qual representa aquilo que Varro (Capítulo anterior), na antiga Roma, classificaria como a "teologia do Estado." De forma que o Estado recebe absoluta precedência em todas as questões. Uma ideologia que é 100% baseada na percepção de *coletivismo*[153] – a ideia de que o grupo é mais importante do que o indivíduo; e assim, quem quer que seja capaz de representar o grupo, o coletivo, será aquele realmente capaz de ascender à posição de verdadeiro indivíduo, enquanto os demais, vivem de valores *transcendentes*, *transitivos*,

---

153 Alguns apontam para Thomas Moore, com sua obra "Utopia", como sendo a inspiração primeira para o comunismo. Ele foi um agente católico durante os anos cruciais de Henrique VIII, na Inglaterra. Um período de reforma protestante.

em que o objeto de sua verdadeira realização está na esfera da impossibilidade, e assim, a abjeção se instaura, não como exceção, mas como regra geral. Esta condição, por sua própria definição conceitual, é a fórmula perfeita para conduzir um grupo anônimo de indivíduos a uma ditadura que se instaura, em alguns casos, de forma irreversível. Vejamos, a propósito de contextualização, quem está realmente por trás do comunismo, bem como quem o promove e o financia em primeiro lugar. Pois se não soubermos a fonte de uma ideia, nada saberemos sobre ela.

O comunismo inclui uma variedade de escolas de pensamento que vagamente reúnem o Marxismo e o Anarquismo[154], bem como ideologias políticas em torno dessas duas principais. A maior falácia empregada por comunistas é raramente notada pela vasta maioria dos seus seguidores – a de que a classe dominante comunista se comporta da mesma maneira que seus supostos adversários capitalistas – eles controlam os meios de produção, bem como terras, propriedades, impostos, e bens, etc. Assim, a própria deficiência que, segundo eles, caracteriza o sistema econômico capitalista, pode ser ainda encontrado em sua própria versão de praxe econômica. E a prova desse fato é vista na própria condição abjeta em que vivem as pessoas comuns em países socialistas ou comunistas como China, Cuba, Venezuela, Coreia do Norte, e

---

154 Muitos professores universitários anarquistas não passam de comunistas disfarçados. Ao promoverem, o que parece aos olhos do incauto, uma "alternativa" ao modelo marxista.

assim por diante. Exataménte a mesma mentalidade exclusivista. Pois podemos estar absolutamente certos de que as pessoas nestes países nem mesmo se atrevem a viver nos padrões da elite dominante. Mas, encontram-se em absoluta pobreza, em filas para tudo – enquanto os que dominam seus respectivos países – vivem nas alturas e não conhecem limites.

O comunismo opera nos Estados Unidos através dos mesmos canais que foram usados na Rússia soviética e usa os mesmos agentes — Sindicatos revolucionários e predatórios, bem distantes das uniões que fomentam nogócios e prosperidade, e da mídia *especulaiva* e *agitadora*. As pessoas não imaginam que todos os distúrbios públicos; desemprego, greves e confusões políticas, sobre as quais eles leem nos jornais, são apenas a ponta do "iceberg" e que por trás delas se escondem os líderes do movimento que sabem muito bem o que estão fazendo à economia nacional. Os mesmos velhos métodos empregados pelos comunistas na União Soviética, foram aperfeiçoados e estão sendo correntemente usados para produzirem os mesmos resultados — *caos, instabilidade, altos indices de crime, sistema de saúde falido, etc.*, e tudo isso para que eles possam oferecer a "solução" preconfigurada. O que tem comunismo a haver com 'teologia' e quem está realmente por trás de tal ideologia materialista?

Primeiro, vamos considerar a prórpia raiz, não apenas do comunismo, mas também de suas reais bases filosóficas bem como de suas repercussões teológicas, socias e políticas, através da histíria moderna, e como elas estão todas baseadas em um só equívoco conceitual — o do fisicalismo[155] em oposição ao metafisicalismo. Existem de fato 4 diferentes variações do fisicalismo *(materialismo)*; *1° o materialismo metafísico ou cosmológico,* que se identifica com o atomismo filosófico[156]; *2° O materialismo metodológico,* segundo o qual, a única explicação possível para o fenômeno natural é aqule que recorre aos corpos e seus movimentos; *3° O materismo prático* (a maioria hoje vive dessa forma), que vê na busca dos prazeres o único guia para se conduzir a vida; *4° O materialsmo psico-físico,* que assevera que os fenômenos psíquicos são causados estritamente por fenômenos fisiológicos (daqui surgiu o "behaviorismo"), não existe consciência, portanto, não existe *alma, Deus, ou vida após a morte.* É interessante que o apóstolo Paulo, ao argumentar com os coríntios sobre a inexorabilidade da resureição do Cristo, citou a máxima de Epicuro, que diz: *"Se, como homem, combati em Éfeso contra as bestas, que me aproveita isso, se os mortos não ressuscitam?* ***Comamos e bebamos, que amanhã morreremos.****"* (I

____

155 Estes termos são usados com referência aos conceitos de materialismo e meta fisicalismo. Uma assevera que tudo é matéria e apenas na matéria podemos encontrar explicações aos fenômenos da realidade. Ao passo que o metafisicalismo oferece uma visão alternativa de que alguns fenômenos podem apenas ser explicados por consideremos a consciência não tangente, e portanto estes fenômenos não podem ser deduzidos puramente do plano físico.

156 O atomismo filosófico é aquele promovido por Demócrito, Leucipo e Gassendi. É uma filosofia da natureza que tem uma posterior base experimental além da física aristotélica.

Coríntios (15:32)). Se não existe vida além da matéria, então, qual o propósito de se viver uma vida virtuosa ou digna, racional? Bem, isso explica, talvez, as reais intenções de muitos políticos; por que, as principais ideologias de massa põem tanta ênfase num estilo de vida materialista? *'Você não é nada mais do que uma pequena figura em um grupo, você é uma parte insignifivante do todo, você não foi criado por um ser divino para ser usado como o sagrado templo da razão'*. Ora, cabe a cada um de nós, julgarmos essas ideais e responder a essas perguntas.

Quem está por trás do comunismo?

O comunismo foi *supostamente* desenvolvido por Karl Marx[157] e Engels em 1847, e posteriormente desenvolvido por Lenin e Stalin. Sua ideologia pode ser resumida nos seguintes princípios fundamentais: 1° a personalidade humana depende de uma sociedade historicamente determinada a qual ela pertença, e nada é *independente* ou *fora* dessa sociedade.; 2° a estrutura dessa sociedade historicamente determinada depende, no que lhe concerne, das relações causadas pela produção e trabalho da mesma, e determina todas as suas manifestações: moralidade, religião, filosofia, etc., além de sua organização política. Estes dois pontos essenciais constituem o chamado *materialismo histórico* (construído com base na obra, "Deutsche Ideologie"[158],

---

157 Veremos como estes dois homens foram usados como pontas de lança pela elite bancária, que buscava uma forma de estado perfeitamente adaptado aos seus projetos de poder.

158 Ora, Karl Marx desenvolveu essa teoria sobretudo em oposição ao ponto

1845-46, "Ideologia Alemã"). 3.º a luta de classes tem uma característica permanente e necessária em toda sociedade capitalista, isto é, em toda sociedade em que os meios de produção são propriedade privada; [4.º] após alcançar o máximo nível de concentração de riqueza em poucas mãos e tendo chegado ao ponto da extrema pobreza dos trabalhadores, uma sociedade capitalista, atravessa, necessária e inevitavelmente, para uma comunidade socialista, que possui e exerce diretamente os meios de produção, e é, portanto, uma comunidade sem classes; 5º existe uma fase de transição entre a sociedade capitalista e a comunista, durante a qual, o proletariado tomará e exercerá o poder[159], assim como os capitalistas fizeram em seu próprio benefício. Esta será a *ditadura* do proletariado. O comunismo soviético deu atenção especial a este último aspecto, que nas obras de Marx e Engels aparecem apenas como elemento secundário. O Partido Soviético sob Stalin, virtualmente se apoderou da ciência, da

---

de vista de Hegel, para quem é a consciência que determina o ser social do homem; para Marx, claro, é o ser social do homem que determina a sua consciência. Nada poderia estar mais longe da verdade!

159 Essa é uma mera especulação, nunca ocorreu de fato em nenhuma sociedade comunista. O que se vê na prática são sociedades estagnadas economicamente e desesperadamente destruídas. Afirmar que acontecimentos ou situações histórico-sociais sempre devem ser explicados pelo determinismo dos fatores econômicos é tese tão dogmática quanto afirmar que um homem não seja capaz de construir seus próprios valores. Nada se pode construir com tal pessimismo, de fato!

arte, da filosofia, e, em geral, de toda atividade intelectual, o que significava dizer; subjugou estas atividades ao partido e terminou por destruí-las, e com elas, destruiu toda a sociedade soviética de uma forma bem parecida a uma 'implosão', deixando atrás de si um número estimado de 150,000,000 de russos mortos, especialmente cristãos! Não devemos esquecer esse fato! Pois, isso está prestes a ser repetido em nosso país e no mundo, se nós não nos educarmos sobre ele.

Karl Heinrich Marx, sendo um judeu, estava bem apercebido do fato de que o judaísmo é inteiramente materialista, não existe muita ênfase na vida após a morte, e assim ele possuía as razões precisas para desenvolver tal ideologia. Seu nome real era **Herschel Mordechai**, nascido em Trier, Rhineland, filho de um advocado judeu. Antes da sua famosa obra "Das Kapital" (O Capital), que contém a teoria fundamental do comunismo, e cujos conceitos ele buscou, em 1887, espalhar sobre todo o mundo. Ele também escreveu e publicou, junto com seu associado e também judeu, Engels, no ano de 1848, o *Manisfesto Comunista* em Londres; o que é raramente sabido pelo público, é que entre os anos de 1843 e 1847, ele formulou a primeira interpretação moderna do Nacionalismo Hebreu em seus artigos, os quais foram publicados no ano de 1844 em um periódico chamado "Deutsch-Franzosische Jahr-bücher" (Anuário Franco-germânico) sob o título," Concernente a questão judaica", e que mostra uma tendência *ultra-nacionalista* de sua parte. Estes fatos, pintam uma imagem bem diferente sobre as reais intenções de Karl Marx, e mostra que ele não estava imbuído de um espírito fraterno e humano, como pensam alguns, inocentemente; o de ver a humanidade em uma utópica fraternidade internacional — mas era desde o princípio, uma agenda nacionalista judaica, a qual foi financiada pela elite internacional de banqueiros. Eles realmente, como será demonstrado, amam o comunismo. É o seu sistema favorito!

Consequentemente, não é coincidência que todos os países comunistas, em todo mundo, se oponham ao cristianismo ferozmente. O alvo direto do comunismo é a dominação mundial e a completa capitulação de todos os povos da terra, através do "Novus Ordus Seclorum" ou "A Nova Ordem Secular", e por que 'secular'? Porque ela busca destruir toda a mentalidade ou atitude metafísica[160]. Onde não se permitirá mais conceitos espirituais! (filosofia clássica e cristianismo, nem sonhar!) Ela submeterá a humanidade (dormente) a um pleno golpe materialista! Novamente, uma forma muito lucrativa de se viver, não para as pessoas, mas para as elites, que controlarão todo o processo por detrás das cenas – a elite bancária terá vencido, afinal. E quem mais está por trás dos bancos mundiais, privados? A resposta é óbvia e está auto-evidente, o Vaticano! Podemos entender agora, porque temos um Papa comunista.

Este objetivo comunista é entendido, com absoluta unanimidade, pelos judeus sionistas. Enquanto muitos não judeus, que infelizmente carecem de conhecimento e que foram

---

160 A Escola de Frankfurt buscou prescindir de toda forma de metafísica. Assim como o Círculo de Viena.

"apanhados vivos" para serem tanto desencaminhados como para desencaminhar outros desavisados, parecem desconhecer tal fato notório. O grande número de judeus multi-bilionários no mundo hoje, que controlam a Reserva Federal americana, A Cidade de Londres, e virtualmente todos os bancos centrais do mundo — segundo uma concesão exclusiva pelo Vaticano[161]. Estes, com raras exceções, devem necessariamente, pensam alguns, se oporem a esta corrente que supostamente visa retirar-lhes suas fortunas — isto é risível. É exatamente isso que alguns defensores do comunismo creem incoscientemete!

Este sistema materialístico foi construído com base no imaginário criado a partir da teologia mítica e é, portanto, naturalmente ateístico[162] em sua natureza. Esta agenda política já está governando grande parte da Europa, Ásia, Américas Central e do Sul, com consequências horríveis para estas nações tradicionalmente cristãs, que não mais podem se considerar nações livres. Mais cedo ou mais tarde (talvez tarde demais), reconheçamos que existe uma diferença fundamental entre o judaísmo e o cristianismo, e essa diferença jaz nas suas

---

161 Para uma leitura mais profunda sobre o tema, ver o livro de Gerald Posner, "God's Bankers" (Os Banqueiros de Deus), para um estudo mais detalhado sobre a direta participação do Vaticano em determinar políticas econômicas austeras no mundo.

162 Ora, se estabelecemos que o primitivo cristianismo se fundamentou na imanência em contra posição à transcendência, isso faz com que uma pessoa ateia seja, verdadeiramente, aquela que não emana a Deus *a partir de si mesmo*. E não aquele que cultua algo externo, fora da possibilidade.

respectivas origens e proposições; pois, enquanto a religião judaica, como já vimos, possui uma forte orientação materialística, o cristianismo, por outro lado, preserva uma profunda perspectiva metafísica, que foi herdada do próprio Jesus Cristo. Werner Sombart tem algo forte a nos dizer sobre esta perculiar diferença:

"É inútil se debruçar sobre a diferença, que deriva deste contraste das duas perspectivas, relacionada a atitude do judeu devoto e do critão devoto, com respeito a adquisição de riqueza. O cristão devoto se endividou com o usureiro, foi torturado em seu leito de morte pelas dores do arrependimento e estava pronto para abandonar tudo que ele possuiu; pois, o conhecimento dos bens injustamente adquiridos o consumia. Por outro lado, o devoto judeu, quando o fim da sua vida se aproxima, considera com contetamento os cofres e malas cheias até a tampa, nos quais os lucros foram acumulados, que durante a sua longa vida ele subtraiu dos pobres cristãos e também dos pobres mulçumanos. É um espetáculo no qual seu coração devoto poderia até festejar, pois, em cada rolo de dinheiro que está escondido, ele os vê como um sacrifíscio ao seu Deus." Le Juife et la vie Economique, p. 286[Le Juife].

Portanto, esta observação verídica, destaca a enorme diferença que existe entre o judaísmo e o cristianismo. E por esta razão, nós podemos considerá-las como ideologias radicalmente opostas desde os tempos bíblicos. De forma semelhante, não podemos seriamente esperar que uma *ideologia materialista* possa conviver passivamente com uma ideologia *metafísica*, a menos que uma delas seja esvaziada. Consequentemente, por não sermos capazes de discernir esta clara diferença, o judaísmo cresceu e tomou pé através do processo de esvaziamento conceitual da versão corrupta do cristianismo — promovida pela Igreja Católica. E posteriormente, ele infiltrou países cristãos, trazendo consigo algumas das suas mais destrutivas ideologias, como o *comunismo* e seus semelhantes — e.g., o *anarquismo*. Agora, ele corrói a própria estrutura da Civilização Ocidental. Poucos católicos se apercebem de que o Vaticano é o cérebro político, não religioso, do mundo.

Como os Sionistas Criaram o Comunismo.

Theodor Herzl, um dos maiores entre os judeus e fundador do sionismo moderno, foi talvez um visionário e também um expoente público da ideia de que os judeus formavam uma nação, e ele nunca perdia uma oportunidade de declará-la a todos. Ele concebeu que a questão judaica era essencialmente de caráter político. Em sua introdução à obra, *"O Estado Judaico,"* *ele diz*:

"Acredito entender o antissemitismo, que é realmente um moviemnto altamente complexo. Eu o considero do ponto de vista judeu, contudo sem temor ou ódio. Acredito que posso ver quais os elementos que estão nele de natureza vulgar, de ciúme comum, de preconceito herdado, de intolerância religiosa e também de pretendida

defesa. Penso que a Questão Judaica não é mais social do que religiosa, no entanto, ela pode assumir estas e outras formas. Ela é uma questão nacional, que pode apenas ser resolvida por torná-la uma questão mundial a ser discutida e controlada pelas nações civilizadas do mundo em conselho."

Herzl declarou em linguagem clara, que os judeus formavam uma nação, e então escreveu:

"Quando sucumbimos, nós nos tornamos um proletariado revolucionário, os oficias subordinados do partido revolucionário; quando nos erguemos, ergue-se também conosco o noss terrível poder de usura." Não se pode ser mais comunista do que isso! Esta percepção motivou o Lorde Britânico Eustace Percy, a declarar o seguinte, e isso foi republicado pelo jornal canadense *"A Crônica Judaica."*

"O Liberalismo e o Nacionalismo, com trombetas floridas, abriram as portas do gueto e ofereceram cidadania ao judeu. O judeu passou para o Mundo Ocidental, viu o seu poder e sua glória, usou-o e o desfrutou, lançou suas mãos no centro nervoso desta civilização, guiou, dirigiu e a explorou, e então — recusou à oferta.... Contudo – e esta é uma coisa inacreditável — o nacionalismo europeu e o liberalismo, de governo democrático, científico e igualitário, é mais intolerável para ele do que as velhas opressões e perseguições...

"Em um mundo completamente organizado em soberanias territoriais ele (o judeu) tem apenas duas possíveis cidades de refúgio: ele deve demolir as pilastras do inteiro sistema de estados nacionais ou

*ele deve criar uma soberania territorial sua própria. Nisso jaz talvez a explicação tanto do bolchevismo judaico e do sionismo, pois agora os judeus orientais parecem flutuar de forma incerta entre os dois. <u>Na Europa ocidental o bolchevismo e o sionismo frequentemente parecem crescer lado a lado</u>, assim como a influência judaica moldou o tanto o pensamento republicano quanto o socialista através do século XIX, até a revolução turca em Constantinopla cerca de uma década atrás – não porque os judeus se preocupam com o aspecto positivo da filosofia radical, não porque ele deseje ser participante do nacionalismo gentio ou de sua democracia, mas, porque **nenhum sistema de governo gentil é mais que algo detestável para ele.**" (The Jewish Chronicle, Editorial 13 February, 1920.)*[163]

Bem, dificilmente isso deixa qualquer dúvida quanto a quem está de fato por trás da expansão do comunismo no mundo de hoje, que é finaciado e apoiado; política, religiosa e economicamente, por banqueiros sionistas[164]. E isso ocorre porque o comunismo é a forma de teoria política mais madura e testada para se alcançar completa dominação despótica do mundo. Ele possui os meios sociais para extrair inteiros continentes de sua riqueza e dignidade, reduzindo a todos os indivíduos a nada mais do que um *grupo abstrato*. Ele

---

163 Fonte: Churchill and the Jews, 1900-1948 , Por Michael J. Cohen, p. 365.

164 Muitos comunistas nunca estudaram a agenda política sionista ou sua metodologia no mundo. Alguns professores universitários afirmam que não há relação alguma entre sionismo/socialismo/comunismo/Círculo de Viena/Escola de Frankfurt. Esse link, nós temos que encontrar por nós mesmos.

(comunismo) destrói a verdadeira individualidade e quebra a nossa alma em pedaços. Quão inocentes são as pessoas que erroneamente pensam que fazem parte de uma ideologia *humanística*. Ele (comunismo) disfarça suas reais intenções através de uma *retórica humanística* para os fracos de mente e desinformados, que consideram sua agenda política de "direitos humanos" e de "massiva e irresponsável imigração", como algo "romântico" e "progressivo"; na verdade, essa retórica progride apenas a agenda sionista de completa capitulação do mundo e de seus recursos. Olhe para os poucos países comunistas e veja!

Tudo isso é provado verdadeiro, e muitos dos agressivos pensadores judeus reconhecem esses fatos como verdadeiros. A estratégia política sionista se opõe a toda forma de governo gentil, e usa sua mídia para constantemnete atacar e denegrir até mesmo os melhores esforços com observações nagativas. Eles agem como se fossem republicanos contra a monarquia (no passado) socialistas contra a república, e bolchevistas contra o socialismo. O apóstolo Paulo, ele mesmo um judeu, reconheceu essa característica em sua disposição quando disse:

*"Porque vós, irmaõs, haveis sido feitos imitadores das igrejas de Deus que na Judeia estão em Cristo Jesus: porquanto também padecestes de vossos príprios concidadãos o mesmo que os judeus fizeram a eles, os quais também mataram o Senhor Jesus e seus próprios profetas, e nos têm perseguido, e não agradam a Deus, **e são contrários a todos os homens.**"* (I Tessalonicenses 2:14-15).

Portanto, criar divisão e lutas entre classes de pessoas, parece ser a mais antiga e eficiente arma à sua disposição. O socialismo hoje preserva exatamente as mesmas qualidades, colocar pessoas umas contra as outras ao criar pseudo diferenças inúteis e vergonhosas, usando *slogans* e *rotulando* pessoas como: homofóbicos, haters, feministas, LGBT, "direitos humanos", machismo, imigração, e leniência para com criminosos. Tudo isso para reduzirem a ordem social que eles primeiro encontraram, à sua própria agenda política. Mas, logo após conquistarem o poder, eles se tornam brutais e genocidas, assim como eles fizeram em Cuba, na China, na Venezuela, no Camboja, na Coreia do Norte, na Alemanha Oriental, na Polônia e na Rússia. Muito em brave estes efeitos serão vistos na União Europeia; como uma reação vingativa contra a riqueza cultural dessas nações, proveniente de seu passado cristão.

O modelo democrático que partilhamos hoje se encontra bem distante da antiga democracia grega, a qual possuía uma estrutura bem mais realística e efetiva de participação cidadã, e não era exclusivamente representativa, como temos hoje. Também havia punições severas para aqueles que ficassem grandes demais para suas botas; um sistema de ostracismo foi também imposto, o qual evitava com que políticos ficassem excessivamente ricos e influenciassem, de forma negativa, o destino do país. Assim, os gregos tomaram os passos necessários para cortar, desde a raiz, qualquer comportamento potencialmente nocivo. Por outro lado, o modelo favorecido pelos banqueiros sionistas é muito mais autocrático e aristocrático, democracia para eles (aqueles que aderem ao sionismo político) *serve apenas para o resto do mundo*. Visto que ela provê, na sua versão moderna, o solo perfeito para a prática de lobbying contra as instituições públicas, submetendo-as, a uma completa rendição à corrupção e aos interesses contrários aos (interesses) nacionais, apelando para um *formalismo filosófico*, o qual é sistematicamente implantado nas esferas do serviço público com o fim de torná-los ineficientes e mortos quanto a qualquer iniciativa inteligente. Suas disciplinas de escolha são especialmente; filosofia, direito, economia, ciências sociais, história e faculdades de ciências. Alimentando-os com ideologias venenosas, perfeitamnte adaptadas ao pensamento socialista. Ao passo que a verdadeira metafíssica é relegada à obscuridade, como algo sem sentido. Enquanto isso, os filósofos materialistas recebem o palco das atenções.

Leon Trotsky, um sionista e co-fundador do partido Comunista Soviético, predisse em sua obra "Leon Trotsky Sobre o Sionismo,[Sionismo]" após explicar que, o sionismo apenas, não poderia resolver a questão judaica, ele disse:

"E como, você pode me perguntar, pode o socialismo resolver esse problema? Sobre isso posso apenas oferecer uma hipótese. Uma vez que o socialismo tenha se tornado o mestre do nosso planeta ou pelo menos de suas mais importortantes seções, ele terá inimagináveis recursos em todos os domínios. A história humana tem testemunhado a época de grandes migrações com base no barbarismo. O socialismo abrirá a possibilidade para grandes migrações com base nas técnicas mais

desenvolvidas de cultura. Não se precisa dizer que o que está envolvido aqui não são deslocamentos compulsórios, isto é, a criação de novos guetos para certas naionalidades, mas o deslocamento livremente consentido, ou antes, demandado por certas nacionalidades ou parte delas. Os judeus dispersos que quiserem ser reunidos na mesma comunidade encontrarão uma suficiente e extensiva sombra sob o sol. <u>A mesma possibilidade estará aberta para os Árabes, e para todas as outras naçoes dispersas</u>. A topografia nacional se tronará parte de uma economia planejada. Esta é a grande perspectiva histórica que posso visionar. <u>Trabalhar para o socialismo internacional significa também trabalhar para a solução da questão judaica</u>." Ibid, p.3.

Henry Ford descreve como Leon Trotsky (nome real Braunstein) obteve suporte para destruir a Russia com sua versão doentia de comunismo (Bolchevismo), da seguinte forma:

"As forças que fomentaram o que ele pretendia, estavam centradas na Kehillah e na comunidade judaica americana. Ambos estavam interessados no trabalho que ele se dispôs a realizar – a derrocada do governo estabelecido, <u>um dos aliados dos Estados Unidos na Primeira Guerra Mundial</u>. O bolchevismo russo foi ajudado em seus objetivos <u>pelo ouro de judeus nos Estados Unidos – e pela ignorância e indolência dos cidadãos gentios dos Estados Unidos, cujos crimes de omissão são tão graves quanto aqueles cometidos pela comissão bolchevique</u>." The International Jew, p. 128[Judeu]. *(em Inglês).*

As pessoas são direcionadas a comprar os carros da Ford,

mas nunca são direcionadas a ler aquilo que foi honestamente publicado pelo dono e presidente da (Ford), Henry Ford. Isso demonstra que espécie de mundo estamos vivendo hoje. Portanto, existe ainda uma vasta ignorância sobre este golpe intelectual de usar o comunismo como arma de subjugação. As universidades, se tornaram "breeding ground" para autoassumidos jovens estudantes sem absolutamente qualquer noção do que está ocorrendo por trás das cenas. Onde até mesmo os auto-declarados professores anarquistas fomentam a violência e intolerância contra cristãos e aqueles que ousam discordar deles.

Consequentemente, se tornar um socialista é equivalente a se tornar um fantoche sionista, equivalente a "tornar-se um idiota útil." Assim, se o teu professor é um socialista duro de morrer, ou ele é um sionista disfarçado, ou ele é um completo idiota de carteirinha, e carece de conhecimento de causa tanto sobre a agenda secreta como as motivações por parte dos sionistas e de seus financiadores, os banqueiros internacionais. Os quais têm estado planejando esse esquema por décadas, talvez séculos. E como já foi mostrado acima, o Vaticano exerce um papel oculto por trás desse desenvolvimento. De fato, a mão oculta, símbolo usado pelos *Francomaçons,* significa o própiro Papa.

O Programa Sionista/Banqueiro

Por trás do Comunismo

Todas as assim-chamadas correntes revolucionárias de origem judaica, sempre buscaram atacar o cristianismo em seus diferentes aspectos com uma unanimidade singular. O comunismo, origina-se dessa mesma corrente revolucionaria de pensamento, e busca, ao final, banir o cristianismo e fazê-lo desaparecer da face da terra, sem que permaneça qualquer vestígio dele. A fúria destrutiva dessa iniciativa *satânica*, que traz diante do mundo as mais terríveis imagens de terror e destruição, difíceis de se imaginar, só podem ser baseadas na essência do *nihilismo* e da mais odiável rejeição de tudo que exista presentemente. Pois, de outra forma, ninguém seria capaz de compreender a indescritível insanidade dos seus atos criminosos na União Soviética e em outras partes do mundo, os quais sofreram terrivelmente do seu espírito de destruição, de aniquilação, de insulto, e da contradição gritante dos princípios cristãos. Esta resistência é imposta pelos seus líderes contra tudo que possa lembrar qualquer aspecto não só do cristianismo em si, mas especialmente da filosofia clássica grega e de sua ênfase na razão inata ao homem, as mesmas afirmativas herdadas pela epistemologia cristã.

Qaundo o comunismo ataca o próprio cristianimo, ele também dispensa um golpe contra a noção grega do *logos* divino. E por que isso? Ora, pessoas razoáveis representariam um elemento de impecílio para a sua vereda criminosa.

O propósito do comunismo é, como vimos na Russia e em outras partes do mundo, onde ele foi introduzido, nada mais do que escravizar as pessoas em todos os aspectos imagináveis, econômico, polílico, social, e religioso, com o fim de criar as condições intelectuais perfeitas para que a minoria possa governar a maioria através da violência. Na esfera internacional, o objetivo não poderia ser mais claro:

"Alcançar através da violência dominação mundial por uma minoria insignificante, que destrói o resto da humanidade por meio do materialismo, terror, se necessário, pela morte; completamnte indiferente se no processo a maioria da humanidade deva ser exterminada." Leon de Poncins. **"Las Fuerzas Secretas de la Revolución."** F. M – Judaísmo. Fax Editions, Madrid. Página 161[Leon de Poncins].

No ano de 1844, Benjamin Disraeli, cujo nome real era Israel, e que era chamado, depreciativamente de "molhado", ou seja, um judeu batizado, publicou sua novela, *CONINGSBY*, na qual occorre a seguinte passagem curiosa:

"O mundo é governado por personagens bem diferentes do que é imaginado por aqueles que não estão por trás das cenas." (Benjamin Disraeli: The Fabricated Jew in Myth and Memory, Por Bernard Glassman, p. 185.)

E então, ele continua a revelar abertamente que estes personagens eram de fato todos os judeus, principalmente, da elite banqueira mundial.

Agora Deus nos trouxe estes segredos de forma que possamos considerá-los e alcançar uma conclusão inteligente. Vejamos o que a Bíblia do sionismo, os *"Protocolos dos Sábios de Sião"* tem a dizer sobre os conceitos de raça e nação, o que eles pensam sobre os cristãos e *Goyims* (Gentios) e como eles se vangloriam sobre sua antiguidade e sobrevivência sobre todos os outros impérios do passado. O que eles planejam, em termos de educação, política, liderança, segurança, e todos os aspectos necessários para que um país possa prosperar ou cair em desgraça. Como eles usam a mídia, TV, jornais, comerciais, alimentos geneticamente modificados e política de propriedade privada. *É importante também destacar que nem todos os judeus concordam ou se afiliam com essa ideologia, alguns são, de fato, opostos a ela.*

Seu programa político vai além de qualquer coisa que muitos considerem possível. Ele é também muito antigo.

No Protocolo *III* encontramos uma referência direta às suas reais origens. Neste artigo dos Protocolos, se declara a seguinte revelação surpreedente, quando se evoca a Serpente Simbólica Judaica. Em seu Epílogo à edição de 1905[165] aos Protocolos,

---

165[Os Protocolos] Conforme traduzido por Victor E. Marsden, que trabalhou na Rússia durante a Revolução Bolchevique como correspondente do jornal Morning Post e que foi também aprisionado

Victor E. Marsden nos dá um registro interessante:

"Segundo os registros do Sionismo Judaico secreto, Salomão e ouros judeus sábios, já em 929 A.C, esquematizaram uma teoria para a conquista pacífica de todo o universo por Sião."

Conforme o tempo passou, este esquema adquiriu sofisticação suficiente para ser finalmente implementado, porém, apenas por aqueles que fossem considerados dignos de serem iniciados nesta agenda secreta milenar, principalmente através das sociedades secretas (maçonarias). Este plano é tão secreto, que ele foi mantido oculto até mesmo do povo e da nação judaica. Seu principal objetivo é subjugar o inteiro mundo usando a CONQUISTA ECONÔMICA como ponto de partida.

Sem entrarmos em detalhes exaustivos, daremos atenção ao que realmente significam o comunismo e o socialismo em termos práticos. Especialmente, o que os seus criadores, os sionistas, intencionam alcançar com tal estratégia política. Voltaremos agora para pontos-chave, dentro dos Protocolos, de modo a vermos o que eles verdadeiramente dizem.

Nós Apoiamos o Comunismo

No Protocolo nº 3, verso 7, encontramos uma agenda bem reveladora:

---

pelos soviéticos. Ele mais tarde retornou à Inglaterra e devotou seu tempo à tarefa de tradução dos Protocolos para a língua inglesa.

"Nós aparecemos na cena como alegados salvadores do trabalhador desta opressão quando lhe propusermos que entre nos ranques das nossas forças de luta – Socialistas, Anarquistas, Comunistas – a quem nós sempre demos suporte de acordo com uma alegada regra de irmandade (a solidariedade de toda a humanidade) da nossa MASONARIA SOCIAL. A aristocracia, que usufruiu, de acordo com a lei, do labor dos operários, estava interessada em ver os trabalhadores bem alimentados, saudáveis, e fortes. Nós estamos interessados no oposto – na diminuição, O EXTERMÍNIO DOS GOYIM. Nosso poder está na escassez crônica de comida e na fraqueza física do trabalhador, porque pelo que tudo isso implica é que ele seja feito escravo da nossa vontade, e ele não encontrará em suas autoridades quer a força ou a energia para se colocarem contra a nossa vontade. A fome cria o direito capital de governar o trabalhador mais seguramente do que foi feito pela aristocracia através da autoridade legal de reis."

Estas palavras bastariam para que um povo realmente educado pudesse compreender, de uma vez por todas, o que está envolvido aqui. O comunismo é uma agenda política conspiratória para subjugar o mundo em perpétua escravidão. Muitas pessoas foram submetidas a uma tão profunda lavagem cerebral que elas, sem considerar a evidência, afirmam, "Eu não acredito em conspirações!" Ora, se existe algo de verdade na história humana isso é – existem conspirações em toda parte e das mais diversas; nos contratos, nos monopólios, na indústria, na política, na religião, na filosofia e na ciência – em todas as direções em que voltamos a nossa atenção. Quando um partido político arma um plano para tomar as instituições de um país, isso é uma conspiração! Quando uma religião se estabelece acima de outras, esta é uma outra conspiração. Da mesma forma, quando um programa político tenta alcançar poder absoluto usando ideias de sonho como, "direitos humanos," "direitos do trabalhador," "feminismo..." mas nós não vemos esses "supostos direitos" serem implementados em outros países já sob o seu domínio, essa é uma conspiração auto evidente, e não merece nenhum respeito qualquer que seja. Quando se pergunta a um comunista, ou socialista, "mostre-me um país comunista que pode ser usado como modelo para nós seguirmos, ele simplesmente não pode oferecer uma simples e razoável resposta. Isso mostra quão desencaminhadas essas pessoas realmente estão quanto ao que afirmam apoiar.

Mas se nós lermos, ao invés, os Protocolos, lado a lado com a realidade observável em muitos países hoje, nós certamente seremos capazes de ver a "mão invisível" por trás do comunismo, e a quem ele realmente serve. Seu propósito é matar e escravizar as pessoas por roubar-lhes o direito à sua propriedade, que para muitos foi conquistada com suor e sangue. Todos os países comunistas, sem exceção, são exatamente dessa forma.

Devemos Destruir a Deus

Sempre que vemos o que está escrito nos Protocolos, desde do século 19°, ficamos assombrados ao vermos essa teoria política claramente evidente no mundo de hoje. Deveras os

Protocolos são o que parecem ser – um documento profético. Tanto que, não nos resta outra alternativa do que reconhecer sua poderosa influência nos assuntos políticos, econômicos e sociais de hoje. No Protocolo 4°, vemos a razão do porque eles (cientistas e políticos) poem tanta ênfase no 'ateísmo'. Isso não é mera coincidência, mas é feito propositadamente. Está escrito no verso 3:

"Mas mesmo a liberdade pode ser inofensiva e ter o seu lugar na economia do Estado sem prejuízo ao bem estar dos povos se ela descansa sobre as fundações da fé em Deus, sobre a irmandade humana, desconectada da concepção de igualdade, que é negativada pelas leis da criação, pois eles estabelecem subordinação. Com tal fé como esta um povo pode ser governado por miríade de paróquias, e andaria contente e humildemente sob a mão guiadora do seu pastor espiritual submetendo-se as disposições de Deus sobre a terra. Esta é a razão do porquê É INDISPENSÁVEL PARA NÓS ABALAR TODA FORMA DE FÉ, REMOVENDO DA MENTE DOS "GOYIM" O PRÓPRIO PRINCÍPIO DA CHEFIA DE DEUS E DO ESPÍRITO, E COLOCAR EM SEU LUGAR CÁLCULOS ARITMÉTICOS E NECESSIDADES MATERIAIS."

Ninguém pode, de sã consciência, negar que esta é a nossa realidade hoje, especialmente nos últimos 100 anos de história. Nós temos visto como inteiros países, anteriormente conhecidos como cristãos, se tornaram, lenta e seguramente, *materialistas e ateístas*. Para aqueles que nunca leram os Protocolos, isso pareceria mais como uma questão de "progresso" que veio naturalmente com o avanço do tempo. Mas não para aqueles que sabem o que está ocorrendo por trás das cenas. Por que de repente, as pessoas desistiram da filosofia clássica e de sua epistemologia, tachando-a, ao invés, de algo "velho," e assim indigna de séria atenção? Não foi porque ela não faz sentido, mas como já vimos, foi devido a termos sido todos programados pelo nosso pobre sistema educacional a mudar o nosso comportamento, a fim de acomodar as prioridades da vigente agenda política. E ainda tem mais no Protocolo 4° vs 5:

"A luta intensificada por superioridade e os choques infligidos contra a vida econômica criará, não, já criou, desilusão, e comunidades sem coração. Tais comunidades irão desenvolver uma forte aversão as mais altas classes políticas e para com a religião. Seu único ganho será o Ouro, em torno do qual eles erigirão um verdadeiro culto, por causa dos deleites materiais que eles fornecem. Então virá a hora quando, não pela causa de obter os bens, nem mesmo para obter saúde, mas simplesmente motivados pelo ódio àqueles que são privilegiados, as classes mais pobres dos GOYIM seguirão a nossa liderança contra os nossos rivais pelo poder, os intelectuais dos GOYIM."

Esta agenda política tem sido tão bem sucedida que ela pode ser chamada de plano mestre para a matriz política, social e econômica em que estamos presos. Não existe possibilidade de que esta doutrina, escrita no final do século 19, possa ter exercido tamanho e tão profundo efeito em todos os aspectos das nossas vidas. A religião, como veremos a seguir, é uma parte importante desse plano diabólico.

Esta doutrina iníqua é ainda mais aprofundada por meio de uma arma política muito antiga – *fomentar divisão* – esta intenção é claramente demonstrada pelo seguinte reconhecimento explícito, no Protocolo nº 5, que revela:

"POR UM CERTO PERÍODO NÓS PODEREMOS SER CONFRONTADOS POR UMA COALISÃO DOS "GOYIM" DE TODO O MUNDO: mas desse perigo nós estamos seguros devido ao desacordo que existe entre eles e cujas raízes se encontram profundamente firmadas de forma que nunca podem ser superadas. Nós temos colocado uns contra os outros, tanto no nível pessoal quanto no nacional dos GOYIM, ódios raciais e religiosos, os quais nós temos fomentado a um grande nível no curso dos passados vinte séculos. Esta é a razão do porquê não existir qualquer Estado que possa receber apoio caso ele houvesse erguido as suas mãos por ajuda, pois cada um deles deve ser lembrado que qualquer acordo contra nós seria perda de tempo em si mesmo. Nós somos muito fortes – não existe fim para o nosso poder. AS NAÇÕES NÃO PODEM NEM MESMO CHEGAR A UM ACORDO SEM QUE NÓS TENHAMOS UMA MÃO POR TRÁS DELE."

Para aqueles ainda em dúvidas, recomendamos a leitura do inteiro texto[166], a fim de que possamos educar o máximo número de pessoas. De forma que possamos ter uma real revolução, em base pessoal e comunitária, não baseada no comunismo, que é apenas uma ferramenta do sistema escravizador, mas uma

---

166 Pode-se baixar uma cópia original de servidores na internet, ou se pode comprar uma pela Amazon.como.br

baseada na razão e na informação; esta última nos foi negada pela mídia corrupta.

O comunismo é uma ideologia política malfadada e, portanto, não consegue viver sem valores capitalistas[167].

A República Popular da China tem, por exemplo, reavaliado muitos aspectos do legado maoista e junto com outros países comunistas, como Laos, Vietnã e em menos grau Cuba, buscou descentralizar o controle estatal da economia a fim de estimular o crescimento. As reformas na economia chinesa foram iniciadas em 1978 sob a liderança de Deng Xiaoping e desde então a China tem conseguido reduzir o número de pobreza de 53% na era Mao para cerca de 6% in 2001. Estas reformas são claramente um indicação de que o socialismo não funciona em lugar algum. Mas é um modelo político-econômico fracassado e que tem como prioridade o monopólio universal pelo Estado, não apenas dos recursos naturais, como também da indústria e dos serviços vitais. Este sistema, obviamente, não foi desenvolvido para ser bem sucedido, mas para destruir toda nação em que ele se estabeleça. Foi assim no passado e sempre será.

A Juventude Cristã Destruída

Esta doutrina tem ainda um outro objetivo mais sombrio, e

---

167 Não se implica aqui o capitalismo selvagem, o qual é tão nocivo quanto o comunismo, e deve ser monitorado por um Estado minimamente justo.

este é a destruição do cristianismo por meio da juventude doutrinada, especialmente, aqueles que não estudaram o tema suficientemente. Esta jovem geração cristã foi vítima da completa negligência por parte dos líderes religiosos, que falharam miseravelmente em educá-la na filosofia clássica e na história do cristianismo (*I Timóteo 4:12,13*). Deixando-os, ao invés, a mercê dos lobos infiltrados em nosso socialista sistema educacional. Fundado sob os equívocos de Paulo Freire, e que demonstrou, por seus medíocres resultados, sua completa incapacidade de lidar com jovens talentosos.

Os Protocolos descrevem ainda outros objetivos como, liberalismo econômico, nomeação de presidentes, despotismo e controle da imprensa; os quais visam entregar a economia nas mãos de especuladores, destruir a liberdade de imprensa, proibir os símbolos cristãos, etc. E tudo isso por meio das sociedades secretas – e.g., o fabianismo e o priorado de sião – os quais buscaram através da história brasileira, reescrever a história, destruir o clero (minimamente cristão), usar o medo como arma, causar depressões econômicas, falir os estados, introduzir altas taxas de juros, e muitas outras ideias psicopáticas para destruir tudo em seu caminho, preservando apenas o melhor para eles mesmos.

A Desconstrução, uma Arma Epistemológica

No Novo testamento, Paulo lembrou aos cristãos do seu tempo que: *"Pois não temos que lutar contra carne e sangue, mas, sim, contra os principados, contra as potestades, contra os príncipes das trevas deste século, contra as hostes espirituais da maldade nos lugares celestiais."* (*Efésios 6:12*).

De forma que não somos contra qualquer raça ou povo em si, mas contra *ideias* que podem ser usadas para corromper e destruir as melhores possibilidades em nós mesmos. Isto significa tomar sobre nós a armadura de Deus e suas ferramentas intelectuais. Educar a nossa mente, solidificar a nossa desafiada e mal compreendida fé (parte disso é nossa culpa), e reformar a epistemologia cristã ao seu lugar de direito, e não seguirmos cegamente qualquer doutrina ou teoria. Quanto maior for o desafio, maior será a resposta que devemos oferecer. A Bíblia cristã (O Novo Testamento) se refere a necessidade de adquirir conhecimento e aprendizado por nós mesmos, especialmente da verdade com toda a sua correspondência física, metafísica, matemática e geométrica, de forma a desenvolvermos uma mente a prova de balas, no que se refere a falácias e podre retórica. Não existe alternativa para isso, visto que os inimigos do conhecimento têm produzido uma versão distorcida da verdadeira epistemologia aporética clássica. Ela é chamada carinhosamente de 'Desconstrução' e foi proposta pelo judeu comunista, Jacques Derrida. Seus principais alvos são a desconstrução de textos, de sociedades, de valores, ou de qualquer tradição cultural que possa pôr as suas mãos. Isso significa dizer que, a desconstrução pode e deve ser usada como arma intelectual.

Desconstruir significa dividir um texto segundo sua estrutura de "linhas falhas" que são criadas pelas ambiguidades inerentes em um ou mais dos seus conceitos-chave ou temas principais, a fim de revelar os equívocos e/ou contradições que produzem o texto final. Em sua obra, "A Farmácia de Platão," Derrida tenta desconstruir o criticismo de Sócrates sobre a palavra escrita, argumentando que este não apenas sofre de inconsistências internas por causa da analogia que o próprio Sócrates faz entre memória e escrita, mas também que isso se põe em contraste com o fato de que suas próprias ideias chegaram a nós por meio da própria palavra escrita que ele desprezava (D61-171). O que esta pretensão parece ignorar é que, Sócrates, e por extensão Platão, acreditavam que tudo possuía uma medida proporcional de dualismo.

De forma que a realidade que vemos é constituída de 'duais'; noite e dia, o bem e o mal, certo e errado, beleza e feiura, e assim por diante. De forma que quando Sócrates diz que a 'palavra falada', seja em som ou escrita, pode não ser capaz de captar ou transmitir o inteiro teor do que se diz, esta conclusão procede de conhecimento esotérico dos ensinos de Sócrates, e isso pode ser plenamente compreendido pela sua *relação contextual*, e não de *maneira isolada.* A confusão sobre muitas das declarações de Platão procedem principalmente do fato de que apenas suas obras metafísicas chegaram até nós, ao passo que tanto as obras físicas quanto metafísicas de Aristóteles chegaram ao nosso tempo presente, o que nos permite fazermos uma contextualização do que ele realmente quer dizer, e.g., é sempre importante reconhecer, ao lermos qualquer obra de Aristóteles (ou Platão), que as coisas ditas e, sua relação com outras obras, são relevantes para a discussão. De forma que os princípios básicos de lógica, expostas no *Órganon,* por Aristóteles, são assumidos na sua obra sobre a Física. Outro exemplo mais próximo de nós é o de Immanuel Kant, seus pensamentos filosóficos são conhecidos como 'filosofia crítica'. Ele mesmo contrasta 'dogmatismo' e 'criticismo', os quais, ele imputou a muitos filósofos do passado. Por 'dogmatismo', ele queria dizer as presunções com as quais o intelecto humano pode chegar às mais importantes verdades através da pura reflexão, sem estar apercebida de suas próprias limitações. O que se requer primeiro, segundo Kant, é o acessamento critico dos recursos e potencias da mente. Portanto, as limitações da mente representam um princípio controlador em Kant de uma forma bem mais intensa do que em qualquer outro filósofo antes dele. Mas sendo isso claramente inferido na sua obra *Crítica da Razão Pura,* não é explicitamente declarado, pois é assumida na sua *Crítica do Juízo,* que é a principal obra de Kant sobre estética.

Os termos básicos em discussões filosóficas são, claro, abstratos. Mas também o são na ciência. Nenhum conhecimento geral é expressável exceto em termos abstratos. Sempre que falamos em termos gerais sobre qualquer coisa, estamos usando de abstrações. O que percebemos por meio dos sentidos é sempre, ao contrário, concreto e particular. Mas o que pensamos com a nossa mente é sempre abstrato e geral. Se pudêssemos, não haveria diferença entre os sentidos e a mente. As pessoas que tentam imaginar o que as ideias representam acabam confusas, e terminam com um sentimento desesperançoso sobre toda forma de abstração, incondicionalmente – aí é que está o grande erro da "ciência moderna".

Portanto, 'a desconstrução' é um movimento historizador que expõe os textos às condições da sua produção, de forma a estender os seus contextos a um sentido bem amplo, incluindo não apenas as circunstancias e tradições das quais eles surgiram, mas também as convenções e nuances da língua na qual eles foram escritos e os detalhes sobre as vidas dos autores. Este é o grande problema da desconstrução, ela gera uma complexidade efetivamente infinita nos textos, o que torna a leitura de desconstrução algo parcial e preliminar. Portanto, quem quer que leve a *desconstrução* como um guia infalível está fadado ao fracasso, pois devido às limitações desse método, poderemos obter e chegar a conclusões equivocadas.

A desconstrução pode ser considerada também como um processo em andamento, por causa da constante mudança em que uma língua é submetida, a chamada diacronia, o que faz com que o significado final seja apenas possível ao se considerar os contextos etimológicos e culturais, por exemplo. Os antigos escritores não tinham um acordo unificado e pré arranjado quanto ao uso de muitos conceitos. Este fator também deve ser considerado, mas isso não necessariamente significa que há contradição por parte dos autores, mas o conceito deve estar sempre associado ao seu uso pelo autor particular. O conceito de ἀρετη, (virtude, excelência) dependeria das necessidades do tempo e da cultura, pois Homero a considera como *"hombridade, valor, proeza,"* mas na Teogonia e em Eurípedes é entendida como *"hierarquia, nobreza,"* em prosa grega, bondade e excelência nas artes, mas Platão a considera em um sentido moral como,*"bondade, virtude,"* à parte *do sentido estritamente militar empregada por Homero.*

Além disso, o que é indicado por "palavra escrita", por exemplo, já evoluiu substancialmente desde que Derrida escreveu a "Farmácia de Platão", devido a recente explosão na mídia eletrônica. Tudo que a desconstrução pode revelar são apenas verdades mais ou menos adequadas, não as mais primordiais ou profundas, conforme foram examinadas por Sócrates.

"O que não é a desconstrução? Tudo claro! E o que é a desconstrução? Nada claro!" Declarações como estas, feitas por Jacques Derrida (2008,6) torna fácil entender porque muitos filósofos e cientistas sociais têm mostrado um certo ceticismo quanto ao valor da desconstrução para qualquer trabalho sério filosófico ou científico.

Muitos gramáticos materialistas colocaram sua total confiança na teoria de Derrida e decidiram reformar o ensino da gramática, com resultados dúbios e pobres, por defenderem que o aspecto metafísico da língua deve ser completamente ignorado. Em contraposição, Aristóteles afirma que "alguma parte da gramática existe na psique," em sua famosa obra sobre a lógica "O Órganon." O que Aristóteles queria dizer com isso? Que mesmo que uma criança não tivesse acesso a uma educação formal, ela proveria naturalmente essa deficiência, por desenvolver seu próprio glossário. Este é um fenômeno amplamente reconhecido em toda parte. Também, muitas feministas, no intuito de tornar ainda mais claro o profundo preconceito inerente na tradição cultural/intelectual europeia, utilizam desse método. Ora, todos nós sabemos de onde vêm as feministas! Elas não estão preocupadas com o status feminino, este é outro esquema que visa causar dano a cultura cristã por fingir ignorar o fato de que o Novo Testamento recomenda que as mulheres devam estar em submissão aos homens, o que não significa respeitar a um homem, qualquer que seja o seu comportamento, de forma cega, não; mas o mesmo texto também diz:

"Assim os homens devem amar suas esposas como seus próprios corpos. Pois aquele que ama sua esposa ama a si mesmo." (Efésios 5: 28).

De maneira que o Novo Testamento nunca ensinou que as mulheres devem ser cegamente submissas aos homens, quem afirma isso não entendeu o texto – diferentes funções não indicam superioridade –; ele realmente diz que, para Deus, todos nós, homens e mulheres, somos apenas *um corpo*. Os pés não podem ser considerados inferiores aos braços assim como o ventre não pode se ver menos valorizado do que a cabeça. Mas cada órgão humano é essencial (holisticamente) ao funcionamento do corpo. Essa é a perfeita analogia ao conceito de uma família. Mas lembre-se, os comunistas odeiam os valores familiares e escolhem ao invés disso, oferecer suas almas como sacrifício um deus abstrato, representado pelo Estado.

A desconstrução definitivamente possui seus admiradores no mundo acadêmico, mas desconstruir ainda é inevitavelmente demonstrado como sendo um esquema filosófico relacionado à ideia de destruir ideias espiritualistas e promover, em seu lugar, ideias materialistas. O fato de você poder desconstruir um texto também significa ser capaz de desconstruir uma ideia, uma fé, e uma persuasão filosófica, etc. Mas, para que objetivo ou para o benefício de quem? Em sua função prática, esta leitura analítica[168] tem sido usada para reescrever e destruir a antiga filosofia grega com sua ênfase na racionalidade clássica. Ela intenciona desfazer a dialética socrática, e como vimos, 'desconstrução' pode também ser usada como teoria política, não para construir coisas, mas para destruir valores vitais que ajudaram a produzir as mentes mais brilhantes da história. E isso sempre foi um grande problema para os

---

168 A desconstrução como método incorpora a desconstrução de qualquer método, segundo o próprio Derrida, o quer que isso signifique.

sionistas/comunistas e para sua agenda política[169]. Portanto, como parte do seu ataque "intelectual", eles divisaram esta teoria epistemológica. Seu alvo se estende além do domínio político, filosófico e econômico, ao passo que procura reescrever toda a história do conhecimento da Europa Ocidental, tornando-o em algo que possa ser facilmente manipulado e destruído. Esse é um programa agressivo, sem dúvida, percebido por bem poucas pessoas, em especial devido à falta de informação sobre o tema. Não admira que no Protocolo nº 11, vs 4, eles descrevam os goyim, como "*...são um rebanho de ovelhas, e nós somos os lobos. E você sabe o que acontece quando os lobos se apoderam das ovelhas?...*"

Esta doutrina possui muitas facetas e foi desenvolvida e aperfeiçoada através dos últimos dois mil anos, por primeiro infiltrar o cristianismo primitivo e mais tarde a corrupta Igreja Católica. De fato, temos registros históricos de que muitos papas eram realmente judeus, e isso é corroborado por muitos jornais israelenses, em especial pelo jornal "Haaretz" com seu artigo revelador "Um Papa Judeu?" na edição de 20 de maio de 2014.

A Infiltração Judeu/Sionista no Vaticano

O que muitos "cristãos" falharam em entender foi que esta

---

169 É importante destacar que nem todos os judeus concordam como o sionismo político, ou nem mesmo com o judaísmo. Assim esta declaração se aplica àqueles que aderem a esta mentalidade supremacista.

doutrina já vem de longos tempos, desde os tempos do lendário rei Salomão, segundo afirmam os próprios Protocolos, e esta doutrina infectou a primitiva igreja em Roma por volta do tempo em que Marcião iniciou sua reforma ministerial contra a igreja oficial. Muitos papas eram de fato de origem judaica. O jornal israelense *Haaretz*, diz o seguinte:

"São Pedro é claramente uma das mais importantes figuras no cristianismo, mas ele foi também uma figura legendária entre os judeus, houve um forte rumor que se espalhou entre os judeus medievais que Pedro abandonou o cristianismo e retornou à religião dos seus ancestrais antes de morrer[170]. Segundo esta lenda, ele escreveu uma oração chamada "Nishmat Kol Chai." Um Papa Judeu?, Haaretz, 20 de maio, 2014, p. 3[Haaretz].

O jornal segue sua reportagem ao apresentar uma lista de papas de origem judaica, que através da história, dominaram o assento de São Pedro. Desde do Papa Zózimo, no 5º século da E. C., até o Papa Honório II. Uma mais especial e recente figura foi o Papa Alexandre VI, o Papa Rodrigo Borgia, que foi acusado, pelo Cardial Giuliano della Rovere, que mais tarde se tornaria o Papa Julius II, de ser um "marrano", isto é, um judeu espanhol convertido ao catolicismo. O Papa Borgia ajudou seu acusador ao permitir com que judeus, que fugiam da Espanha, encontrassem refúgio em Roma. Este Papa veio ao poder

---

170 Seria este o motivo de alguns papas terem declarado que o Vaticano era o assento de Pedro, querendo dizer com isso, o assento da conspiração judaica contra o cristianismo. Isso também explicaria porque alguns papas foram tão aversos aos princípios cristãos.

principalmente apoiado por ricos judeus que financiaram sua ascensão ao papado ao subornarem cardiais para que votassem nele. Ele certamente não foi escolhido por Deus, assim como não o foi o recente ocupante do trono de São Pedro.

O recente ocupante do trono de São Pedro é, não outro que o papa comunista Francisco, ou Jorge Mario Bergoglio, o qual repetidamente tem chamado a Jesus de "uma falha" e que abertamente apoia a Nova Ordem Mundial com os seus valores comunistas, em oposição aos valores cristãos, como por fim ao modelo da família tradicional, buscar o controle populacional, usar vacinas duvidosas, ao invés de investir em verdadeira medicina e ciência, etc.

Estamos agora no próprio limiar da civilização cristã/ocidental, quando o inteiro continente europeu (sem mencionar o resto do mundo cristão) está sob um agressivo ataque de natureza *supremacista,* e onde muitos dos seus cidadãos ainda estão dormindo, mas que já podemos ver um bom número de pessoas que estão despertando, diante da terrível realidade em que estamos. Apenas um processo reverso, de volta aos verdadeiros valores cristãos – os quais nunca nos foram ensinados na sua plenitude – será capaz de nos salvar. Todos os discursos sobre "direitos humanos" e "imigração planejada", "direitos da mulher", ou quaisquer "direitos" que eles possam superficialmente produzir, não são nada do que parecem, ao contrário, eles foram engenhados para nos enganar e nos fazer entrar em um curso autodestrutivo. Certamente esperamos que não seja tarde demais.

No capítulo final, buscaremos refletir sobre as implicações de todos esses fatos para o cristianismo e sua teologia natural, e como o cristianismo tem sido infiltrado pelo iconoclasmo maçônico já por muito tempo, enquanto os reais símbolos cristãos, esotéricos e gnósticos, estão sendo completamente removidos do nosso imaginário. É tempo para se reformar o cristianismo em suas bases teológicas clássicas. Mas como esta reforma deve ocorrer? Existe evidência histórica que possa suplantar a tradição mítica, o que diz a mais recente evidência sobre a vida pós-morte? E como estas se conectam com as realidades metafísicas propostas pela ontologia/filosofia cristã. São as proposições apresentadas pelo Novo Testamento plausíveis, em primeiro lugar? Os capítulos precedentes e a história nos mostraram que muito do que fomos ensinados sobre o cristianismo se baseia em mentiras e desinformação, as quais nos foram transmitidas por meio de dogmas que devem ser agora completamente rejeitados. Como nos alertou o sábio filósofo alemão Fichte:

> *"No sistema crítico, a coisa é aquilo que está posto no Eu;*
> *no dogmático, aquilo em que o Eu está posto; assim, o*
> *criticismo é imanente porque põe tudo no Eu; o*
> *dogmatismo é transcendente porque vai além do Eu."*
> *(Ibidem, capítulo VII).*

Assim, os princípios cuja aplicação se tem em tudo e por tudo, dentro dos limites da experiência possível, contrapõem-se, sempre, aos princípios transcendentes (falsos universais), os quais ultrapassam esses limites (verdadeiros universais), venham eles com as máscaras que quiserem (quaisquer máscaras; comunismo, partidarismo, religiosismo – formas de coletivismo que anulam o agente da ação e o impossibilitam). Afinal, como também disse o apóstolo Paulo:

"Pois não podemos nada contra a verdade, mas apenas pela verdade." II Coríntios 13:8.

"Anathema sit!."
A Epístola de Paulo, O Apóstolo, aos Gálatas
Capítulo 1: 8,9.

CAPÍTULO IX

AS IMPLICAÇÕES PARA O CRISTIANISMO HOJE

Esta expressão (*acima*) é traduzida do grego ἤτω ἀνάθεμα (ou ἀνάθεμα ἔστω, seja amaldiçoado) e é usada pelo apóstolo Paulo para indicar uma rejeição decisiva pela divindade, uma separação traumática – reminiscência da mitologia órfica sobre a separação da alma individual do ser eterno e que é também ensinada pelos neoplatonistas, incluindo Plotino. Na realidade, o termo ἀνάθεμα simplesmente se refere a um objeto ou pessoa dedicada a uma deidade, mas no Velho Testamento é traduzida da palavra hebraica *herem*, que designa uma instituição religiosa de origem primitiva, com as quais, coisas ou pessoas, eram submetidas e eram, na prática, exterminadas. Em outros textos, contudo, esta palavra é equivalente à "destruição", sem qualquer implicação religiosa.

Depois de Paulo, este termo e a expressão, recebe uma nova aceitação cristã e atingiu importância reconhecida, até que veio a descrever a condenação eterna de pecadores sem arrependimento. O Concílio de Trento, que adotou esta expressão, *anathema sit*, a fez se tornar uma fórmula incomum para indicar a expulsão pela Igreja Católica; em linguagem comum, lançar um anátema é o mesmo que excomungar alguém de uma comunidade religiosa. Nas próprias palavras de Paulo:

"Mas mesmo que nós, ou um anjo dos céus, vos pregue qualquer outro evangelho que não pregamos a vós, seja amaldiçoado. Como dissemos antes, assim eu digo novamente, se qualquer homem vos pregar outro evangelho que não recebestes, seja ele amaldiçoado" Gálatas 1:8-9.

O apóstolo Paulo, que lutou o bom combate em muitas áreas e regiões do antigo mundo clássico, tinha também uma visão bem distinta sobre o movimento ao qual ele se havia convertido. O cristianismo para ele, era acima de tudo, uma forma de rebelião contra o arcaico sistema mítico judaico, com seus muitos sacrifícios, rituais e justiça social zero. Um sistema teológico que já mostrava claros sinais de falência, tanto humana quanto institucional, exclusivamente centrado no templo, desde os velhos dias do exílio babilônico. E agora, no primeiro século, simplesmente não podia fazer face ao desafio filosófico grego, o qual já havia tornado inútil o seu próprio sistema mitológico, os deuses do Olimpo. O helenismo veio para ficar, e isso era tão óbvio para a sinagoga quanto um dia de céu claro.

Agora, a συναγωγη (a sinagoga) governava, e não o אֹהֶל (ó-hel, *tabernáculo*), e se tornou o lugar de reunião dos judeus helenizados, a antiga classe sacerdotal tornada em filósofos. A expansão das ideias helenísticas tiveram um profundo impacto nas mentes dos judeus do primeiro século, especialmente, em vista da Septuaginta com seu vocabulário filosófico grego que se tornou a leitura fundamental para os pensadores judaicos, como o próprio Filo de Alexandria. Flávio Josefo descreve os efeitos desse novo debate de ordem epistemológica e quais foram seus efeitos. Ele diz:

"Por volta desse tempo havia três seitas entre os judeus, que tinham diferentes opiniões concernentes às ações humanas; uma era chamada a seita dos Fariseus, a outra a seita dos Saduceus, e a outra a seita dos Essênios. Ora, os Fariseus dizem que algumas ações, mas não todas, são o resultado do destino, e algumas delas estão em nosso próprio poder, e que são reputáveis ao destino, mas não causadas pelo destino. Mas a seita dos Essênios afirma que o destino governa todas as coisas, e que nada sobrevém ao homem exceto aquilo que é de acordo com sua determinação. E para os Saduceus, eles removem o destino, e dizem que não existe tal coisa, e que os eventos das ações humanas não estão à sua disposição; mas supõem que todas as nossas ações estão em nosso

próprio poder, de forma que nós mesmos somos a causa do que é bom, e recebemos o que é pior devido a nossa própria folia." Antiguidades Dos Judeus, 13.5.9.

Portanto, podemos ver o quão profunda foi a onda de ideias gregas sobre o já fragilizado sistema judaico. Ainda havia uma classe sacerdotal, mas havia também uma nação extremamente dividida sobre ideais. A ciência grega; suas formulações matemáticas, a geometria euclidiana, as proposições metafísicas e dialéticas de Platão e Sócrates, o movimento Cínico com sua completa rejeição de valores materiais. Tudo isso veio como um tsunami sobre a velha estrutura de teologia mítica judaica. Sem mencionar a forte crítica oferecida por Sócrates contra os velhos deuses mítico-transcendentais, que agora já se mostravam insuficientes para uma concepção racional do mundo. Uma nova era estava nascendo, e o sistema legalístico introduzido por Moisés, estava para ser exposto como algo inadequado para sanar o estado infeliz dos homens. Este foi um tempo de muitas guerras e incensantes batalhas, que ceifaram muitas vidas e destruíram muitas civilizações. Era então, ao que parecia, um tempo para profundas reflexões filosóficas, havia o sentimento de que algo estava terrivelmente errado, especialmente para a nação judaica.

Este era certamente um momento oportuno para se fazer uma irrestrita reforma de crenças e ideias. Este era o tempo então, este foi o mundo em que o Yéshua (Jesus) histórico nasceu e foi em busca de respostas[171]. Este movimento foi primeiro chamado de a "seita dos nazarenos" e mais tarde ficou conhecida como "cristianismo", nome baseado num exercício terapêutico grego, chamado por eles de (φάρμακα χριστά, Fármaca[172] Cristá) uma disciplina que era capaz, ao se combinar uma estrita dieta e exercícios de respiração, de despertar a mente dormente para uma forma superior de autoconsciência. Esta é a verdadeira origem da palavra 'Cristo'. E os Essênios eram os mais iluminados quanto ao uso desse conhecimento especial; tanto é verdade que eles eram conhecidos como os *therapeutae* e receberam uma referência na obra *De Vita Contemplativa,* por Filo de Alexandria, um filósofo judeu helenizado nascido e educado no Egito, sob as sombras da famosa Biblioteca de Alexandria, uma das preciosidades do mundo clássico. A Biblioteca de Alexandria (em grego clássico: Βιβλιοθήκη τῆς Ἀλεξάνδρειας; em latim: Bibliotheca Alexandrina) foi uma das mais significativas e célebres bibliotecas e um dos maiores centros de produção do conhecimento na Antiguidade. Estabelecida durante o século III a.C. no complexo palaciano da cidade de Alexandria, no Reino Ptolemaico do Antigo Egito, a Biblioteca fazia parte de uma

---

171 A tese do autor é de que Jesus (Yéshua) foi uma figura histórica, mas que sua historia nos foi passada sob uma ótica mitológica e sobre-humana. Mais à frente desse capítulo abordaremos as evidências históricas sobre ele.

172 Já o conceito de *farmakia,* era o uso de venenos para retardar esse desenvolvimento que seria algo espontâneo e natural. Por isso, Paulo critica a prática da *farmakia* como algo condenável.

instituição de pesquisa chamada Mouseion. A ideia de sua criação pode ter sido proposta por Demétrio de Faleros, um estadista ateniense exilado, ao sátrapa do Egito e fundador da dinastia ptolomaica, Ptolomeu I Sóter, que, tal como o seu antecessor, Alexandre Magno, buscava promover a difusão da cultura helenística. Contudo, a Biblioteca provavelmente não foi construída até o reinado de seu filho, Ptolomeu II Filadelfo. Ela adquiriu um grande número de rolos de papiro, devido sobretudo às políticas agressivas e bem financiadas dos reis ptolemaicos para a obtenção de textos. Não se sabe exatamente quantas obras ela tinha em seu acervo, mas estima-se que ela chegou a abrigar entre trinta mil e setecentos mil volumes literários, acadêmicos e religiosos. O acervo da Biblioteca cresceu de tal maneira que, durante o reinado de Ptolomeu III Evérgeta, uma filial sua foi criada no Serapeu de Alexandria.

O cristianismo nos foi apresentado, durante os últimos dois mil anos, como um desenvolvimento miraculoso e não como um movimento histórico e de natureza filosófica. Neste contexto, o cristianismo se parece mais uma questão de *religião*, completamente destituído de qualquer sério questionamento epistemológico. Mais uma vez, fomos enganados pela classe erudita, que pareceu mais preocupada em estabelecer *dogmas* (*transcendência*) do que em buscar conhecimento racional (*imanente*).

Os Essênios possuíam também um forte elemento filosófico tanto grego quanto egípcio. Eles também viam o mundo como um campo de batalha onde os Dois Espíritos que governam as mentes humanas, o Espírito de Luz e o Espírito de Trevas. Esta realização, foi sem dúvida, influenciada pela concepção dualista que Platão tinha sobre a vida. Tudo, segundo ele, possuía duas faces, direita e esquerda, o bem e o mal, o positivo e o negativo, o belo e o feio, etc.

De forma semelhante, o corpo humano é a arena onde estas duas forças se encontram e se combatem, incessantemente, pelo domínio dos homens. Portanto, o inteiro cosmos é dividido em dois campos, e ao passo em que o homem é apropriado por um destes dois espíritos, assim ele se comportará, algumas vezes sabiamente, outras de forma não sábia. Dividido, ora pela sabedoria, ora pela ignorância.

E essa condição, segundo os Essênios, representa a mais dramática realidade sobre cada um de nós. De forma que, tudo mais pareceria não importante e irrelevante, em face desta real condição humana. Nesta condição, a busca por poder e fortuna, seriam empreendimentos catastróficos, visto que estas condições sociais tendem a inflar o ego humano trazendo consigo resultados devastadores. O foco deveria ser, segundo eles, educar o homem de forma a capacitá-lo a resistir a estes enganos transitórios e a buscar não mais a sujeição à irracionalidade, mas a superá-la e tornar-se algo mais, reunido consigo mesmo e com Deus. Seguindo uma perspectiva imanente, atuando no universo da possibilidade e do autocontrole. Tornando-se oblívio as paixões[173] inferiores que cerceiam as melhores possibilidades nos homens e que tornam sua existência miserável e infeliz.

Falando sobre isso, mas em um aspecto incremental, Jesus disse aos Fariseus que a real higiene era mais profunda do que eles julgavam possível, quando ele disse:

"E o Senhor lhe disse, Agora vós, os Fariseus limpais o exterior do copo e do prato; mas o vosso interior está cheio de rapina e maldade. Loucos! Quem fez o exterior, não fez também o interior?" (O Evangelho de Lucas 11: 39-40).

Qual a relevância de limpar o inteiro mundo e deixar o *homem interno* em completa imundície? Esta foi a principal e persistente laguna ontológica entre o judaísmo e o cristianismo. Jamais perca o teu tempo ao tentar mudar o mundo, ou salvá-lo, mude e salve a ti mesmo e a aqueles indivíduos dispostos. Esta era também a principal diferença entre as outras duas seitas judaicas daquele tempo, e os Essênios, fonte de disputas e contendas.

Esta atitude, sem dúvida, tem muita similaridade tanto com o método Socrático, a maiêutica, como também com seu estilo de

---

173 *Patos*, em grego, indica as paixões irracionais do homem inferior, incapaz de racionalizar sua vida, ele sucumbe ao determinismo existencial. Dessa palavra grega vem a nossa noção de patologia, deficiências causadas por sentimentos transitórios (transcendentes), e suas palavras derivadas, psicopatologia, psicopata, sociopata, etc.

ensino, o qual supunha o conhecimento como algo inerente ao homem, apenas esquecida na esfera inconsciente. E isso nos renova a esperança quanto as funções dormentes em nossa própria mente, ao invés de preguiçosamente recorrermos ao fisicalismo na tentativa de justificar, não só a inércia intelectual humana em geral, mas até mesmo, ao tentar explicar as habilidades de aprendizagem e os fenômenos psíquicos em seus domínios cognoscitivos.

No *Manual dos Essênios*, está escrito o seguinte:

"Até agora os Espíritos da Verdade e da Perversidade lutam dentro dos corações dos homens, fazendo-os comportarem-se de maneira sábia ou tola. E assim como um homem herda a verdade e a justiça, assim também odeia a perversão, mas se a sua herança é antes para o lado da perversão e da iniquidade, <u>assim ele terá desprezo pela verdade</u>."(The Mystery of the Dead See Scrolls Revealed, by John Allegro, p. 139.)

De forma bastante similar, também, o Evangelho de João diz:

"Nele estava a vida; e a vida era a luz dos homens. E a luz brilha na escuridão; e a escuridão não a compreendeu." (João 1: 4-5).

De maneira que, o cristianismo histórico vai bem além daquilo que nos foi ensinado. E ele reuni em si, como sistema, o melhor das filosofias clássicas, um extrato do pensamento clássico, em especial nos campos da ética, moral e ontologia. Sobre a riqueza da teologia natural do primitivo cristianismo, John Allegro, autor do *The Mystery of The Dead Sea Scrolls (O*

Mistério dos Rolos do Mar Morto Revelado), acrescenta o seguinte comentário:

"Vamos primeiro retornar a doutrina básica dos Dois Espíritos. Este é um dos temas favoritos dos escritos judaico-cristão. Deveras, uma seção da própria primitiva Didache ou 'Ensinos dos Doze Apóstolos', lidando com "Os Dois Caminhos", poderiam ser quase uma tradução literal desta parte do 'Manual do Discípulo de Qumran'. No Novo Testamento a mais rica fonte de comparação são certamente os escritos de São João. Em sua primeira Epístola, dificilmente se encontra um parágrafo que não contenha alguma referência à clássica oposição entre a Luz e as Trevas, da Verdade e do Erro (uma tradução legítima de 'āwôn, 'perversão', na raiz, qualquer coisa 'torcida'). Ibib, p. 142.

Consequentemente, o cristianismo foi, desde o princípio, um movimento verdadeiramente humanístico. Um movimento voltado para o projeto de soerguimento do homem, da sua decadência moral e espiritual, em uma nova forma de vida (ver Romanos 6:4). E a ideia grega do *logos* foi uma forte resposta contra a teologia mítica, característica do sistema mosaico. Primeiro, consideraremos a própria estrutura da teologia natural proposta pelo cristianismo – a imortalidade da psique, suas consequências para a possibilidade de vida após a morte, e impossibilidade de uma perspectiva puramente materialística da realidade.

A Origem da Doutrina

da Imortalidade da Psique[174]

A palavra para 'alma' (psique) na filosofia grega e no Novo Testamento é ψυχή (*phyche, alma*). Dela procedem as palavras derivativas, psíquico, psicologia, psiquiatria, psicanálise, e assim por diante. E assim como muitas outras palavras gregas usadas pelos apóstolos, especialmente Paulo, merecem ser contextualizadas, se é que desejamos realmente conhecer os seus significados. A teologia natural cristã é construída sobre o lastro do glossário filosófico grego, assim como já deve ter ficado claro (para aqueles que nunca estudaram a língua grega). Ao passo que as traduções surgiram e se tornaram populares, assim estas palavras e conceitos se tornaram ofuscadas devido à inexatidão das versões bíblicas, conforme foram empregadas pelos tradutores. E assim, elas perderam sua força conceitual e frescura. Esta palavra, em particular, tem sido usada na Literatura Grega Clássica por milhares de anos, desde Homero. Mas antes que nos voltemos para o seu real significado em Homero, a psique da pessoa viva, vamos dedicar algum tempo à sua insubstancial imagem sombria no mundo inferior (*Hades*), o qual ele chama simplesmente de ídolo (imagem), do grego *eidolon*, por causa de sua íntima associação com aparência da

---

174 A palavra 'alma' vem do hebraico 'almah' e indica 'uma jovem', uma mulher. Ela não tem nada a haver com a noção de 'psique' (consciência) grega, a qual é mais exata para a nossa pesquisa.

pessoa morta; vejamos como esta entidade se manisfesta em relação ao homem durante sua vida.

Existem numerosas passagens em Homero[175] onde lemos que a *psique* se separa da pessoa morta, voa através de sua boca ou do seu corpo (mais exatamente, dos seus membros), e se dirige ao mundo subterrâneo. Isto que chamamos de 'psique' ou 'consciência', que é também entendida pelos gregos após esse período como ψυχή, nunca recebe este nome em Homero, mas é chamada por ele de θυμός, e é referida por palavras que denotam o coração (mesma percepção dos egípcios), o diafragma, ou algum outro órgão corporal envolvido nas reações voluntárias e afetivas. Ora, Homero frequentemente usa a palavra ψυχή em relação a pessoas vivas, no sentido de vida, lembre, Homero representava um sistema de teologia mítica, assim como Hesíodo e Moisés.

Ao relacionar estas passagens com outras, na Literatura Grega, chegamos à conclusão de que este uso da palavra não é suficiente para explicar como a mesma palavra pôde ser usada para designar uma imagem semelhante ao homem e também os mortos no Hades. Nos parece que esta entidade deve ter vivido no homem durante seu tempo de vida, embora raramente possa ser percebido em sua plena capacidade, visto que dificilmente se torna evidente no seu estado consciente. Porém, se levarmos em conta as antigas escolas de mistérios, como as escolas herméticas, gnósticas, os ritos do deus Baco (Dionísio) e órficos,

---

175 Ver a "Ilíada" por Homero, em especial uma versão interlinear.

dentre outros; todos eles nos fornecem indícios, tanto implícitos como explícitos, em referência ao fato de que as manifestações da psique realmente ocorrem durante a atividade de sonhos enquanto dormimos, o que pode ser interpretado como algo análogo à libertação final do corpo pela psique no momento da morte, sendo apenas diferente em intensidade.

Haviam os membros de sociedades órficas em primeiro lugar, e haviam também os votantes da ciência jônica, os quais haviam se tornado numerosos desde que Anaxágoras o introduzira aos atenienses. Em geral, os órficos seriam encontrados principalmente entre as classes mais humildes, assim como o cristianismo, no seu primeiro estágio. Por outro lado, os aderentes da ciência jônica (partes da Turquia) eram especialmente achados entre aqueles da aristocracia iluminada. Mesmo na ausência de testemunho direto, devemos assumir que Sócrates, que se interessou por tudo e provava de tudo, não deixou de observar os dois mais importantes movimentos que ocorreram em Atenas (cerca de 490, A.C.) em sua própria geração.

O aspecto mais intrigante da crença órfica[176] é que ela se baseia na completa negação daquilo que foi a marca identificadora da religião mitológica grega, a saber, de que existia um abismo insuperável entre deuses e homens. Os

---

176 Os órficos partilhavam muitas similaridades com a posterior cristianismo, inclusive o destaque a figura do peixe e do conceito de que todos nós somos deuses decaídos, atingidos por amnésia, e que precisamos recobrar essa herança inerente por vivermos em virtude.

órficos defendiam, ao contrário, que toda psique (alma) é um *deus decaído*, enclausurado na prisão que é o corpo como penalidade por pecados pré-natais. Assim, o alvo de sua religião como práxis era, assegurar a libertação (λύσις) da psique de sua detenção por meio de certas observâncias dirigidas a purificá-la e purgá-la do pecado original (καθαρμοί). Aquelas psiques que eram suficientemente purgadas, retornavam uma vez mais aos deuses e tomavam suas posições originais.

O aspecto mais revelador da relação do orfismo com o posterior cristianismo é facilmente encontrado no Novo Testamento, São Pedro, em sua primeira carta declara, ao referir-se ao ministério de Jesus na terra:

"No qual (estado) também ele foi e pregou <u>aos espíritos em prisão</u>."
I Pedro 3: 19.

O que é ainda mais interessante é que essa doutrina tem sido conhecida por milhares de anos entre muitos povos como os hindus, egípcios e finalmente os gregos.

Portanto, o cristianismo, sem que muitos saibam, é um rico herdeiro das filosofias e verdades esotéricas que o precederam e o influenciaram. Ele certamente não tem recebido muita justiça do nosso sistema de religião *esterilizado*. Este estudo comparativo, nos serve de ajuda a entender também, porque o cristianismo sempre esteve sob os olhos atentos da Igreja.

Em Píndaro (escritor e poeta clássica), encontramos a

seguinte passagem sugestiva, em que se lê:

"E todos os corpos dos homens seguem a chamada

Da sobrepujante morte.

E ainda assim lhes é deixado sobrar

Uma vívida imagem de vida,

Pois esta apenas procede dos deuses.

Ela dorme enquanto os membros estão ativos;

Mas para os próprios que dormem

Ela revela numa miríade de visões

A fatídica vinda

De adversidades ou deleites. [177]

Embora o termo 'psique' não tenha sido diretamente mencionado, Píndaro a representa como um ídolo (imagem) de vida, quase exatamente como em Homero. Ele assevera que a psique é a única coisa que permanece viva após a morte do corpo. O mais interessante aqui é que, Píndaro (um poeta lírico da cidade de Tebes) faz uma declaração explícita de que o ídolo (imagem) da pessoa viva está presente nele mesmo durante o

---

177 Píndaro, fragmento. 131 (Schroeder)[Píndaro]. As palavras gregas usadas por Píndaro, traduzidas como 'imagem de vida' são αἰῶνος εἴδωλον).

seu tempo de vida, mas que dorme enquanto ele está desperto. De forma bem similar, Jesus uma vez revelou a verdadeira condição dos homens neste mundo, e para sua surpresa ele disse:

"Segue-me; e deixa com os mortos enterrem seus mortos." Mateus 8: 22.

Ele também usou exatamente a mesma analogia usada por Píndaro, quando se referiu ao estado de Lázaro em sua morte;

"Estas coisas, ele disse: e após isso ele lhes disse, Nosso amigo Lázaro dorme; mas eu vou, para que eu o desperte do seu sono." João 11:11.

Portanto, é razoável acreditar que Jesus, tendo nascido em um mundo helenizado, sabia exatamente o que estas analogias significavam, e isso explica por que ele as usava para ensinar a inexorabilidade da imortalidade da psique. Mesmo se lermos o Novo Testamento em inglês, fica claro como cristal, quão poderosa esta crença foi para os primitivos cristãos. Temos a tendência de ver o cristianismo, como movimento, disperso de seu ambiente cultural e literário. Mas esta noção não chega nem perto da realidade do cristianismo histórico. Paulo, ao visitar a cidade de Atenas, na Grécia, foi percebido pelos atenienses como alguém bem versado na Literatura Grega Clássica, pois ele lhes declarou:

"Pois nele vivemos, e nos movemos, e temos o nosso ser; assim

como certos dos vossos próprios poetas também disseram, <u>pois nós também somos sua progênie</u>." Atos dos Apóstolos 17: 28.

A sentença sublinhada é uma citação direta do *"Cântico a Zeus"*, composta por Cleantes, um notório poeta grego. Portanto, o cristianismo tinha entre seus principais expoentes pessoas altamente educadas na cultura e na literatura do seu tempo. O próprio Paulo escreveu em grego koiné e era, além disso, capaz de ler com apreciação o grego clássico usado por Platão e pelos poetas do período clássico. Essas competências, fizeram de Paulo um missionário altamente eficaz.

A cidade de Nazaré era o centro de judeus helenizados, que foram capazes de produzir muitas e diversas escolas filosóficas como os próprios Essênios. E muito do que "sabemos" tradicionalmente, tem sido provado errôneo. Visto que, como o próprio John Allegro declarou, muitos dos Rolos do Mar Morto nunca foram permitidos ao público (na sua inteireza), pelo temor, claro, de que este conhecimento pudesse destruir, não o cristianismo, *mas a versão de cristianismo escolhida por nossos tutores, a Igreja Católica.* Isso pode fornecer indício de que, tendo o cristianismo se tornado tão materializado, os primitivos cristãos nunca nos reconheceriam, caso tivessem a chance de nos encontrar. A mensagem de hoje é, de que Cristo veio para nos fazer milionários.

O caminho percorrido pelos filósofos era o caminho da verdade. Sua realização ontológica apontava em direção a Deus, e não ao mundo físico, como sendo a realidade ulterior. Para Parmênides, aquilo que *é, é, e não cessa de ser. E aquilo que não é, não é, e não pode vir a ser*[178]. Ele ficou conhecido como o filósofo do *ser (ontos)*, pois ficou famoso por suas conclusões ontológicas. Ele concluiu sobre as coisas que são reais (ou seja, que existem em seu próprio domínio), e aquelas que não são reais (não existem em si mesmas), o seguinte:

"Necessariamente, o que pode ser dito e pensado é, pois é possível que seja, e aquilo que não é nada, não é possível que seja." Poema 85 vs 6.

Para tornar as coisas ainda mais claras, para aqueles não iniciados na filosofia grega clássica, vamos recorrer à explicação dada por Epiteto, um neoplatonista que viveu no tempo de Jesus, ele diz:

"Das coisas existentes, algumas estão sob nosso poder, outras não. As que nos pertencem são os nossos julgamentos, nossos impulsos, nossos desejos, nossas repulsas – em resumo: tudo aquilo que esteja na esfera das nossas ações. Aquelas que não estão sob o nosso poder são, o nosso corpo, nossas possessões, nossa reputação, nossos ofícios públicos – em resumo: tudo aquilo que não esteja em nossa esfera de ação. Por natureza, as coisas que são nossas são livres, desobstruídas, sem obstáculos. Ao passo que as que não estão em nosso poder são

---

178 Parmênides não fala aqui sobre a realidade transiente (transcendente), a mesma que observamos todos os dias. Mas ele está falando sobre a realidade última, aquela que não podemos observar, mas a qual produz a realidade que observamos.

fracas, escravizadas, bloqueadas, não são nossas próprias."
Encheirídion por Epiteto, 1.1.

Então, ele prossegue ao dizer que, se nós, alguma vez, supormos erroneamente o completo inverso, que as coisas que verdadeiramente nos pertencem, não são nossas. E que as coisas que não são nossas, como sendo nossas. Nós viveremos uma vida lamentável, culpando a pessoas e a Deus pelos nossos infortúnios. E isso será nossa falta, por não sermos capazes de distinguir aquilo que é real (ontologicamente) daquilo que não é real (que está fora de nossa ação). Aquelas coisas que realmente nos pertencem, daquelas que não nos pertencem.

Dessa forma, podemos agora visualizar o que Paulo estava tentando dizer, não em termos religiosos, mas em termos filosóficos:

"Pois nada trouxemos a este mundo, e é certo que nada levaremos dele." I Timóteo 6:7

De fato, não trouxemos nada que realmente não nos pertença. Assim seria um grande equívoco pensarmos que poderemos levar alguma coisa deste mundo de ilusões e de natureza transiente. De maneira que o cristianismo é uma revolução, *a verdadeira revolução.* A revolução que não está acessível à percepção externa, mas uma revolução profunda, dentro de nós mesmos – no sentido plenamente ontológico – Tudo mais se mostra como eles verdadeiramente são, *nada.* Esta conclusão levou o apóstolo Paulo a dizer corajosamente:

"Pois eu considero os sofrimentos deste tempo presente como não sendo dignos de serem comparados com a glória que será revelada em nós." Romanos 8: 18.

Assim, o *pessimismo* que caracteriza as nossas filosofias modernas e contemporâneas representa uma leitura infeliz dos tempos clássicos. Pois naqueles tempos, os homens possuidores de mentes inquiridoras, buscavam honestamente tentar entender a realidade última, em especial, diante de suas mazelas. Contrários à nossa ciência contemporânea, que vergonhosamente se vendeu por migalhas, se comparadas às maiores possibilidades que eles, os cientistas, ajudaram a enterrar. Mas que, para o seu desespero, ainda estão vivas naqueles de nós que buscam o conhecimento. E se nós permitirmos que ele cresça, ele aumentará ainda mais – o auto conhecimento – e não o conhecimento externo, fora de nós, na residência do impossível.

O conhecimento sobre a ontologia ficou prejudicado, a propósito, devido a interesses corporativos, os quais, para que pudessem realizar negócios, tiveram que promover uma noção confusa e vazia quanto a realidade ontológica dos 'seres', sejam eles 'reais' ou 'irreais'. E com isso promoverem ativamente novos valores ontológicos; objetos, mercadorias, equipamentos e toda sorte de valores materiais. No Brasil, o ensino da ontologia foi relegado ao segundo plano, ao passo que se deu exclusivo foco à lógica – a qual lida com objetos externos, enquanto a ontologia lida com o próprio ser e os critérios da existência, ficou para trás

– sobre esse esforço de apagar a ontologia dos currículos, temos o seguinte comentário do *"Pequeno Dicionário Brasileiro Da Língua Portuguesa"* ilustrado, 11ª edição, Por Aurélio Buarque De Hollanda Ferreira, sobre o verbete 'ontologismo':

"Sistema filosófico de alguns teólogos católicos do século XIX, <u>condenados pela Igreja</u>, o qual se baseia na evidência da existência de Deus."

Ora, alguém pode justamente se perguntar, por que a Igreja se colocaria contra tal ciência aparentemente inofensiva? Ora, talvez eles não quisessem que as pessoas descobrissem os graves enganos associados à teologia da *transcendência*, e com isso acabassem por representar uma séria ameaça aos seus planos comerciais, políticos, econômicos e ideológicos.

Em I Coríntios 15:16-19, Paulo lembrou aos facilmente influenciados coríntios, na altamente materialista cidade de Corinto que:

"Pois se os mortos não se levantam, então tampouco o Cristo se levantou: E se Cristo não se levantou, vossa fé é vã; e ainda estais em vossos pecados. Então aqueles que adormeceram em Cristo também pereceram. <u>Se somente nesta vida temos esperado em Cristo, somos os mais miseráveis de todos os homens</u>."

O Que Diz a Mais Recente Pesquisa Sobre os Fenômenos de Quase Morte

A Universidade de Virginia, nos Estados Unidos da América, revelou, recentemente, os resultados de uma pesquisa sobre fenômenos de quase morte de mais de 50 anos. Essa riquíssima informação pode ser facilmente acessada na internet, no próprio site da instituição. O professor de psiquiatria e diretor da divisão de estudos percepcionais, o Dr. Bruce Greyson, nos informa sobre os mais recentes desenvolvimentos sobre os fenômenos psíquicos de quase morte, bem como sobre a grande virada neste campo científico, ele nos diz:

"Até o início do século 20, a mecânica clássica foi a fundação para todas as ciências sob a premissa de que todas as observações de todas as ciências poderiam algum dia serem reduzidas às leis da mecânica. No coração dessa visão de mundo estava o <u>reducionismo materialista</u> a ideia de que qualquer fenômeno complexo poderia ser entendido ao se reduzi-lo aos seus componentes individuais e eventualmente a suas partículas materiais elementares...Esta percepção materialista permeou a psicologia assim como outras ciências, mesmo embora este reducionismo requeresse com que os psicólogos focassem exclusivamente no fenômeno que pudesse ser descrito

objetivamente por observadores independentes e que se ignorasse a consciência. A psicologia materialista foi epitomada por Watson (1914), que asseverou, 'A Psicologia, como a vê um behaviorista, é puramente objetiva, um ramo da ciência natural e experimental que precisa da consciência tanto quanto as ciências da química e da física', (p.27). Parece irônico que enquanto Watson estava alinhando a psicologia behaviorista com a mecânica clássica, os físicos já estavam se movendo para além daquele modelo com a física quântica, a qual não poderia ser formulada sem referência à consciência. (Implications of Near-Death Experiences for a Postmaterialistic Psychology, *p. 37*).

Nós, ao nos tornarmos materialistas, representamos absolutamente nada mais do que uma construção física, com menos do que uma perspectiva duradoura. Careceremos de reais valores subjetivos e seremos mais propensos ao modelo que este sistema preza acima de tudo mais, *um grupo coletivo*, facilmente manipulado através de uma simulação da realidade. Uma que nem mesmo eles, *os mestres do engano*, acreditam. Um mundo irreal, que causa o sofrimento como um indicativo sintomático de que algo está terrivelmente errado em nós, *e não no mundo externo.*

O Vocabulário Filosófico

Oculto no Novo Testamento Grego

O cristianismo herdou um vasto glossário filosófico através da Bíblia helenizada, a Septuaginta grega, *a qual introduziu um extenso vocabulário grego* e que remonta aos primordiais pensadores gregos, como Sócrates no 3° século em Atenas. Não apenas isso, ela apresentou aos mais educados cristãos do 1° século em Jerusalém, uma linguagem conceitual viável com a qual pudessem se expressar, ao transmitirem conceitos e proposições filosóficas ao público, em especial, por meio do estilo epistolário[179]. Naquele tempo, este veículo foi inestimável para se propagar o evangelho ao mundo de língua grega (língua internacional, na época) e argumentar o cristianismo nos campos da ciência grega: da física, metafísica, lógica, matemática, geometria, astronomia, escultura, arquitetura, filosofia, hermenêutica, sintaxe, gramática, e assim por diante.

O apóstolo Paulo, sendo um judeu educado, não poderia ser tão bem sucedido, caso tivesse ignorado o aprendizado grego,

---

179 O aoristo, tempo verbal que é bem frequente neste estilo, usa, primordialmente, a perspectiva temporal do recipiente antes do que sua própria (autor). Neste estilo o autor pode se referir a eventos correntes como estando no estado completa (perfeito) antecipando a lacuna de tempo entre sua escrita e a leitura do recipiente. É, certamente, um dos estilos mais difíceis de se traduzir das epístolas de Paulo. Frequentemente, tradutores vertem-no no tempo presente, ou no tempo futuro.

especialmente a lógica e a dialética, visto que ele era um advogado. Assim, é mais do que justificável lermos Jesus dizer:

"Mas o senhor lhe disse, segue teu caminho: pois ele é um vaso escolhido por mim, para levar o meu nome diante de gentios, e de reis, e dos filhos de Israel: Pois lhe mostrarei quão grandes coisas, ele deve sofrer por causa do meu nome." Atos Dos Apóstolos 9: 15,16.

Pregar aos gentios e aos reis requeria muito conhecimento, especialmente da cultura prevalecente naquele tempo, a cultura grega. De outra forma, ele não seria conhecido hoje como o mais bem sucedido apóstolo do cristianismo. Ele empregou o grego koiné com um estilo exuberante. Ele argumentou fazendo uso de termos filosóficos gregos, os quais foram reconhecidos pelos que aceitaram a sua pregação. Em destaque, o presidente do Areópago, o próprio Dionísio.

Façamos um breve reconhecimento das mais relevantes palavras e conceitos que fizeram o cristianismo brilhar como uma estrela por dois mil anos da história, especialmente, entre as mais brilhantes mentes da Europa Medieval.

Originalmente, a palavra ψυχη (psique), significava 'fôlego', mas, através da história, ela já tinha sido especializada em duas formas distintas. Ela veio a significar coragem em primeiro lugar, e em segundo, *o sopro de vida consciente*. E fica claro que se nós desejarmos descobrir o que Sócrates realmente queria dizer com ψυχη, quando ele a chamou de o assento da sabedoria e da bondade, teremos que verificar sua atmosfera contextual. Ela, para ele, era como um tipo de 'reflexo' do homem e é bem similar, eu diria, ao que a física quântica chama de *antimatéria*.

Os pitagóricos podem ter desenvolvido, talvez, a mais adequada doutrina sobre a psique; pois eles também partilhavam os interesses religiosos dos órficos e dos interesses científicos das escolas jônicas. Conforme foi, contudo, sua música e seus estudos médicos os levaram a considerá-la (a psique) como uma 'fusão' (κρᾶσις crase[180]) ou como 'harmonia' (ἁρμονία) dos elementos que compõem o corpo, do qual, portanto, eles são apenas meras funções. Demócrito foi ao ponto de distinguir os prazeres da psique como mais divinos do que aqueles do tabernáculo (σκῆνος), ou corpo físico. Aqui temos uma direta referência ao que Paulo diz sobre a nossa esperança cristã após deixarmos o corpo:

"Pois, sabemos que se a nossa casa terrestre, esta <u>tenda</u>, se dissolver, havemos de ter um edifício da parte de Deus, uma casa não feita por mãos, eterna nos céus." II Coríntios 5:1.

Um outro termo filosófico amplamente usado no Novo Testamento, mas raramente notado por aqueles que ainda se apegam a uma leitura confessional dos textos cristãos é, *parrhesia* (παρρησία), que em retórica cristã, indica uma figura de linguagem descrita como: "falar candidamente ou pedir perdão por assim falar."

---

180 Este conceito encontra-se cifrado na linguística estrutural, de Ferdinand de Saussure, como a contração entre a preposição e o artigo, e.g., à (a+a).

Haviam duas principais correntes filosóficas durante os tempos clássicos em Atenas, os sofistas, por um lado, e os dialéticos, por outro. Estes últimos eram principalmente representados por Platão e Sócrates. O sofismo era comumente usado como um meio de persuasão, através de retórica, nem sempre de caráter honesto, o qual buscava convencer audiências. Em contraste a essa prática, haviam os dialéticos, os quais não necessariamente buscavam persuadir mas promover *perplexidade* diante da complexidade da vida e do mundo em volta de nós. Estes eram também conhecidos como 'aporéticos', pois não tinham respostas para tudo. Enquanto os sofistas usavam a retórica para alcançar valores efêmeros. A dialética requeria que os participantes usassem de franqueza e exatidão conceitual, a fim de tentar elucidar questões complexas e paradoxais, a fim de se alcançar verdades axiomáticas, aquelas que são auto evidentes, mas que não podem ser provadas, e.g,. os 5 postulados de Euclides. E eles o faziam, não de forma retórica e artificial, mas confrontando o fato tão notório de que toda a ciência humana encontrará, mais cedo ou mais tarde, o seu fim. Afinal, eles sabiam, a verdade não é comercial, mas sim a mentira junto com os seus valores seculares e passageiros.

Neste sentido, o uso da palavra *parrhesia* é encontrado no Novo Testamento, onde ela conserva a sua nuance original, "discurso denodado," a habilidade dos crentes de apegarem-se à sua palavra durante discussões, sejam essas diante de autoridades políticas ou religiosas. No livro de Atos dos Apóstolos 4: 13, está registrado:

"Ora quando eles viram a <u>franqueza</u> (την παρρησίαν) de Pedro e João e imaginaram que eles eram iletrados e homens comuns, eles ficaram admirados e os reconheceram como seguidores de Jesus."

Esta é a palavra que é também usada para descrever a resposta de Jesus aos Fariseus.

Uma outra palavra que expressa uma profunda persuasão filosófica através de argumentos é, *hupostasis*, esta palavra é comumente traduzida como 'substância', é o termo usado na filosofia clássica para se referir à verdadeira substância de algo, a sua real natureza, implicando com isso que a 'fé' cristã é necessariamente um conjunto de proposições filosóficas, especialmente, quando extraímos do cristianismo todos os seus traços mitológicos e anedóticos. Provando assim que, o cristianismo verte sobre epistemologia, ou seja, sobre critérios e condições do conhecimento humano. Lemos o seguinte na epístola de Paulo aos Hebreus:

"Εστιν δὲ πίστις ἐλπιζομένων <u>ὑπόστασις,</u> πραγμάτων ἔλεγχος οὐ βλεπομένων." Quando traduzido significa:

"É portanto é a fé (persuasão) a substância de coisas esperadas, a evidência de coisas (realidades) não observadas." Hebreus 11: 1.

Mas como pode alguém entender "as coisas não observadas" a menos que possua treinamento filosófico? Portanto, segue-se que, não poderemos entender estas e outras epístolas se não formos capazes de confrontá-las como elas realmente são –

filosofia pura. Por falharmos neste respeito, a persuasão cristã perdeu sua profunda herança filosófica e se tornou vazia ao extremo. E está para ser obliterada das mentes não educadas, suficientemente.

As bases da nossa linguística se encontram no coração do Novo Testamento e da filosofia clássica. Por exemplo, os linguistas modernos formularam suas teorias linguísticas com base nos clássicos gregos, especialmente no Novo Testamento, coube ao linguista alemão, Karl Bühler (1934/1961), em sua obra "Teoría del linguage, 2. edição, formular a teoria da *dêixis* na Linguística moderna. Para ele, as expressões linguísticas se dividem entre simbólicas (fóricas) e dêiticas. Os símbolos são referencialmente estáveis, ao passo que a dêixis depende da situação em que se fala. A dêixis representa o primeiro conhecimento da coisa (ser). Vejamos como Câmara Júnior (1977:90) concorda com Bühler e elabora sobre isso:

> *"faculdade que tem a linguagem de designar mostrando,*
> *em vez de conceituar. A designação dêitica, ou mostrativa,*
> *figura assim ao lado da designação simbólica ou conceitual*
> *em qualquer sistema linguístico. Podemos dizer que o*
> *SIGNO linguístico apresenta-se em dois tipos – O*
> *SÍMBOLO, em que um conjunto sônico representa ou*
> *simboliza, e o SINAL, em que o conjunto sônico indica ou*
> *mostra. O pronome é justamente o vocábulo que se refere*
> *aos seres por dêixis em vez de o fazer por simbolização,*
> *como os substantivos. A dêixis se baseia no esquema*

> *linguístico das três pessoas gramaticais que norteia o discurso: a que fala, a que ouve, e todos os demais seres situados fora do eixo falante-ouvinte."* (Contribuição à estilística portuguesa, página 90, 3ª edição, Rio de Janeiro: Ao Livro Técnico).

O interessante é que Paulo usa o conceito de dêixis, já no primeiro século da era cristã, para distinguir, em termos de ética cristã, a necessidade de demonstrar princípios pelo exemplo observável, seja visual, auditivo, gestual, ou linguístico. Ele diz:

> *"em tudo que fiz, <u>vos mostrei</u> que, trabalhando assim, é necessário auxiliar os enfermos, e recordar as palavras do Senhor Jesus, que disse: Mais bem aventurada coisa é dar do que receber."* (Atos dos Apóstolos 20:35).

'Vos mostrei' é traduzido do grego 'δείκνυμι' que é o verbo 'mostrar', 'dar a conhecer' o significado de algo, por meios que sejam demonstráveis. Esse verbo está conjugado na 1ª pessoa do modo indicativo, na voz ativa. Isso certamente nos diz muito sobre a esquecida herança metafísica inerente em nossa língua. Essa herança está se perdendo rapidamente, em virtude do desinteresse e indolência dos falantes da língua portuguesa. Os ataques contra a rica herança linguística que recebemos estão cada vez mais ousados e destrutivos. O ensino da gramática – que leva o estudante ao domínio da lógica – não é mais de tanta importância.

Outra palavra conceitual, que não podemos deixar de

considerar é – axioma; essa palavra é vital ao entendimento, não só da cultura cristã, como da mentalidade clássica em geral. Um axioma é aquilo que se pode confiar, aquilo que e digno de confiança. Não necessariamente, como supôs Bertrand Russell, algo que se poderia provar aleatoriamente. Estas são verdades auto-evidentes, sem as quais nada se realiza em termos de conhecimento ou ciência. No Novo Testamento, essa palavra ocorre em diversas partes, sempre associada à ideia de perenidade. Vejamos:

> *"λογίζομαι γὰρ ὅτι οὐκ <u>ἄξια</u> τα παθήματα τοῦ νῦν καιροῦ πρὸς τὴν μέλλουσαν δόξαν ἀποκαλυφθῆναι εἰς ἡμᾶς."*

> *"porque eu penso que os sofrimentos desta era não são <u>dignos</u> de serem comparados com a glória que nos será revelada no futuro."* (Romanos 8: 12)

Neste contexto, podemos dizer que o real significado de 'axioma' é de algo *digno* de confiança, algo com que se pode contar. Neste mesmo sentido ela foi usada por Platão e por Euclides, o grande geômetra, assim como pelo apóstolo Paulo.

O cristianismo é um tesouro que deve ser bem cuidado por aqueles que estão realmente despertos para o seu valor e importância. A maneira em que o cristianismo é apresentado hoje, o tornou fraco e ineficiente. Especialmente, desde que muitos o consideram apenas como uma questão de "religião" - e religião não se discute – nada pode superar a tolice humana.

Sem discussão não existe conhecimento!

Muitos que foram desencaminhados por religiões (ou por ideologias políticas, etc), poderiam ser capazes de experimentar dias gloriosos, quase utópicos – se não estivessem em mãos erradas – agora é o tempo de tentar nos redescobrir e tentar reviver algo valioso em meio a um mundo podre e intelectualmente preguiçoso. Não existe muito lá fora (no campo das ideologias) para oferecer uma razão poderosa para se viver de forma inteligente, algo que vá além do comer e beber.

A Teologia *Transcendente*

e a Morte de Deus

O anúncio de que Deus estava morto, foi feito pelo filósofo alemão Friedrich Nietzsche, no sentido de que "a fé no Deus cristão tornou-se inaceitável" (A Gaia Ciência, 1882, § 108, 125, 343), mas que hoje é considerado símbolo da renovação do cristianismo, o qual precisava se libertar, como já foi amplamente demonstrado nesta obra, das estruturas mitológicas e sobrenaturalistas de que se revestira nos séculos anteriores, reencontrando sua real identidade teológica natural. Essa teologia natural, inspira-se principalmente na obra de Bultman, com sua desmistificação, e de Bonhoeffer, o qual nega a transcendência de Deus e transfere para o mundo histórico a esperança escatológica dos primórdios do cristianismo, afirmando que Deus não é (em atualidade mas em potencialidade) e que se realizará dentro da comunidade daqueles que entenderam o papel da imanência de Deus em si mesmos e em suas *atitudes* e *escolhas*. O cristianismo foi "editado" para se ajustar ao modelo teológico judaico de natureza mitológica, distante do homem, seu principal agente, e posto nos dogmas e nas doutrinas limitadoras daqueles que viram no cristianismo um excelente mecanismo de dominação das massas, não como sendo o caminho da libertação humana da futilidade e devoção ao mundo objeto. De fato o Novo Testamento, principal autoridade cristã, nos lembra:

> *"Não sabeis vós que sois o Templo de Deus e que o Espírito Santo habita em vós."* (I Coríntios 3:16)

Ora, sendo nós o templo do espírito, não precisamos de templos externos, nem de padres, nem de pastores, nem de igrejas, nem de qualquer outro intermediário que não compartilhe desse entendimento imanente. Pois, os efeitos gerados pela transcendência foram devastadores para a psique humana, furtando-lhe tanto a sua responsabilidade quanto a sua dignidade. Já basta de tanta ignorância!

Os Inimigos do Cristianismo Apresentam o Seu Testemunho

As fontes cristãs, tais como o Novo Testamento, dentre

outras, incluem histórias detalhadas sobre o Jesus histórico mas que os eruditos diferem sobre a historicidade específica de alguns episódios descritos nos registros bíblicos. Os únicos dois eventos que estão sujeitos a aceitação universal entre eles (os eruditos) são que Jesus foi batizado por João Batista e que foi crucificado por ordem do procurador romano Pôncio Pilatos.

As fontes não-cristãs, que são usadas para estudar e estabelecer a historicidade de Jesus, incluem fontes judaicas como Flávio Josefo e fontes romanas tais como as do senador e historiador romano Cornelius Tacitus. Estas fontes são comparadas (lembre-se do método comparativo) com as fontes cristãs tais como as epístolas paulinas e os Evangelhos Sinópticos. Estas fontes são usualmente independentes umas das outras (o que contribui para sua confiabilidade), e as similaridades e diferenças entre elas são usadas no processo de autenticação. Veremos o que disseram aqueles que viram o cristianismo de forma pejorativa. Observe que eles não negaram que o Cristo existiu, a negação da historicidade de Jesus nunca foi considerada por nenhum dos escritores do primeiro e segundo século A.D, essa negação se tornou mais comum nos dias de hoje, devido, em especial, a longa distância de tempo.

Flávio Josefo (37-100 A.D.)

Os escritos do historiador romano-judeu Flávio Josefo, do primeiro século, incluem referencias ao Jesus histórico e às origens do cristianismo. As *Antiguidades dos Judeus* de Josefo, escritas por volta de 93-94 A.D, incluem duas referências a Jesus nos Livros 18 e 20. Em uma dessas passagens, a passagem de Tiago no Livro 20, é usada pelos eruditos para apoiar a existência de Jesus e sua crucificação. Alguns afirmam que seria incomum ter a um judeu se referindo a Jesus como "o messias", no entanto, conforme diz o erudito Bart Ehrman, a passagem de Josefo sobre Jesus foi alterada por um escriba cristão, incluindo a referência a Jesus como o messias. Esta passagem lida com a morte de "Tiago irmão de Jesus" em Jerusalém. Ao passo que as obras de Josefo se referem a pelo menos vinte pessoas diferentes com o nome Jesus, esta passagem especifica que este Jesus era aquele que foi chamado "Cristo". Existe uma versão árabe do mesmo texto que acrescenta a observação "considerado Cristo". De qualquer maneira não se pode sustentar que esta tenha sido criada mas apenas alterada. O que confirma que Josefo de fato comprova a existência do Jesus histórico.

Os Anais de Tácito (c. 116 A.D)

O historiador e senador romano Tácito, se refere também ao Jesus histórico, sua execução por Pôncio Pilatos e a existência de cristãos em Roma na sua obra final, *Os Anais (c. 116 A.D.)*, Livro 15, capítulo 44. A passagem relevante reza:

> "Chamados cristãos pela população. Cristus, de quem o
> nome tem sua origem, sofreu a extrema penalidade durante
> o reino de Tibério às mãos de um dos nossos procuradores,
> Pôncio Pilatos."

Eruditos geralmente consideram a referência de Tácito à execução de Jesus, por Pôncio Pilatos, como sendo tanto autêntica quanto de valor histórico, visto se tratar de uma importante fonte romana independente e que ao criticar o cristianismo e seu fundador, acabou estabelecendo seu lugar na história.

John Dominic Crossan, teólogo e fundador do Seminário de Jesus, considera a passagem de grande importância em estabelecer que Jesus existiu e foi crucificado, e declara ainda mais: "Que ele foi crucificado é tão certo quanto qualquer evento histórico pode ser, visto que tanto Josefo como Tácito...concordam com os registros cristãos em pelo menos um fato básico." (Jesus: A Revolutionary Biography. HarperOne, p. 145.) [Crossan, John Dominic]

Já Bart Ehrman, teólogo revisionista, declara:

"O registro de Tácito confirma o que sabemos de outras fontes, que Jesus foi executado por ordem do governador romano da Judeia, Pôncio Pilatos, algum tempo durante o reino de Tibério." [Ehrman]

Mara Bar Sarapion (c. 73 A.D a 3º Século)

Mara[181] (filho de Sarapion), foi um filósofo estoico da província romana da Síria. [Kostenberger] Algum tempo entre os anos 73 e o 3º século, Mara escreveu uma carta para o seu

---

181 Toda a evidência, para aqueles que sinceramente buscam saber mais, está contida no site, http://www.rationalchristianity.net/jesus_extrabib.html

filho (também chamado de Sarapion) que pode conter uma referência primitiva, não-cristã, à crucificação de Jesus.

A carta se refere ao injusto tratamento dos "três sábios": o assassinato de Sócrates, a morte de Pitágoras, causada por um incêndio criminoso, e a execução do "sábio rei dos judeus"(*ibidem*). O autor explica que em todos os três casos a ação criminosa terminou em severa punição da parte de Deus para aqueles responsáveis e que quando os sábios são oprimidos, não apenas a sua sabedoria triunfa no final, como também Deus pune os seus opressores.

Eruditos tais como Robert Van Voost veem pouca dúvida de que a referência à execução do "rei dos judeus" se refere a morte de Jesus.[Robert. E]

Suetônio (c. 69 – após 122 A.D.)

O historiador romano Suetônio fez referências aos primitivos cristãos e seu líder em sua obra *As Vidas dos Doze Césares* (escrita por volta de 121 A.D.). As referências aparecem em Claudius 25 e Nero 16 que descrevem as vidas dos imperadores romanos Claudius e Nero[Suetônio] A passagem de Nero 16 se refere aos abusos cometidos por Nero e menciona como ele infligiu punição nos cristãos – que é geralmente datado de 64 A.D. Esta passagem mostra o claro desprezo de Suetônio pelos cristãos – o mesmo desprezo expressado por Tácito e Plínio, o jovem, em seus escritos, porém, não se refere ao próprio Jesus.

A passagem anterior em Claudius, pode incluir uma referência a Jesus, mas é tema de debate entre os eruditos. Em Claudius 25 Suetônio se refere à expulsão de judeus por Claudius e então declara:

> "Visto que os cristãos constantemente criavam distúrbios
> sob a instigação de Crestus (Cristo), ele os expulsou de
> Roma."

A referência em Claudius 25, envolve as agitações na comunidade judaica que levaram à expulsão de alguns judeus de Roma por Claudius, e é provavelmente o mesmo evento mencionado nos Atos dos Apóstolos 18: 2. Muitos historiadores datam essa expulsão por volta de 49-50 A.D. Suetônio se refere ao líder dos cristãos como *Crestus*[182], um termo também usado por Tácito. Esse termo é uma versão do latim clássico de Cristus. Contudo, a confusão de Suetônio, ao confundir judeus e cristãos, aponta para a falta de interpolação cristã, pois um escriba cristão não teria confundido judeus com cristãos. Outros eruditos acrescentam que a referência a Jesus, por nome, queira indicar o fato de que o cristianismo se tornara amplamente aceito em Roma.

O Talmude

O Talmude Babilônico, em poucos casos, inclui possíveis referências a Jesus usando os termos "Yeshu", ou "Yeshu ha-Notzri", "ben Stada", e "ben Pandera". Algumas dessas

---

182 O mesmo que 'Cristo' em latim. Em grego o nome é 'Χριστός'.

referências provavelmente datam do período Tannaítico (70-200 A.D.). Em alguns casos, não é claro se as referências são de fato a Jesus, ou a outras pessoas, e os eruditos seguem debatendo seu valor histórico, e exatamente que referências, se houve de fato, podem se dirigir a Jesus.

O teólogo Andreas Kostenberger declara que a passagem é uma referência Tannaítica ao julgamento e morte de Jesus durante a páscoa e é provavelmente anterior a qualquer outra referência a Jesus no Talmude. A passagem que reflete hostilidade a Jesus por parte dos rabinos inclui este trecho:

> *"É ensinado: Na véspera da páscoa, eles penduraram a Jesus e saiu um clamor que durou por quarenta dias antes de se declarar que '[Yeshu] estava para ser apedrejado pela prática de magia, por fomentar e desviar Israel. Qualquer um que saiba algo que possa inocentá-lo deve se apresentar e exonerá-lo.' Mas ninguém tinha nada para o exonerar e então eles o penduraram na véspera da páscoa."[Sanhedrin 43a]*

Uma outra referência, desta vez na literatura rabínica do início do segundo século (Tosefta Hullin II 22), se refere ao rabi Eleazar bem Dama que foi mordido por uma cobra, mas que teve sua cura negada no nome de Jesus por outro rabi pois era contra a lei, e assim acabou morrendo. [E. Bammel]. Esta passagem reflete bem a atitude dos primeiros oponentes judeus contra Jesus, i.e., que seus milagres eram baseados em magia e encantamento.

Plínio, o Jovem (c. 61- c.112)

O governador provincial de Ponto e Bitínia, escreveu ao imperador Trajano c. 112 concernente a como lidar com os cristãos, que se recusavam a adorar o imperador, e ao invés adoravam "Cristus". Charles Guignebert, que não tem dúvida de que o Jesus histórico dos Evangelhos viveu na Galileia no primeiro século, não acredita que esta carta seja aceitável como evidência para a existência de Jesus. Mesmo assim, vale considerar todo o bojo das evidências juntas e não separadas.

Tallus

Muito pouco é conhecido desse escritor, e nenhum dos seus escritos sobreviveram, mas que ele escreveu uma história alegadamente por volta da metade e final de primeiro século A.D., a qual é referenciada por Eusébio. Julius Africanus, escrevendo por volta de 221, conecta uma referência no terceiro livro de História da Igreja, ao período de escuridão descrita sobre a crucificação nos três Evangelhos [Eddy, Paul]. Não é sabido se Tallus fez qualquer menção aos registros da crucificação; se ele fez, seria a mais antiga referência não-canônica ao episódio mencionado nos Evangelhos.

Flegon de Tralles (c. 80-140 A.D.)

De maneira bem similar a Tallus, Julius Africanus menciona um historiador chamado Flegon que escreveu uma crônica da história por volta de 140 A.D., onde ele registra o seguinte:

*"Flegon registra que, no tempo de Tibério César, durante a
lua cheia, houve uma eclipse total do sol da sexta até a nona
hora."* (Africanus, Cronografia, 18:1).

Flegon, é também mencionado por Orígenes (um antigo
teólogo e erudito, nascido em Alexandria): "Ora, Flegon, no
décimo terceiro ou décimo quarto livro, eu penso, das suas
crônicas, não atribui a Jesus um conhecimento de eventos
futuros...mas também testificou que o resultado correspondia às
suas predições. Sobre isso se pode constatar nos próprios
evangelhos, a seguinte surpreendente profecia, historicamente
exata, no Evangelho de Marcos está registrado a profecia sobre a
destruição do Templo judaico:

"E saindo Ele do Templo, disse-lhe um dos seus discípulos:
Mestre, olha que pedras, e que edifícios! E, Jesus lhe disse:
vês estes grandes edifícios? Não ficará pedra sobre
pedra, que não seja derribada." (Evangelho de
Marcos 13:1,2)

Ora, essa profecia foi pronunciada no 33 A.D., e se cumpriu
no ano 70 A.D., e foi realizada pelo general romano Tito. Hoje
esse evento fatídico é ainda celebrado em Roma pelo Arco de
Tito. De forma que todos podem testemunhar a evidência
arqueológica. Esse fato histórico que levou 37 anos para se
cumprir é bem atestado pelo historiador judeu Flávio Josefo, nas
suas *Guerras dos Judeus Livro 5.* Temos mais evidência da
existência histórica de Jesus do que de muitos outros
personagens da história.

Até esse ponto a evidência já se mostra suficiente para alguém, com a mínima capacidade analítica entender a verdade, compreender os fatos, pois como bem disse Plauto, na antiga Roma:

"Dictum sapienti sat est".

(Persa, 729)

"Para o sábio basta uma palavra".

Os Rolos do Mar Morto

Os Rolos do Mar Morto[Douglas R. Edwards] são escritos do primeiro século e de séculos passados que mostram a língua e os costumes dos judeus do tempo de Cristo. Os eruditos tais como Henry Chadwick veem usos similares da língua e conceitos registrados no Novo Testamento e nos Rolos do Mar Morto como sendo valiosas em demonstrar que o Novo Testamento descreve o período do primeiro século de forma coerente, e não parece ser produto de um período posterior. Contudo, o relacionamento entre os Rolos do Mar Morto e a historicidade de Jesus, tem sido tema de teorias altamente controversas, e embora novas teorias continuem a aparecer, não existe consenso sobre o seu valor. Mas certamente, os Rolos do Mar Morto causaram um grande alvoroço para as velhas instituições religiosas, oferecendo um sério desafio para suas estruturas dominantes [Jesus and the Gospels].

Luciano de Samosata (nascido em 115 A.D.)

Luciano de Samosata, foi um bem conhecido satirista grego e professor itinerante que costumava mofar dos seguidores de Jesus por sua ignorância e credulidade [Van Voost, Robert E]. Dado ao fato de Luciano não entender as tradições e, portanto, se mostrar um observador superficial neste respeito, seus escritos mostram evidência de que não foram influenciados por cristãos, e assim podem oferecer um relato independente sobre a crucificação de Cristo. Contudo, dado a natureza do texto como sátira, Luciano pode ter exagerado as estórias que ele ouviu e assim seu registro não seria uma fonte confiável de história, ou não seria uma crônica de eventos. Mas visava ridicularizar o cristianismo, o que ele fez, porém, sem se aperceber, acabou testificando sobre as origens do cristianismo.

Imperador Trajano (c. 53-117)

O Imperador Trajano, em resposta a uma carta enviada por Plínio o jovem, escreveu o seguinte *"Tu observastes o procedimento de maneira própria, meu querido Plínio, ao mudar os casos daqueles que forma denunciados como cristãos. Pois não é possível delinear um plano geral que possa servir de regra fixa para todos. Eles não devem ser buscados; se eles são denunciados e provados culpados, eles devem ser punidos, através dessa reserva, que qualquer um que negue que é um cristão e que o prove – isto é, por adorar nossos deuses – mesmo tendo estado em suspeita no passado, deverá receber o perdão através do arrependimento. Mas acusações postas anonimamente não devem ter lugar em qualquer procedimento judicial. Pois isso é tanto perigoso quanto fora da esfera e do espírito da nossa era."* (Cartas de Plínio, o Jovem).

Epictetus (55-135 A.D.)

Epitectus (ou Epiteto, 55-135 A.D.) provê uma outra possível contudo disputada referência aos cristãos como "galileus" em seus "Discursos" 4.7.6 e 2.9.19-21: *"Portanto, se a loucura pode produzir esta atitude (de desprendimento) para com estas coisas [morte, perda da família e propriedade], e também o hábito, assim como os galileus, não se aprende da razão e da demonstração que Deus tem feito todas as coisas no universo, e o próprio universo em si, para serem desimpedidas e completas em si mesmas, e suas partes para que sirvam ao todo."*

Numenius de Apamea (segundo século)

Numenius de Apamea, já no segundo século, escreveu uma possível alusão aos cristãos e a Cristo que se encontra contido em fragmentos dos seus tratados sobre os pontos de divergência os acadêmicos e Platão, sobre o Bem (na qual segundo Orígenes, *Contra Celso*, iv. 51, ele faz uma alusão a Jesus Cristo) [Primitivos Crsitãos]

Claudius Galenus (Galeno, 129-200 A.D.)

Claudius Galenus (ou Cláudio Galeno, 129-200 A.D.) oferece outra referência possível a Cristo e seus seguidores; De Galeno, De differentiis pulsuum (sobre o pulso), iii,3. A obra encontra-se alistada no De libris propriis 5, e parece pertencer aos anos de 176-192 A.D., ou possivelmente entre 176-180: *"Alguém pode facilmente ensinar novidades aos seguidores de Moisés e de Cristo do que aos médicos e filósofos que se apegam a suas escolas."* [Gloogle Books]

Conclusão

Acreditando não restar nada mais, descanso o meu caso sobre o tão complexo tema que dediquei boa parte da minha vida. Em meu próximo trabalho, apresentarei uma versão revisionista do próprio cristianismo e de sua herança cultural e teológica. Buscarei reunir nesta obra todas as influências filosóficas sobre o cristianismo. Ela também contará com uma versão marcionita do Novo Testamento, plenamente comentado e referenciado para aqueles que se debruçam sobre o tema. Até lá:

Χάρις ὑμῖν καὶ εἰρήνη ἀπὸ θεοῦ πατρὸς ἡμῶν καὶ κυρίου Ἰησοῦ Χριστοῦ.

"A vós graça, e Paz da parte de Deus nosso Pai e do Senhor Jesus Cristo." (Epístola aos Efésios 1: 2)

Marcião de Sinope (144 A.D.)

Autêntico Reformador do Cristianismo

SOBRE O AUTOR

Como ex Testemunha de Jeová, o autor serviu por 25 anos na Sociedade Torre de Vigia. Sendo um jovem de mente independente, ele sempre se encontrava questionando tanto as doutrinas como seus valores, sociais, religiosos e políticos. Inevitavelmente, toda sua determinação o levaria descobrir, através de pesquisa intensa, que esta organização sempre esteve profundamente envolvida em práticas ocultas desde sua concepção em 1879 com o seu primeiro presidente Charles Taze Russell. Ele mais tarde se sentiu desapontado e deixou permanentemente o seu ministério. Ele posteriormente buscou estudos clássicos e mais tarde cursou filosofia na Universidade Estadual do Rio de Janeiro. Como estudante, ele já havia reunido material mais que suficiente, além de experiências trocadas com colegas de curso para finalmente lançar seu primeiro trabalho. O livro intitulado "A Teologia do Engano," é o produto final dessa extensa pesquisa que acabou não só revolucionado sua visão sobre as próprias Testemunhas de Jeová mas também do cristianismo em geral e sua crise de identidade filosófica e teológica. Agora ele deseja partilhar sua experiência com outros no esforço de gerar um novo debate sobre a real natureza do cristianismo e sua incompatibilidade com o judaísmo.

LISTA BIBLIOGRÁFICA

Bibliografia

Jean Pierre Vernant: Jean Pierre Vernant, The Origins Of Greek Thought,

Asherah: William Dever, Did God had a Wife,

Antigos Fragmentos: , Ancient Fragments of the Phoe,

Prolegomena: Julius Wellhausen, The Prolegomena to the History of Israel,

Arslan Tash: Franz Rosenthal, Amulet from Arslan Tash,

Apologia de Al- Kindy: Al Kindy, Apology, 1887

Apologia: Al Kindy, Apology, 1887

Amarna Letters: , Amarna Letters,

Aganist Apion: Flavius Josephus, Against Apion, 1897

Léxico Hebraico: Brown-Driver-Briggs, English-Hebrew Lexicon,

A História dos Animais: Aristotle, On the History of Animals,

O Paraíso Perdido: Milton, Paradise Lost,

Myths: D.C. Brinton, Myths of the New World,

Via Láctea: , Discussions in Egyptology,

Palavras Na Bíblia: Emily Oliver Gibbes, Dotted Words in the Bible, 1893

Os Rolos do Mar Morto: John Allegro, The Mystery of the Dead Sea Scrolls Revealed,

RS 24.258: Puech, E, The Tablet RS 24.258, 2006

Scholium : Cleitarchus, Scholium to Plato's Replubic,

Comentário: Rashi, Rashi's Commentary, ,

A Realidade: Oskar Goldberg, The Reality of The Hebrews,

Babel: Friedrich Delitzsch, Die Bibel und Babel,

Walton, John: John Walton, Ancient Near Eastern Thought and the Old Testament,

Worlds in Collision: Immanuel Vilikovsky, Worlds in Collision,

On the Creation: Philo of Alexandria, On the Creation,

Parallel Words: Cassuto, Parallel Words in Hebrew and Ugaritic, 1947

Dictionary: Muss-Arnolt, A Concise Dictionary of the Assyrian Language, 1905

Hebraico: Benjamin Davidson, The Analytical Hebrew and Chaldee Lexicon, 1905

101 Myths: Gary Greenberg, 101 Myths of the Bible, 2011

Myths : J.C.L Gibson, Canaanite Myths and Legends,

Bibliothek: Friedrich Delitzsch, Assyriologische Bibliothek,

Antiquities of the Jews: Flavius Josephus, Antiquities of the Jews,

ANF: Origen, Origen , 235

Life of Moses: Philo of Alexandria, On the Life of Moses II,

Varro: Varro, Antiquitates rerum Divinarum, 116-27 BCE

Civ. Dei: Augustine, De Civitate Dei,

Greek: Liddel Scott, Greek English Lexicon,

República: Plato, The Republic , 1961

Psicologia: C.G. Jung, Psychology of Alchemy, 1991

Phaedo: Plato, Phaedo, 1995

Life: Huxley, Leonard Henry, Life and Letters of Thomas Henry Huxley, 2011

Cotardiere: Phillippe Cotardiere, History of Sciences: from antiquity to our days,

Royal: Royal Society, Proceedings of the Royal Society,

Timaeus: Plato, Timaeus, 1961

Republic: Plato, The Republic , 1961

Aristotle: Aristotle, Physics, 1961

Metafísica: Aristotle, Metaphysics,

Lucas: Lucas, John R., Minds, Machines, and Godel,

Penrose: Penrose, Roger. , Gravitational Collapse and Space-Time Singularities, 1965

Marcião: Tertulian, Tertulian Against Marcion,

Lógica: Irving Copi and Carl Cohen, Introduction to Logic,

Materialismo: Philosophy Basics, Materialism, ,

Le Juife: Werner Sombart, Le Juife et la vie economique,

Sionismo: Leon Trotsky, Leon Trotsky On Zionism,

Judeu: Henry Ford, The International Jew,

Leon de Poncins: Leon de Poncins, Las Fuerzas Secretas de la Revolucion,

Os Protocolos: The Elders, The Protocols of the Learned Elders of Zion, 1905

Haaretz: Haaretz, A Jewish Pope, 2014

Píndaro: Pindar, Fragments of Pindar,

Crossan, John Dominic: , Jesus: A Revolutionary Biography, 1995

Ehrman: Ehrman Bart. D, Jesus: Apocalyptic Prophet of the New Millenium, 1999

Kostenberger: Andreas J. Kostenberger, The Cradle, the Cross, and the Crown: An Introduction to the New Testament, 2009

Robert. E: Robert E. Van Voost, Jesus outside the New Testament: an introduction to the ancient evidence, 2000

Suetônio: Suetônio, Lives of the Caesars by Suetonius, 2001

Sanhedrin 43a: , Sanhedrin 43a,

E. Bammel: E. Bammel e C.F.D. Moule, Jesus and the

Politics of his Day, 1985

Eddy, Paul: Eddy, Paul; Boyd, Gregory, The Jesus Legend: A Case for the Historical Reliability of the Synoptic Jesus Tradition, 2007

Douglas R. Edwards: Douglas R. Edwards, Religion and society in Roman Palestine: old questions, new approaches, 2004

Jesus and the Gospels: Craig L. Bloomberg, Jesus and the Gospels: An introduction and Survey , 2009

Van Voost, Robert E: Robert E. Van Voost, Jesus outside the New Testament: an introduction to the ancient evidence, 2000

Primitivos Crsitãos: , Cristãos Primitivos, , http://www.earlychristianwritings.com/text/origen164.html

Gloogle Books: , Livros Google, , https://books.google.com/books